# まえがき

鈴木邦男

国家をつくってから人間は何故、こうも同じ過ちを犯してきたのだろう。歴史を見ると、うんざりするほどだ。戦争や内乱などだ。繰り返す過ちの原因は、そのとき優秀なリーダーがいなかったからか、情報がなかったからか。そうだと言う人が多い。でも、人間は進化している。今はリーダーを選ぶ選挙がある。情報だってあり余るほどある。だから安心だと思っている。七十年前、日本は大国相手に戦争を仕掛け、無残にも負けた。それも優秀なリーダーを選ぶ選挙がなかったからだ。当時は情報も国家独占で庶民は触れることもできなかった。国家によるデマも流された。「アメリカは民主主義の国で、国民は弱い。少しやられたらすぐに怖じ気づいて手を上げる。日本人は国のため命を惜しまず最期まで戦う。だから必ず勝つ」と。「欧米は個人主義の国で、自分のことしか考えない。だから弱い」と。ひどい国家デマだ。正しい情報が国民には届かなかったから無謀な戦争に突っ込んだのだ。その点、今の我々は大丈夫だ。そう思っている。七十年前とは違う。そう思っている。でも、これは過去の人々を馬鹿にした、今の時代に生きる我々の傲慢だ。同じような状況になったら、今だって同じような決断をしてしまうのではないか？　いや、今のほうがずっと早くそうしてしまうように思う。公平な民主主義も情報も何の役にも立たない。むしろ、早く戦争をしろと煽り立て、あと押ししてしまうのではないか？　独裁者の意見だけが通り、一般庶民の声が届かない時代ではない。今は

ＳＮＳやツイッター等で誰もが声を発することができるから戦争にはならないと思ってしまう人もいる。しかし、民主主義も情報も戦争を止めることはできない。そんな実例を我々はいくつも見てきた。古代から現代まで人間は進化してきたはずだが、実は進化したのは人間ではなく、人間を取り巻くツールだけかも知れない。とするならば、我々が「時代遅れなもの」として捨ててきたものの中に、あるいは良いヒントがあったのかも知れない。「くだらないもの」として投げ捨ててきた哲人政治、王族、貴族等、否定された〈過去〉の中にも、あるいは再考すべきものがあるのかも知れない。そうだ、スパンをもっと伸ばして戦争までの歴史を考えてみたい。でも戦前戦中、そして戦後を考えるとき、不思議なことにはじめから考える立脚点が決まってしまっている人が多い。昭和史研究家・歴史家たちもそうだ。はじめから「暗黒の昭和」と決めつける。逆に「アジアで唯一、自主自立を目指して戦った国の歴史」として評価し、絶対視する人々もいる。昔は前者の人が多く、今は後者が多い。これではお互いに自分の主義主張を正当化するために歴史を毟《むし》って、利用しているだけではないか？　だからこそ、歴史を一度突き放して客観的に見る必要がある。今の自分の立場を忘れて、徹底的に考える必要がある。でも、それは誰に聞けばいいのか？　そうだ、保阪正康さんがいる！　と思った。保阪さんの昭和史研究には定評がある。いつも冷静に史実を見詰めている。保阪さんはこの対談を快く引き受けてくれた。昭和史研究の泰斗を前にして、僕は思い切ってぶつかった。今までどうしても分からなかったことを聞いた。二人でいろいろな仮説も立てて考えた。

保阪さんは昭和史の研究家だが、研究家になる前から問うてきた人だ。人生そのものが問いの連続だ。今まで四千人もの人々に取材し、厖大な資料を読み、本を書いてきた人だ。歴史上の人物にも大と怖がられるような大物にも会っている。勇気がある人だ。

勢会ってきた。「そんな〝怪物〟みたいな人に会ったら自分の判断が崩されてしまうのではないか」

日本には戦前から「昭和維新」を目指す運動があった。本書では、その人々の運動や思想、生き方を考えた。普通の研究家ならば逃げだすかも知れない危険なテーマだ。イデオロギーに基いた運動を取り上げると危ないと考える人もいるからだ。研究対象に自分も取り込まれたり、逆に、ただ反発して通り過ぎる人もいる。でも保阪さんはそんな歴史に真正面から対峙する。保阪さんは五・一五事件に連座した農本主義者・橘孝三郎に関心を持ち交流を持っている。橘は英文も含め何冊も天皇論を書いている大哲学者だが、五・一五事件に農民決死隊を率いて参加している。変電所を襲い帝都を暗闇にしようとした。地方に住む温厚な思想家に、どうしてこんなことができたのか？　時代のせいか？同時代人への仲間意識からか？　不思議に思い取材を続けた。その過程で、同じ頃、橘のもとに通っていた楯の会の青年たちを知る。そして三島事件の取材もする。そういった出会いと取材がその後、昭和史研究の本になった。「死なう団事件」なども取材し、迷い苦しみながら昭和史を書いている。自伝『風来記――わが昭和史』は、これからものを書こうとする人たちにとって、この上ない貴重な教科書だ。よくぞ書いてくれたと思う。保阪さんが出会った昭和史の人物には毀誉褒貶の激しい人もいた。鉄のような意志で生き抜いて来た人も、政敵を次々に打ち破ってきた人も、あるいはまったくの〝ニセ者〟もいた。ドキュメンタリー作家として人間を見る目はどこで鍛えたのか。そんなことも保阪さんに聞いてみた。

僕は五十年近くも右翼の運動をやってきた。その過程で、大人しくて謙虚なのに、運動に参加した途端にガラっと人が変わる人間がいることに気がついた。国を愛する人間として命を捨てて戦う決心で運動をするとそんな心境になるときがある。運動をしている人には分かってもらえると思う。でも、普通の研究書には、そんなことは書かれない。そんな人物は〈危ない人〉として避けて通るだけだ。でも保阪さんはそんなに人にも多く会い、けして忌避することなく温かい目で見てきた。僕に対する目線にもその暖かさを感じた。何も知らずに、ただ暴れていただけの僕に対しても、僕の目線に降りてきて話をしてくれた。ありがたいことに右翼の長所も短所も指摘してくれた。僕も自分たちに足りない部分は知っていた。でも人に指摘されると腹が立つというのが正直な感情だった。僕は狭量なんだと思う。でも、保阪さんになら何を言われても素直に受け入れることができる。右翼の運動を理解しながらも、その足りないところを指摘してくれるからだ。かつてこの国を想う純真な心をもって国家改造運動を目指した人たちは、なぜ権力者や軍部に利用されてしまったのか？　その点も今回の対談ではじめて理解できた。保阪さんに学んだ歴史捏造への注意点等も、これからの日本を考えるための大きな視座になると思う。お忙しい中を何度も会ってくれ、話をしてくれた保阪さんに感謝します。また、この対談を企画してくれた現代書館の菊地泰博さん、吉田秀登さんにも深く感謝します。今までにない、素晴らしい本が出来たと思う。この本を読む人も初めて知ることがあるかも知れない。この対談をきっかけに現代史について考えてくれたら嬉しい。

二〇一七年二月十一日

昭和維新史との対話＊目次

# 第1章

# 国家改造運動の群像

## 国家改造運動とは？　前提となる三つの視点

保阪　鈴木さんと一緒に戦前の国家改造運動について考えていくわけですが、〈国家改造運動とは何か？〉という具体的な検証に入る前に、そのための三つの前提が必要だと思います。

一つ目は、「右翼か？　左翼か？」という二分類の問題ではないということ。「戦後左翼」の学問的な領域のきわめて杜撰な分け方を超えなければいけない。そのために、二つ目には国家改造運動にもいろんな考え方、派閥、運動があり、そこに共通点がないとは言わないけれど、やはり一つの言葉では括れない多様性をきちんと確認・整理することです。そして三つ目が、これは左翼が考えるのを嫌がる要素なのですが、社会運動は結局は〝人〟で決まるんだということを認識することです。北一輝にしても、大川周明にしても、橘孝三郎にしても、人としての人格のある幅を持っているからこそ、人が付き、運動が拡大するわけですよね。時代情況やその人の思想とともに人格というのを考えるべきです。少なくともこの三点については考えなければならないと思います。三番目に挙げた〝人〟という要素はどんな運動でも重要で、政治的に右とか左とか言っても、最終的にはやはりリーダーや参加者たちの、人としての魅力や資質が運動を決めるという面がありますね。政治運動と言っても人の集まりがやることだから、強い面ばかりでなく弱い面もありますからね。どんな政治運動の中にも強い主張ばかりでなく、ある種の弱さも出るわけで、そういった弱点を克服するために運動が変化することもある。つまり、政治運動だけが生身の人間から切り離されて自律的に動くのではなくて、リーダーや参加者たちの個人的資質が反映するということです。昭和初期の政治運動を調べていると、右翼・左翼を問わず必ずどの組織にもボス的な強力な指導者がいます。例えば玄洋社[注1]の頭山満ですね。頭山満の三男の秀三は五・一五事件に関与しているといわれるけど、そのとき警察は家宅捜査で頭山の自宅に踏み込んでいません。玄洋社は明治から活動している一大勢力なので、昭和のときにはもはや一種の権力をも持っている団体と見られていたのでしょう。しかし、それにしても踏み込まないというのはおかしい。踏み込めるけど踏み込まないのか、あるいは、そこに何か上層部の政治的意図があるのか？

**鈴木**　今ならばあり得ないことですが、当時だって政府要人が何人も殺された大事件なのに、家宅捜索も行われないなんてあり得ない話ですよ。戦前から警察は政治的に動くんですよね。昭和の国家改造運動の歴史は、逆に言えば取り締まる側の国家権力の実態も明らかにしていますよね。つまり権力側も同じく、〝人〟の要素で動きを決めている。戦前の事件については、内務省の動きも気をつけないと分からないことも多いでしょうね。

**保阪**　この三つの要素にあえてもう一つ付け加えれば、幕末からの歴史的視点が必要ということです。近代日本は薩長土肥の下級武士が天皇と朝廷権力の威を借りて、革命というよりもある種の謀反として推し進めた。そして、それが成功したのが近代日本となっているのだけど、その経緯を全面的に肯定したまなざしで戦前の国家改造運動を論じるということには、あまり意味がないのではないかと思います。国家改造運動というのは、そんな近代日本を超えていくような、江戸時代から繋がっている思想の方向性を持っていたと思います。

つまり、国家改造運動自体に明治以降の近代日本の政治体制そのものへの問い直しが含まれており、これからどう変るべきかを模索したのが国家改造運動だと思うのです。しかし、二・二六事件などを見ても分かるのは、基本的な国家構造の変革では決してない。既存の国家像の中で、天皇の威を借りた君側の奸を潰せということに止まっている。昭和の国家改造運動を理解するためには、そういった近代日本の出発点からの延長にある運動であるという視点を持つ必要がある。権藤成卿や橘孝三郎や大川周明を理解するのは、そういう視点がないとできない。

その意味で言うと、国家改造運動を単純に右か左かを論じるよりも、近代日本に思想的に欠けているものを提示している運動であったことを理解しないといけない。しかもそれはときに武力行使も伴っていたわけだから、現代史の中でそこに何を汲み取るのかということを考えるべきだと思うんです。

**鈴木**　戦前の国家改造運動を見ると、明治維新からの日本の歴史の素晴らしいところも残酷なところも、その結果もみんな知って、そのうえで〝昭和の憂国〟というのがあったと思うんです。ところが今の保守派の人たちは、日本は悪いことは何もしていない、南京大虐殺もなかった、従軍慰安婦もなかった、世界はみんな日本に感謝しているみたいな言い方をしますよね。少しでも反省しようとすると「非国民だ！」と怒ったりする。でもそれは愛国でもないし、歴史に学ぶこともできないですよね。日本の歴史の暗い面に触れないで、それで「日本は素晴らしい」と言うのは日本を愛していることにはならないですよ。戦争だって実態はただ悲惨なだけなのに、「その時代、男の勇気が試されたんだ」とか、「祖国への愛だったのだ」とまとめて、それで日本のことを何でも肯定するというのは愛国心とは違うと思うんです。歴史に基づいて、きちんと戦争の話をしてくれるのは、今じゃ保阪さんと半藤一利さんだけですよね。

## 大正天皇と虎ノ門事件

### 摂政宮という体験

**鈴木**　大正とはどういう時代だったのか？　日本人はまだ大正をよく知っていないのかも知れません。例えば、大正十二年の虎ノ門事件についてもそうですよね。これは戦前史において大きな問題であると思うのですが、あまりその意識がなくて、現代史を勉強するときにも見落としがちです。皇太子を狙撃するなんてとんでもないことだからこそ、逆に右翼の人たちもあえて意識しないようにしてきたし、この事件にことさら言及しないようにしてきた気がします。当時の人たちも本当はショックだったと思うんです。でも、まさか日本国内で日本人が皇太子の命を狙うなんてあり得ない、そんなこと考えたくもないという心境だったんでしょうね。この事件が国家改造運動に何らかの影響を及ぼしたとは僕は考えていないんです。むしろ、政治的事件としては完全に無視して、こういうことをするのは〝狂人〟だと思ったんじゃないですか。つまり思想的な事件だと思いたくなかったと思います。

**保阪**　虎ノ門の襲撃事件はいろんな解釈ができるんですけど、直接ではないけど、今の天皇の生前退位の問題に関わる面もないとは言えない。大正十年十一月に皇族会議が開かれていますが、そこで大正天皇の体調が優れないので摂政宮を置くと決まるわけです。後の昭和天皇は当時、二十一歳の皇太子だったのですが、それで摂政宮になる。大正十年十一月から大正十五年十二月二十五日、大正天皇が崩御されるまでの五年間は天皇がいて、しかしその実、天皇がいない時代なんです。つまり天皇が形骸化することになった。この五年間は、近現代史の中でもとても面白い特徴が見られる時代なんです。

ご存じのとおり、大日本帝国憲法では天皇は大元帥です。出兵等で兵を動かすときに、天皇の御名御璽の捺印が必要です。しかし、摂政宮である皇太子は大元帥ではないんです。このときは牧野伸顕が宮内大臣だったのですが、宮内庁の職員に、摂政宮は政務の一部を担当するだけで天皇ではないと言っています。しかしそうすると、軍は一兵たりとも動かせないんです。事実、大正十年十一月から大正十五年十二月までの五年間は、軍の動きはまったくないんです。

**鈴木**　明治は濃厚な体験が続いた時代でしたけど、大正天皇の国政上の存在感が薄れると、国民のほうも一君万民という実感が薄れ、天皇の御心に包まれているんだという感覚も後退してしまいますよね。軍も動きがとれないでしょうが、右翼も少し混迷している感じですね。

**保阪**　大川周明、北一輝、そして猶存社《ゆうぞんしゃ》[注2]という、今では右翼の象徴と思われているような人物や団体も、実は大正八年から十年に徐々に世に出てくるわけですけど、大正十年以降の五年間というのは、〈右翼の形〉がないんですね。まったくないわけではないけど、ほとんど表に出てこない。むしろ共産党ができたりしている。この五年間というのはとても興味深い時期で、天皇がいるけど、いない時代であり、軍は動けませんが、右翼もほぼじっとして何もしていない。ただ関東大震災時には動きはあるにしても、それは表だっていない。

つまり、この天皇不在の五年間は別の言葉で言えば、当時の国家的なアイデンティティから軍がすっぽり抜けていた時代ということですね。宇垣軍縮[注3]なんて、軍隊を減らす大胆な改革も進む。そうすると社会の空気が一変してくる。この時代には大正デモクラシー運動もかなり庶民に浸透してきて、軍人が嫌われるようになる。例えば麻布連隊の兵が八王子などに行って訓練して、中央線で帰ってくると、電車に彼等が乗ってきただけで、庶民が「臭い」「近づかないで」と言って軍に露骨に嫌悪感を示すんです。その頃は、大正期の第一次世界大戦後に当たる時代だったのですが、企業が入社試験をやって、大学や専門学校を卒業した若者を採用し始めた時期でもあり、それによって中間層が増えていき、彼等が中心の社会空間ができてくるんです。

また、この時代には、陸軍士官学校の生徒三五〇人のうち四十人から五十人もの、中退者を出した時代でもありました。士官学校生徒にまで厭戦気分が及んでいたことが分かります。この五年間には、前述のように関東大震災も起こっていて、こんな時代状況の中で虎ノ門事件は起こるんです。

この事件を起こした難波大助は、山口県選出の衆議院議員の息子で、裁判資料を読むと、社会主義ないし無政府主義に傾倒しているんです。その意味で言えば、彼は思想犯です。摂政宮や大正天皇を個別に狙うという意図ではなく、天皇制そのものが諸悪の根源だと考える左翼的なイデオローグの一つの行動だったんでしょう。

事件当時、摂政宮は二十二歳だったのですが、「重罪を課すな」とか「死刑にするな」と言っているんです。その点もまた、昭和天皇の興味深いところなんです。

## 昭和への伏線

保阪　この虎ノ門事件は実は半世紀後にまで繋がる伏線になっていると僕は見ています。昭和天皇は昭和六十二年四月二十九日に病で倒れているんですね。それから昭和六十三年の五月～六月くらいからずっと寝たきりで癌治療を続けています。卜部亮吾という人が当時の侍従だったのですが、彼の日記が平成に入って公開されています。それを読むと、昭和天皇は病床で政府は摂政を置こうと考えているわけじゃないだろうなとか、皇太子が臨時政務代行をやるというけど、それは今回だけの措置だけだからね、ということを側近に確かめているんです。実は昭和天皇の中には、父親の位を取ったという負い目がずっとあったのではないかと僕は思っています。そして、昭和が終わろうとするときに、今度は自分の位を取られるのではないかという不安が出てきたのではないかと思うんです。現に、病床にあった天皇は内閣官房と警察庁長官を呼んでいます。このとき天皇はなぜ警察庁長官を呼んだのか、みんな不思議に思っている。いまだにそれははっきりとは解明されていませんが、「もし摂政を置いたら、摂政宮が狙われるんじゃないか？　警察は大丈夫か？」という点を確認したんじゃないかと僕は推測しています。つまり、昭和天皇の心中では、大正末期の五年間の摂政宮体験はやはり相当な衝撃として残っていたと思われるんです。別の例で言いますと、昭和五十年頃から天皇は記者会見をやるようになるんですが、その中で明治天皇のことは尊敬の念を表する意味で何回も言及しています。しかし、父親である大正天皇のことはほとんどというか、まったく言わない。ただ一言、「先帝は体が弱かったので……」と言ったことはあるけど、それ以外言ったことがない。言いにくいのでしょう。つまり、ここでも昭和天皇の中に潜んでいる、ある種のトラウマを、やはりこの五年間の年譜が示しているんだと思います。さらに昭和天皇は、難波大助は摂政宮だから自分を狙ったのではないかと思っている節があるんですね。

**鈴木**　「虎ノ門事件が昭和天皇へどんな影響を与えたのか?」という問題をきちんと考えた人は少ないですよね。そもそも大正天皇とか大正時代に対する評価を右翼の人たちから、はっきり聞いたことがないですね。歴史家の方々も大正天皇への発言が少ないです。大正天皇というのは、非常に弱い方だと言われて、「事件」も起こしたと言われていますが、大正天皇は本当は漢文等では非常に優れていた方だと思うのですが。

**保阪**　そうなんです。大正天皇は、漢文、漢詩、和歌等の分野では抜きん出た才能を持った君主でした。語学の才能もあった。伊藤博文が韓国を植民地にして、大韓帝国皇太子だった李垠を日本に連れて来ましたね。そのとき、李垠はまだ十三歳くらいの少年でした。そんな彼の境遇を不憫に思って、大正天皇は皇太子のときに韓国語を短期間で覚えるんです。それで李垠を韓国語で慰めているのです。そういう人情味のある人でもありました。

大正十年の皇族会議で、もう大正天皇は天皇としてのお役目はできないので、皇太子を摂政宮にしようということになりましたが、そのためには、国民に摂政宮を置く理由を説明しなければいけないですね。そこで宮内省は四回、五回と大正天皇の健康状態を発表するんです。だんだんひどくなって五回目の大正十年の八月か九月に出た、牧野伸顕がつくるステートメントはある意味残酷ですよ。「幼年の頃からお脳が弱くて……」というような文言が書いてあるんです。

**鈴木**　えーっ、そんなことを書いているんですか？　それはひどいですよ。宮内大臣を務めた天皇の側近中の側近の一人でもあった牧野の言葉ですから、他の人への影響も大きいはずです。周りの人でその発言に怒った人はいなかったんですか？

**保阪**　当時、四竈孝輔《しかまこうすけ》という海軍武官、侍従がいました。彼が書いた日記が残っているんですが、「なんていうことを言うんだ。こんな失礼なことがあるか」と憤って書いています。しかし、牧野伸顕たちの宮廷官僚は、大正天皇じゃ駄目だ、君主制はもたないと判断していますね。つまり、大日本帝国の君主としての資格に欠けると思って、重臣たちが大正天皇にバッテンをつけたんだと、僕は思います。それで摂政宮を置こうとしたと思うのですが、そのやり方がえげつない。この経緯を調べたとき、大正天皇の悲しい表情というか、孤独な姿が浮かんで、気の毒に思いました。

**鈴木**　原武史さんも大正天皇について詳しく書いていますね。でも重臣たちは、文才豊かな大正天皇をどの点で否定したんでしょうか？　病気がちとか体が強くないというのが、そんなに大きなマイナス材料になるものなのでしょうか？　やはり、天皇はもっと男らしくあってほしいという要望があったからですか？

**保阪**　天皇は大元帥でもありますから軍の大演習に出なければいけないんですね。年に二、三回おこなわれ、二週間か三週間にわたり、全軍ではないですけど、ほとんどの部隊が集まって訓練するんです。そのとき、大元帥である大正天皇は白馬に乗って閲兵しなければならない。そこで宮中で何回も白馬に乗る練習をするんですけど、小柄だったこともあって、なかなか白馬に乗れなかったといわれています。大演習のとき、兵士たちの前で颯爽と乗馬できない姿を見て、「俺たちが忠誠を誓う天皇がこれか？」と、軍人たちがみんな気持ちが萎《な》えたと書いている人はいますね。大正天皇自身も大演習が嫌だったそうです。陸軍大臣が「大演習に出てください」と言ってくると、「何日間やるんだ？」と聞き返し、例えば「十四日間です」と言われると、大正天皇は「二日くらいにならないか？」と言っているんです。軍務が嫌なんですね。そのせいか大正天皇は明治天皇を怖がるんです。明治天皇は晩年に当たる、明治四十四年頃から、自分に裁可をもらいにくる者や、上奏に来る者たちにどういう対応をするのかを見学させるために、側で見させる。そこで明治天皇は執務をやるのですが、大正天皇はそれが嫌で嫌で、怖かったと言っていますね。逆に言えば、大正天皇は文人肌の人だから、大日本帝国の軍事の要としては、あまり重きをなすようなタイプではなかったんですね。

**鈴木**　大正天皇の不遇というか、孤独は今でも続いているような気がするんです。明治天皇の誕生日とか昭和天皇の誕生日は祭日になっていますね。でも、大正天皇はなっていないですね。明治以降、大きな戦争が続く中で、文人タイプの天皇として生きた大正天皇の存在感が薄くなっているというか、少し無視されている感じもします。

**保阪**　そういう意味では大正天皇は——言い方は失礼だけど——かわいそうだと思います。天皇のあり方だって時代によって変わるんですから、ある意味、定形はない代わりに、日本のナショナリズムの代弁者であり、存在すること自体が一つの文化的価値として我々は見ています。その姿勢を崩さないという前提のもとでの議論はもっとあってもいいのですが、「天皇の役割は、かくあるべし」という形を決めつけた、決まり文句の議論だけでは天皇のことは論じられないと思います。

## 大正時代の空気

保阪　高見順の小説に『いやな感じ』という作品がありますよね。破天荒な男が主人公なんですが、僕はあれを読んで、この小説はすごいなと思って、「モデルはいるんですか？」とアナキストの人たちに聞いたことがあるんです。そうしましたら、「満州事変の頃に頭がおかしくなったヤツがいて、そいつがモデルだよ」と教えてくれました。そして「アナキストはだいたい頭がおかしくなるんだよ」と言うんですね。どうしてですかと聞いたら、「アナキズムはあらゆるものを否定する、法律、国家、何から何まで否定する。最後は自分まで否定するんだ。だからおかしくなっちゃうんだ」と言うんです。女性から見ると、そこも魅力なのか、大正時代のアナキストはほんとにもてたそうです。ルパシカを着て、銀座なんかを歩くと女が寄ってくると言うんです。特高警察が設置されたときにはアナキストの担当は警視庁に一人だけだったのに対して、共産党担当は各交番に一人いると言うんですね。つまり、アナキストは放し飼い状態。なぜかと言ったら、アナキストたちの回想では共産党員たちとの対立を利用して、互いに消耗するのを権力は狙っていたと言うんです。アナキストは「ボル」、つまり共産主義者を目の敵にしていたから、どこでもボルを見るとぶん殴る。だからアナキストとボルシェビキの対立を警察はあえて放置していたと言うんです。当時、アナキストの大物だった大杉栄は軍人の息子で、士官学校へ行ったからか、ケンカもかなり強かったらしいですよ。

鈴木　大杉は柔道もやっていますしね。警察があえて対立を煽って、ケンカさせるというのは僕たちもよくやられました。僕たちの場合は、アナ・ボル対立ではなく右・左でしたけど。

保阪　ええ、警察のほうは意図的に大杉に手を出さず、アナキストだというんで放っておいたんでしょうが、そのことを一部の軍人たちはとても憤慨していたと言うんです。それが結局、甘粕正彦らの大杉殺害の一因になったんだと言う人もいました。

鈴木　なるほど、そういう見方がありましたか。大杉殺害では、その裏で警察と軍の対立や反目も絡んでいて、結局、甘粕は一人で罪を背負わされたと。アナ・ボル対立もひどいけど、警察と軍の反目も一方であったということですよね。

保阪　大杉の場合は思想の問題だけじゃなく、人間関係や男女関係でも縺《もつ》れていますでしょ。大杉の書いているのを読むと、神近市子もすごいね。市子と寝てて、後ろから斬られるんじゃないかというような怖さを書いている。

　やはり、国家改造運動も警察や軍の動きもその性格や方向性を決める一番の基本は結局、人間ですよね。

鈴木　情念というか、情熱というのかその意志の強さってすごいですね。アナキストも共産主義者も今と違って、警察に二四時間マークされて、それでもなおかつさまざまな計画を立てて実行しているというのは、すごいですよね。

保阪　明治時代の自由民権運動というのも驚きですね。あれも、ずっと官憲から追いかけられていても、屈せずにやるんだから。今、公安は二四時間監察というのはしているんですか？

鈴木　しないですよ。過激派なんてもういないですし。だから、やっぱり国家改造運動をしていた人たちの気持ちの強さには改めて驚きます。命懸けですから。でも、その分、保阪さんの言うように思い込みもすごく強い。後に起きる二・二六事件の将校たちも昭和維新に命を懸けていたんでしょうけど、それが困難なことに気づいてもいたんでしょうかね？

保阪　彼等の主張である「君側の奸」を排除して、一君万民主義で天皇親政の下に政治を行うというのは事実上、不可能ですからね。そんなこと無理に決まっています。だって、天皇の持っている大権を天皇自身が全部使うなんてことはあり得ない。だから臣下の者に依託する。そして、天皇の大権を誰かに仮託することによって、天皇の政治的な責任が免罪されるという構図が出来上がる。しかし、もしそうしないで政治をすべて天皇親政で行ったら、天皇が全責任をとるということになりますね。二・二六事件の青年将校たちの論理というのは、それを支えている彼等の純粋な精神性は分かるけど、論理自体はかなり無茶と言わざるを得ないですね。だから、二・二六事件に関して言えば、結局は天皇自身がその点をごく素朴に批判したんだと僕は思いますけどね。

鈴木　例えば、戦前の直接行動が、大御心に沿っているのかどうかの判断が難しいのは、いずれの判定も結局は全部、幻想ですからね。確かめようがないんです。ただ、人間は信じたいものを信じますからね。こうに違いないと心に決めて、それで命をかけるんだから、それはそれでたいしたもんですよね。今だったら、あり得ないですね。今は国家改造運動とかは起きない時代なんでしょうね。

保阪　良し悪しは別にして社会がある程度出来上がり、飯も食える時代となったら、やはり精神も堕落するという面もあるんでしょうね。国がまだ流動的で飢えている人が大多数であれば社会全体にもっと緊張関係があるのでしょうが、今の日本はどうだろうか？　社会的問題など俺の知ったことじゃない、という時代なんでしょうね。誰かが言っていましたけど、今はミーイズムの時代になっていると思いますね。ミーイズムというのは、政治や社会に関心を持つことに対するアンチテーゼなのでしょう。

## 統帥権と大善――なぜ昭和はこんなスタートを切ったのか？

**鈴木** それから昭和に入って、国の空気が一変しますね。もちろん軍にだけ責任があるわけではないのですが、昭和前期はやはり、軍の時代だったわけですが、軍隊の暴走に対して政党はもう少し何か有効な手は打てなかったんでしょうか？ 戦前、昭和恐慌で苦しかった時代、本当は一番効果的だったのは政党政治を建て直すことだったと思うんですが、満州事変が起こって、それどころではなくなって政党政治を諦めたり軽蔑することは、巡り巡って自分たちの危険に結びつくということは、彼等の時代の教訓の一つではないかと思うんです。

**保阪** 天皇不在の大正末期の五年間が終わり、昭和二年になるといきなり軍が動き出します。蔣介石が中国統一のため北上すると、すぐさま反応して第一次山東出兵、第二次山東出兵と続いて昭和三年には張作霖爆殺事件を起こします。なぜ軍はこんなに昭和になって急に居丈高になるのか？

**鈴木** 短い間に激変していますよね。大正と昭和は連続した、「お隣り様」の時代なのに、この短い間に日本に何があったのか？ 国際情勢やアジア関係に変化があったのでしょうが、日本国内でも変化があったはずですよね。

保阪　先ほど申し上げたとおり、やはり〝天皇不在〟の時代はある意味では、やっぱり危機の時代ですよね。しかし、その代わりに、とげとげしさはない、社会的にはとても落ち着いた時代になる。いつも年譜を見るたびにそのことを不思議に思っていました。一時的とはいえ、右翼が鎮静化し、軍が動きを止めた時代が大正に出現しているのですから。では、この現象をどのように見るか？　戦前、日本では天皇を主権者、かつ神格化していて、軍は天皇を大元帥として見て精神的な支柱に据えているわけですよね。その天皇が、いるけどいないという状況を大正時代末に迎えて、軍人たちの拠って立つ基点とか精神的立場というものもかなりグラグラしていたんだなと思います。昭和になると軍が急に表に出てくることについて、同時代の人はどう見ていたのか？　昭和のさまざまな国家主義運動、例えば五・一五事件、二・二六事件の周辺にいた軍人たちに取材するときなどには、必ずその質問をしました。「大正時代はこんなに穏やかだったのに、どうして昭和になって急に変わったんですか？」と。そうしたら、青年将校運動が起きた理由についてインタビューをしていた軍人から説明を受けました。こんなことを言ったんです。「昭和天皇は二十六歳で即位した。この若い君主を、世界に冠たる君主にしてやろうじゃないか」と思ったと言うのです。そして、そこで「小善」と「大善」という発想が述べられます。「軍人勅諭を守ります」「陛下の軍隊として一所懸命尽くします」というのは、確かに善ではあるが、所詮、小さな善である。それに対して「大善」というのは、陛下を一等国の君主にするために、陛下の御心とは別に、一歩前に出て、実績をつくっていくことだ、という考えです。それがそれからの青年将校運動や当時の軍の中で広まっていくんです。そして、大善こそが、軍人の真の役目だと思うようになるんです。憲兵畑の軍人の言で、この人にはものすごく教えられたんですけど、しかし、これはもちろん大変危険なことですよね。「その考えを推し進めると最終的には、天皇陛下が何を思おうが関係なくて、自分たちが天皇陛下のためだと思ってやれば大善ということになってしまい、結局、何やってもいいということと同じじゃないですか?」と聞いたんです。そうしたら驚いたことに「そういうことになるな」と平気で言うんですよ。

## 大善という独善

### 三月事件

鈴木　天皇にとってみれば有難迷惑どころか大迷惑ですよね。「大善」「小善」なんて言っても、ダブルスタンダードどころじゃなくて、ただの「独善」ですよね。一般の兵とか二等兵とかだって、そんな勝手で動かされたら、たまったものじゃないですよね。少なくとも天皇の考えとはまったく関係なく動く軍になってしまう。

保阪　そうです。つまり、それこそが軍の青年将校、国家主義運動に入っていく軍人たちの主体的意志だったと思います。天皇の意志と関係ない「善」を想定して、自分の使命と思い込む。乱暴に言ってしまうと、「今度の天皇はまだ若いのだから俺たちが一人前にしてやろうじゃないか」という独善。それが昭和のスタート時点で出現している。そこですでに昭和史の錯誤が生まれたと思うんです。この錯誤が昭和十年代の軍事指導者の一つの形で、もう一つは二・二六事件の磯部浅一と決起将校たちであり、彼等の考えは、裁判での証言を見ていくと分かります。少し時代が前後してしまいますが、二・二六事件裁判の際に、「この事件をどう思うか？　今どういう心境か？」と裁判官が必ず最後に被告全員に聞くんです。彼等は、みんな最後はこう言います。「私は陛下のためと思い、陛下の軍隊として、陛下のお心持ちを察して決起しました。聞くところによりますと、陛下が激怒されているとのこと。お心を迷わせてしまったことに対して、深く反省しています。考え違いをしていました」と言っているんです。二・二六事件裁判の最後で、みんなそういうことを言うんだけど、しかし、あれだけの規模でクーデターを計画・実行するんですから、そんなこと計画立案から実行までのプロセスで考えないのか？　ということですよね。陛下は俺たちのやることにまったく反対だったから鎮圧するんだということを、彼等は分かっていなかったんですね。それは、つまり軍の中にそういう「大善」という錯覚があって、青年将校はそれに流されていたという部分があるのじゃないかと思うんです。「大善」という言葉を使えば何をやってもいいというのが、国家改造運動の一つの落とし穴であり、それが結局、昭和になって軍が暴走していく理由だったと僕は思います。

鈴木　「俺は本当に国のためを思っているんだ」とか「真に日本を愛しているのは俺だ」というようなことを言う人は今もいますよね。「大善」という言葉そのものではなくても、今だって愛国心とか忠義とか大きな言葉で、自分を正当化したり、批判を拒否する人っていますよね。結局、言葉でごまかしていますよね。本当は、そういった軍の独善を止めるのも、国会議員たちの役目のはずなんですよね。ただ、この頃は既成政党は汚職等で国民の信頼を失くしていて、国民の窮状を救ってくれると思われていなかったんでしょうね。

**保阪**　議会政治そのものについての日本の理解が、その頃はまだ確立しているわけじゃなかったんですね。既成政党へのそういうあきらめがよく出ているのは、昭和六年三月の、いわゆる三月事件ですよ。このクーデター未遂事件には右から左までいろんな人が関係していました。軍人もいれば無産政党の役員もいました。亀井貫一郎などですが……。陸軍大臣をかついで軍務局長とか軍事課長が案を考えたり、大川周明とか清水行之助とかも参加していますしね。清水は資金調達を担当したんでしたね。それで徳川義親さんから二十万円もらったとか……。

**鈴木**　ええ、その件については僕も清水さん本人に話を聞きました。後に清水さんは決起が未遂に終わったから、と借りていた金を徳川さんに返して、それが巡り巡って日本社会党の結党費用になったんですね。

**保阪**　清水さんという人には、僕も一度会いたいと思っていたのですが、結局、会っていないんだけど、彼は戦後、裏で相当力があったように思うんですが……。

**鈴木**　いやあ、そんなに影響力を持っていた人ではなかったんじゃないですか？　でも、彼から直接、三月事件の話を聞いて、とても興味深くて勉強になりました。

**保阪**　一度だけですけど、徳川義親に会ったことがあります。そのときにびっくりしたのは、「貴族の顔」についてでしたね。僕が会ったとき、彼は八十代だったと思うけど、皮膚がきれいなんだね。顔の輪郭とか体は小さかったけど、そういうのってあるんだなと思った。それから声が普通の人の声と違って、高いような低いような、ちょっと面白い声でしたね。

**鈴木**　確かに、そうですね。ご存じのとおり、三月事件は軍民一体のクーデターで宇垣一成を首相にするという狙いでしたけど、未遂に終わっています。とても面白いことに、この計画に左翼や無政府主義の人も協力していたんですね。

## 浜口雄幸襲撃事件

**保阪**　鈴木さんは、佐郷屋留雄には会っていますか?

**鈴木**　彼には会えなかったですね。井上日召にも会っていないですね。僕が若かった頃は彼等もまだ健在だったんですから、会いに行けばよかったです。

**保阪**　佐郷屋留雄は浜口雄幸を撃ったときには二十二歳でしょ。

**鈴木**　若かったんですね。でも、佐郷屋については不思議な点がありますよね。途中から消息不明になっているんですよ。首相を撃った男ですから、国家改造運動している側から英雄扱いとかされて、目立つ存在のはずなんですけど。あの人、戦後になってもあんまり出ていないんじゃないですか?警察の監視もついていたわけなんでしょうが……。

**保阪**　確かに不明な点は残っていますね。佐郷屋は岩田愛之助の愛国社[注4]のメンバーで、彼自身の思想的動機というより右翼陣営を代弁していたという見方をする人もいますね。確かに佐郷屋留雄独自の思想というものは少ないように感じましたが。では浜口雄幸暗殺を画策したのは本当は誰か?国家改造運動にはまだ分からないことが多いですよね。

## 中岡艮一と原敬暗殺

**保阪**　佐郷屋以外でも例えば原敬を殺した大塚駅の転轍手、中岡艮一《こんいち》は犯行時は十九歳ですよね。彼が原敬を狙っているということは、事件の前から噂になっていて、原敬の耳にも届いているんです。僕はこの点からすでに何か裏があるように思うんです。つまり、これは原に対する一種の強迫、あるいは警告だったと思うんです。しかし、原は一向に恐れない。原は豪胆というか蛮勇というか、いつでも来いみたいなことを言っていたそうで、それならば、もう実際に原を殺《や》らなきゃ駄目だというんで、中岡艮一は動かされたんじゃないかと思っているんです。だけど、それを裏付ける資料はない。しかも裁判は途中でうやむやになって、十分な背後関係の解明がなされないまま中岡が単独で刑に服するんだけど、なんか妙な事件ですね。

原敬暗殺に比べると、同じ年に安田善次郎を暗殺した朝日平吾のほうが、事件としてははるかに分かりやすい。

**鈴木**　原敬暗殺は中岡の単独テロではなく、背後に何らかの陰謀があったということは確かなことは分かりませんが、あり得るかも知れませんね。その前の年は関東大震災の年だし、恐慌も続いていましたしね。足尾銅山のストもあったし騒然としてましたよね。原の暗殺と安田善次郎の暗殺が同じ年だったというのは偶然かも知れないけど、象徴的ですよね。

**保阪**　中岡は大正十年、獄に入り、昭和九年には恩赦になって出るんですが、釈放後には日本を出て満州へ行くんです。いろいろ調べてみると、当時、満州で出ていた日本の新聞で『満州日々新聞』というのがあるんですけど、原敬を暗殺した中岡君が釈放になって満州に来た、という記事が出ています。それから二〜三年後には、中国名を名乗っている中岡が、中国人女性と結婚したという記事が出ています。それが昭和十二年か十三年頃で、それ以後については一切報じられていないんです。国家改造運動史の中でも中岡艮一は不思議な男なんです。

**鈴木**　その後は全然分かっていないんですか？

**保阪**　分かっていないですね。佐野眞一氏が甘粕正彦のことを書いた中に、ちらっと出てくる。甘粕は満映でそういう人の面倒を見たから、中岡についても少し記述があります。しかし、その本のメインテーマではないから詳しく消息が書かれているわけではないですけど、当時の満州で消息を消すにはいろいろ手があったようで、例えば甘粕正彦とか当時、満州にいますでしょ。協和会や満映の舵取りをしながら、政界の黒幕でもあったわけなので、そういう中に潜むということもあり得たかもしれないです。橘孝三郎も五・一五事件を起こした後、すぐ満州へ……。

**鈴木**　行ってますね。

**保阪**　そのテリトリーの中に入ってしまえば、もう詳細は分からなくなりますよね。中岡もそのテリトリーの中に入って、それで中国人になったと思います。そして、戦争が終わっても、たぶんそのまま中国にいたんじゃないかと思います。だから、原首相暗殺の背後関係は結局、詳かになっていないんです。その意味では、原敬を本当に殺した人はいまだに誰だか分からないと言ってもいい。

## 「統帥権」の時代

### 誰が何を干犯するのか？

**鈴木**　それから昭和に入るとテロ以外のことでも、社会が息苦しくなってきたと聞きます。軍部の力が増してきて、逆らうことができなくなってきますよね。軍が「統帥権」を掲げて、政治家の介入を拒み出すのも昭和初期の頃ですね。

**保阪**　統帥権干犯というのは、大日本帝国憲法十一条の「天皇ハ陸海軍ヲ統帥ス」という言葉、それから十二条の「天皇ハ陸海軍ノ編制及常備兵額ヲ定ム」という内容で、それが統帥権を定めた箇所ですが、逆に言えば明文化した概念じゃないんですね。結局これは軍と政党の力関係によってその範囲が決まっていくんですけど、二つの視点から考える必要がある。一つは、統帥権干犯という言葉が一般化するのは、軍人たちがまっさきに叫び出したからではないということです。政治家たちが先に使い始めたんですね。立憲政友会（政友会）と立憲民政党（民政党）は昭和になって二大政党として対立していたのですが、民政党政権がロンドン条約で海軍軍縮を決めたことを政友会の犬養毅や鳩山一郎が立憲民政党攻撃、つまり、当時の浜口雄幸内閣潰しの方便として使うわけです。「この軍縮条約は天皇の了解を得ているのか？」「天皇の大権を犯しているんじゃないか？」と騒ぎ立てた議会政治の政争から起きている。それが徐々に軍人たちに浸透していくんですね。逆に言うと、それ以前に軍の幹部がみんな統帥権干犯を意識したり問題視していたかと言うと、そんなこと考えていなかったんですね。たまたま、軍縮問題が政府の議会で統帥権干犯として問題視されるのを見て、なるほどそういう見方があるのかと知恵をつけてしまった。

もう一つは、統帥権をきわめて原則的に考えれば、政治と軍事は違うんだということを示しているということです。「政治と軍事というのは不即不離の関係にあるけど、どちらがどちらを振り回すというものではない。政治は政治家がやり、軍事は軍人がやるという、政治と軍事の二輪車で日本は動いていくんだ。だから政治は軍事に関与しないでくれ」というのが原則的な意味だったと思うんです。しかし、そのうち逸脱・暴走して、「お前ら政治家は、われわれ軍人のやることに口を挟むんじゃないぞ！」と、独善と横暴の原動力になっていくんです。この統帥権干犯という概念が一般化するのは二・二六事件以後です。軍が行うことには、政治側から口を挟むなと問答無用の時代になっていくんです。

つまり少し複雑で、昭和のロンドン海軍軍縮条約の後、日本で何が起きたのかを理解するのはちょっと難しいんですが、このような経緯があったと僕は思います。学者の中には、「この頃から軍事が政治を圧迫して」と急に結論づけてしまう人もいる。確かにそういう動きがなかったとは言えない。しかし、実際のところを言えば、軍事の側にはまだそれだけの力はなかった。とにかく政治と軍事は、それぞれの役割を担って、住み分けていたというのが統帥権の意味だったんですね。それが、昭和の政党政治の混乱の中、だんだん軍が力を持つことによって統帥権の解釈も変わっていったと思います。そもそも「干犯」という言葉については、天皇機関説もそうだけど、一般的な理解というのは、そんなになかった。天皇機関説排撃運動は、議会で論じられたにしろ、一般的には在郷軍人会が動いて反対活動をして広まっていくんですね。そのときに一般庶民に説得力を持った批判というのが「天皇を機関車に例えるとは何事だ」との説さえある。そういう「批判」が流布したくらいだから、政争上の段階と一般的な理解とは相当違いがあったんです。

そんな中で、言葉がどんどん暴力化していった。今だって起きる可能性ありますよ。ヘイトスピーチなんか、まさに言葉が暴力化していますよね。

## 議会の抵抗

**鈴木**　戦前の議会でも頑張っていた議員はいましたよね。例えば斎藤隆夫は有名ですけど、それに続いて昭和十二年の〝腹切り問答〟の浜田国松もいます。それに安倍晋三の父方の祖父、阿倍寛もいました。彼等は軍部に対しても、国会議員として言うべきことを、はっきり言っていましたよね。ちょっと余談ですが、こんなに立派な人がいたのに、なぜ安倍首相は母方の祖父の岸信介のことばかり言うんでしょうか？

**保阪**　安倍寛は、安倍晋太郎の父親ですね。安倍晋太郎自身はどちらかというと、安倍晋三とはちょっと違う考え方の保守だったと思います。安倍晋三の言う「保守」の意味するものが僕にはよく分からないのは、彼の言葉には思想の裏打ちをまったく感じないからです。思想があればいいというものじゃないけど、公的な仕事をする人なら「この人はこういった枠でものを考えているんだな」と、大筋では伝わってくるものがありますよね。だけど、その枠が分からないと、一体、何を求めているんだろう？　ということになる。その不安を、僕は安倍晋三に感じるんです。鈴木さん、安倍晋三と会ったことがある?

**鈴木**　ないです。政治家の人には会うことは多いですが、政党の中で出世して党のリーダーになるのは大変ですよね。才能だけじゃなく、運もカネも必要ですから。

## 血盟団事件

**鈴木**　戦前の国家改造運動というのは、基本的にみんな失敗した革命で、中には気の毒な話もありますね。血盟団の菱沼五郎と小沼正は非常に仲が悪かったそうです。「昭和暗殺秘録」という映画がありましたが、その監督であった中島貞夫さんが二人の不仲について書いていますね。井上日召には僕は会えなかったんですが、彼だって晩年は不幸だったなと思いますね。そういうのを聞くと、何だかいやだなと思いますね。

**保阪**　菱沼と小沼は仲が悪いというのは僕も聞いたことがあります。三井合名会社の団琢磨を射殺した血盟団の菱沼五郎は戦後、小幡五朗と名前を変えて茨城県の県会議員になったでしょう。最後は県議会議長まで歴任していますね。でも小沼は、会社社長もやっていますが、基本的には素浪人のように過ごしたようです。国家改造運動をしている団体内にもさまざまな人と思想が錯綜していますよね。それを整理すると興味深いのではないかと思っているんです。僕は三月事件に資金提供した徳川義親とか、寺田稲次郎という北一輝に師事していた人の話も聞きましたが、それでも国家改造運動についてはまだ分からないことばかりですね。

**鈴木**　血盟団事件の小沼正にはいろいろ話を聞きました。それから同じく血盟団で、西田税を撃った川崎長光にも話を聞いたことがあります。それから重信房子さんのお父さんで、元血盟団の重信末夫も印象深かったですね。二・二六事件の末松太平もそうですけど、実際にその人に会ってみると〈右〉とか〈左〉なんて分けることはできないですよね。もっといろいろなことを真剣に考えていますよ。だから、ときには体制側か反対側かも分からないくらいですから。

**保阪**　青木哲という、三上卓の門下の人のことを思い出しますが、この人も左のほうの人にも顔を売ったりして面白い人だったようです。鈴木さんは、川崎長光にも話を聞いたとおっしゃいましたが、西田税を撃ちに行ったときの話も具体的に聞いたんですか？

**鈴木**　ええ、それはすごい話でした。僕なんかじゃとてもついていけないな、やっぱり自分は戦後育ちの現代人だなと思いました。まず第一にすごいなと思ったのが血盟団内での西田税暗殺の実行者を決める経緯です。川崎は西田税と疎遠だから選ばれたのではなく、逆に親しかったから暗殺者に選ばれたんですね、「革命のためにこいつを裏切れ、撃て」ということだったらしいです。それで川崎は実際に銃撃しているんですが、捕まったときに警察で、西田は重傷だけど生きていると言われていますでしょ。もともと西田とは親しかったわけですから「それでほっとしたでしょう？」と僕が言ったら。川崎は否定するんですよね。「いや、僕は西田には死んでほしかった」と言うんです。一度殺ると決めたからには成功したかった。残念に思ったと言うんですよ。この感覚は僕らのような近代主義者とは全然違うんだなと思いましたね。

**保阪**　なるほどね。それと類似した話を僕は、塙三郎さんと話しているときに聞きましたね。塙さんは水戸中学時代から文化村に出入りしているうちに橘孝三郎さんに私淑した人ですね。彼と雑談していたときに、「君ね、〈テロリストがテロをやる〉という見方は間違っているんだよ」と言うんです。「〈テロリスト〉というのはいないんだ」と言うのですが、それはこういうことなんです。まず誰かを暗殺しようと決めて行動を起こしますよね、それで実際に撃って、刑務所に入るとします。刑務所に入って、そのとき警察に、「お前は殺人なんてとんでもない犯罪をしたんだぞ」と言われる、親兄弟も面会に来て泣く。しかし、そこで「俺、とんでもないことをやってしまった」と反省するのは、テロリストじゃないという意味です。

塙さんも獄中で考えたそうです。そして熟考したうえで、「やはり俺のやったことには寸分の間違いもない。同じ状況に置かれたら、またやる。家族がなんと言おうが何をしようが、俺のやったことに一〇〇パーセントの自信がある」と思った瞬間から、その人間ははじめて確信犯になる、テロならテロリストになる、と彼は言っていました。

塙さんのようなタイプは安易に「反省しました」なんて言わない。泣いたりして、「すみません」なんて言うことを軽蔑していたということですね。

**鈴木** すさまじいですね。しかし、血盟団の川崎長光の心理も恐らく、それと同じだと思います。泣きもしないし、警察に捕まって自分が撃った西田がまだ生きているのを知って「これで人を殺さずに済んだ」なんてまったく思わない。あとで悩んだりしたら、もうテロリストじゃないということなのでしょう。

**保阪** 塙さんは僕に、「私が犬養首相を殺したわけではない。実際に犬養毅を殺したのは海軍の連中だ。しかし、自分がその事件に連座しているということは事実であり、それで自分を〈テロリスト〉と呼ぶ人がいれば、私はそれを甘んじて受ける」と言うのです。決行者がある種の覚悟を決めたときに言う台詞というのは違うんだなと思いました。自分の正義に一〇〇パーセントの自信を持ち、どんな弾圧でも甘んじて受けると思ったとき、その者ははじめてテロリストになり革命家になる。その心理を私たちが終生分からないのは、結局、彼等の決意とか覚悟とかの内面を見ないで、「誰かを撃った」とか「殺害した」という行為しか見ていないからで、そのためテロリストの本当のところが分からないということなんでしょうね。

**鈴木**　僕が会った中では小沼正さんはテロに対して強い信念を持っていて、「今の右翼はだらしがない。政治に不満があるならテロでも何でもやれ。殺したって死刑になんかならない、俺を見てみろ」とものすごいことを言うんですね。僕は当時、『やまと新聞』の取材として小沼さんに会ったんですけど、その頃、僕も若かったからそれで僕もつい、修正しないで小沼さんの発言のとおりそのまま新聞に書いちゃったんです。今だったらそんな過激な発言は新聞に書かないですけどね。何にもクレームはなかったし、証言したのは事実だから、そのまま掲載してやはりよかったなと思っていたら、右翼の人たちから「それは書くべきじゃないだろう」とずいぶん叱られました。

**保阪**　小沼さんが書いた文で、今でも印象に残っているのが、刺すときに、その人の命が刀を伝わって自分の中に入ってくる、ということでした。

**鈴木**　彼が井上準之助を暗殺したときは拳銃での射撃でしたから、彼のテロへの思想を述べたのでしょうね。それにしても宗教的と言うか、何と言うか。超越的な観点からの記述ですね。

**保阪**　そうですね。刀で刺すというのは、撃つのとは違うんだと。だから日本と西洋のテロは違うんだというようなことを言わんとしていたんだと思います。魂がこちらへ入ってくるみたいなことを書いていて、なるほど、こういうことも決行者にしか言えない感覚だなという印象を受けました。

**鈴木**　思想について小沼は、日本主義はむしろ〈左〉だと言ってましたね。弱い、貧しい者を救うという意味合いでそう言ったのですが、僕の印象では、小沼の中では「右だ」「左だ」といったそういう陳腐で紋切り型の区別なんかとっくになくなっているという感じでしたね。こういうことも実際にテロリズムをやったから、自分の実感の中から生まれてくる発想なんだと思いましたね。

# 第2章

# 五・一五事件と農本主義

## 死なう団事件

**鈴木**　保阪さんの最初の本は『死なう団事件』ですが、昭和に入ってからの怪事件みたいに見られて、その内実を知る人は少なかったんじゃないですか？

**保阪**　僕は朝日ソノラマという出版社にいたんだけど、僕はもともと右翼運動や戦前のことはあまり深くは知らなかったんです。三十歳を過ぎた頃に三島さんの事件があったんです。あのとき、三島さんが「共に死な（の）う」と旧仮名遣いで書いた檄文を読んで、僕はそう言えば戦前、「死なう、死なう」と叫んだ人びとが起こした事件があったよなと思って、死なう団のことを調べ始めたんです。死なう団というのは、日蓮宗のファンダメンタリストの一派で神奈川の川崎・横浜あたりで広がるんです。日蓮会殉教衆青年党というのを昭和八年頃つくられたグループです。その人々が、「原点に帰れ」といって、「不惜身命」を唱える、彼等にとっては、つまり信仰というのは死ぬ覚悟を持つことであるというので、「死なう」という理念を掲げるんですね。

**鈴木**　それは唱えるだけではなく、実際に自殺行為に及ぶんですよね？　すさまじい信仰というか、そもそもよくそんな無茶な団体が成立し得ましたね？

**保阪**　指導者の江川桜堂（忠治）がものすごく冴えた男だったんです。その後、「死なう」というスローガンを叫び、それが川崎・横浜一帯にあっと言う間に広がっていったんです。その頃は、五・一五事件や、日本生産党が関わった神兵隊事件の頃で、テロ事件が続いていた時期ということで、テロ団体として神奈川の特高が調べるんです。そのときにすごい拷問をやったんです。メンバーの中には女子帝国医専の女学生もいたんですが、拷問に耐えきれずに多くの人が抜けていって、結局潰れていくんだけど、最後に残った五人くらいが、霞ヶ関とかで実際に腹を切るんです。八分ほどで止めるのですが……。この事件は単に「風変わりな事件」として認識されてしまっており、それは確かにそのとおりではあるのですが、調べていくと、この事件の背後にあるのはやっぱり特高の過激な暴力と点数稼ぎですね。事件当時、神奈川県の特高課長に相川勝六がいて、この人は戦後に自民党の代議士、右派の重鎮にもなる人なんですけど、事件の後詫び状を書いているんです。教団信者に自殺する者が相次いだためです。

**鈴木**　戦前に権力が宗教団体を弾圧したりする例は大本教とかいろいろありますけど、いくら追い詰められたといっても教団側の反応もすごいですよね。凄惨というか、死ぬことが目的化しているというか……。

**保阪**　そう。これは単に宗教弾圧というだけでなく、日蓮会殉教衆青年党の江川忠治たち幹部は、そういう警察の動きも含めて自分から意図的に仕組んだところもあると思います。つまり、大規模に広宣流布をするために、犠牲のポーズが必要だと彼らは思い、「弾圧される」というポーズをとろうとしている。例えば白い羽織を着て広宣流布の旅に出ると言って、何月何日に鎌倉駅前に集まれと堂々と信者に呼び掛けるんです。警察に見張られているのを百も承知で全国に広宣流布の旅に出るんだと公言したりする。そんなことしたら、特高が捕まえないわけがない。幹部たちは、わざとそうしている。つまり、彼はある種、権力逆利用して広宣流布をやろうとしたんじゃないかと僕は思う。

調べていくうちに、そのへんのいろんな問題が僕には分かってきましたけど、事件については書きましたけど、あんまりそういう詳細な経緯については書かなかったですね。特高の記録を見ていくと、警察は外から見張っているだけでなく、教団内のことも全部分かっているわけです。これは中にスパイがいたんだということまで分かりました。実はこの取材で、当時、老人ホームにいた元教団信者を、僕一人で訪ねているんです。「あなたはあの頃、警察と接していなかったですか？」と聞いたんです。そうしたら「君、どうしてそれが分かったの？」と言うので、警察資料には「団員A」とか「団体員B」とか書いてあるけど、あれはあなたのことじゃないんですかと聞いたら、彼は狼狽しながら「そうだ」と認めるんです。「自分はあの頃、川崎の貧しい職工で、金がないから警察から金をもらって教団の中に入って、全部報告していた」と言うんですよ。「みんなに悪いことしたんだ」と言っていました。それから一カ月後、その老人ホームから僕に連絡がありました。屋上から彼が飛び降りて自殺しましたと。

身よりもなかった人なんですけど僕は彼のことは書かなかったし、他人にも言わなかった。結局は書かなかったんですけど、彼は僕に本当のことを言って荷を降ろしてほっとしたと思うんですよ。実際彼もそう言っていました。でも一方で僕が聞いて、僕がそれを書くのを恐れたのかも知れないとも思いました。やはり、すごく悩みました。俺にはこんな権利があるんだろうか、人の生死に関わるようなことを書いてもいいのかと、僕はものすごく悩んだんです。一年くらい、こんな仕事をやっていていいのかなと考え続けましたけど、一年悩んで、やはりこの仕事をやるしかないと結論づけたんです。作品を発表することは人を傷つける、ときに生死にも関わる、でも、それを克服しようと覚悟しました。近現代史にはこういうことはいっぱいあるはずだから、それから逃げていたら何も書けないと思いました。

**鈴木**　すごい覚悟ですね。僕も血盟団事件や五・一五事件の当事者に話を聞きましたが、現代史は生きている歴史ですから、それに向き合うには本当にエネルギーがいります。また戦前の特高とは違うけど戦後の公安警察も似た手口を使いますよね。僕も経験あります。

でもすごいですよね。保阪さんはその後も昭和史の取材を進めていくんですから。

**保阪**　僕は編集者をやっていた頃、仕事のため年表を調べていて、その年表の一行に多くの人生が詰まっていて、いろんな人間の顔が含まれていると思ったんです。なので「年表の一行を一冊の本にしよう」という自分なりの運動を起こしたかったんです。「日本は中国を侵略した」というか、一言しか言えないレベルで昭和史を、我々や次の世代が語っていくことは、五十年、百年経ったら児孫に嘲笑されるんじゃないかと思います。「中国を侵略しました」と言うだけで、昭和の戦争についてあとは何も言えない、そしてそれを〈歴史観〉と信じ込んでいるなんて、これは嘲笑されますよ。なんで日本の農村青年たちが、鉄砲かついで中国やニューギニアに行ったのか？　太平洋の輸送船で米軍に爆撃されて沈んで死んでいったのか？　という疑問に向き合う歴史をきちんと残さないと、次の世代にバカにされますよ。これはもう、「あの戦争をどう捉えるか？」という以前の基本的な問題だと思います。

そんな思いを知り合いの学者に何度も言ったりもしたんです。昭和四十年代の初めですけどね、ところが学者は、「そんな実証的な調査なんて学者はやる気がないよ」と言うんで、じゃあ僕がやろうと決心したんです。

ね。

## 橘孝三郎の思想とは？

### 〝右翼〟の多様性

鈴木　なるほど。そういう意味では、死なう団事件はまさに年表の一行にのみ残っていた事件でしたね。大きな国家改造運動やテロ事件に挟まれて、そんなに印象に残っていたわけではないですからね。

保阪　「死なう団事件」は、昭和十二年に信者が国会議事堂等で腹を切るという一行が年表に出ているだけですけど、今度は五・一五事件の檄文に注目してみると、その最後の一行に「農民同志」という記名があるわけです。これを調べていくと、水戸の愛郷塾というのが出てくるし、橘孝三郎が出てくる。つまり戦前の農本主義が関係しているのが分かります。僕は農本主義とは何かということに興味があったので、そこからいろいろ調べていきました。当時はまだ橘が存命中だったんですけど、僕には何の伝《つて》もないので「私は在野の研究者ですけど先生に会っていろいろお話を伺いたい」と手紙を出したんです。そうしたら、四百字詰め原稿用紙の真ん中に「了解」とだけ書いた返事が彼から来たんです。（笑）びっくりしましたね。

鈴木　僕も昭和四十七年から一水会のメンバーと何度も橘を訪ねています。八十一歳で亡くなるのですが、晩年の四年間、お話を聞きました。すごいインテリで、すごい思想家だと思いましたが、手紙もすごいですね。（笑）

保阪　ええ、でもそこからどうしていいのか分からない。電話して、「こういうお手紙をいただいたのですが」と言うと、橘さんの娘婿の塙三郎さんが出て、「君か、保阪というのは。わしが間に入るから、一回、君と会いたい」ということで塙さんに腹蔵なく話しました。「右とか左とか関係なく、僕は橘さんに興味があるんです」と訴えて、それで橘さんに会うことになったんです。橘さんのもとに通うのがそれから一年半くらい続きましたね。

当時の僕はどちらかというと心情左翼的な発想をしていましたから、「君の発想は戦後民主主義に毒されている。質問自体が〝テロは悪だ〟とはじめからそんな前提に縛られている」と言われた。「でもテロは悪じゃないですか？」と言ったら、「君はそういう目で僕を見るのか」とか言われましたね。そんな話をしながらも彼は本当にいろんなことを教えてくれました。「君はここの分野の知識は詳しいけど、こっちの分野は弱いね」とか、「こういう勉強しなさい」とかね。いろんな話を教えてくれた。例えば国家主義とか民族主義とか国家改造運動とか言うが、まだ思想の分類がきちんと整理されていないと指摘されたことがありました。

橘孝三郎さんは面白い人で、いつも一時から四時まで会ってくれるんですが、四時になると「帰れ。今日は終わりだ」と言うんです。時間をきちっと決めているんです。そして「次に来るときはベルグソンを読んでこい。その視点から質問しろ」とか「ロバート・オーウェンを読んでこい。それをもとに質問しろ」とか次々に言うんです。こっちも慌ててあれこれ読んで、それで質問しました。水戸学についても、誰それの本を読んでから質問しろとか実にいろいろ言ってくる。でも、それが全然嫌じゃなかったですね。むしろとても面白かったですね。橘さんは恐らく「君の政治思想の捉え方は、戦後の通俗的な発想を踏襲しているだけだ」ということを指摘してくれたんだと思います。そんなやりとりをしていく中からそれまで総花的で整理されていなかった僕の知識が、橘さんとの対話を通じて整理されてきたんです。それで「先生の言うことがだんだん分かってきました」と言ったら、「そうだろ、一口に〝右翼〟と言ってもぜんぶ違うんだ。それはもはや一括りに〝右翼〟と言っていいのかさえも疑問なくらいなんだ」と言って、自分と北一輝がどう違うのか、大川周明とは考え方に違いはあるけれど、お互いに尊敬しているような感じだと言っていました。井上日召和尚とはこんなところが違う、彼はこう考えるが、わしはこう考えるなど、詳明かつ具体的に思想を全部整理して解説してくれるんです。そういった分析を活かし彼は『天皇論』というとても厚い本を書いているんです。

**鈴木**　ええ、彼の『天皇論』は、僕も読みました。分量もすごいですが、内容がすごく濃密ですよね。とてもすべて理解できませんが、付け焼き刃や借り物の知識なんかではとうてい書けない本で、圧倒されます。

**保阪**　神武天皇、天智天皇等について書かれた巻を持って来て、読めと言うから、いや、自分も毎日、勉強していますけど、とてもじゃないけどこんな本格的なのは読めませんって降参しました。

**鈴木**　五冊くらい出ていましたね。『神武天皇論』『天智天皇論』『皇道文明優越論概論』『皇道哲学概論』で、いずれもすごい厚い本ですよね。僕も二冊くらいまで読んでいますが、全部は読んでいません。しかし、すごい労作ですね。よくあれだけの内容を、一人でまとめて出せましたよね。

**保阪**　あの人は朝五時くらいから起きて、勉強していたんですね。

鈴木　もともとすごいエリートなんですよね。戦前の最難関校の旧制一高出身じゃなかったでしたか?

保阪　一高卒業一週間前に退学しているんですけど、実は、大正四～五年頃、学生の間に流行っていた岡田式静坐法に没頭していたんです。静坐して瞑想すると啓示を受けるそうなんです。橘さんも啓示を受けたと言っている。それがきっかけで一高卒業一週間前に中退を決心しているんですね。「おまえは一高を卒業した後、帝大出て、役人になる人生を送るのか? そんな人生でいいのか? 土に帰れ」という啓示を受けたというんです。彼の実家は農業ではなく、小林屋という水戸藩の染物屋ですから、農業は全部、一から自分で始めたんです。自ら周辺の土地を買って、朝から晩まで畑を耕していくわけです。そういう意味では、彼は実践の人でもあるんです。そうこうしているうちに、彼の評判を聞きつけた水戸中学や水戸高校の生徒が訪ねて来る。マスコミでも話題になって、「日向の武者小路実篤の新しき村、常陸の橘孝三郎の文化村」といって、当時の二大生活共同体運動として大正十年頃にさかんに取り上げられます。

鈴木　そういう意味でも橘さんというか、農本主義者全般って、いわゆる国士風の右翼とはまったく違いますよね。権藤成卿の思想もそうですけど生まれ育った風土を基本としてものごとを考えていますよね。

保阪　そうですね。橘の中には完全に人道主義者という面もありますよね。クリスチャンじゃないけど聖書も読むし、ミレーの「晩鐘」をすごく敬愛して、その中に人間のあるべき理想を読み込んでいましたね。

## 帝都を暗黒にする

保阪　僕は彼に何回も聞いたのは、「先生は、大正時代には農業実践に入り、文化村を営んでいますが、昭和四年になると井上日召と知り合って、そして海軍の連中も来るようになって変わっていきますよね。七年の五・一五事件のときには、直接的に要人暗殺はしていませんが、帝都を暗黒にするという意図で門弟に変電所破壊工作をさせていますが、それまで人道的な農業実践・共同体運動をしていたのに、なぜ急激に変わっていったのか？　そこのところがよく分からないんです」と言ったら、「それは分からなくていい」と答えるんです。自分がなぜ参加したのかというと、「海軍の古賀清志や黒岩勇の目がきれいだったから」と言うんですよ。目がきれいだったという言い方は答えになっていないんじゃないんですか？　と言うと「君は何を言うのか。人間は目に出るんだ」というやりとりもしました。やはり彼は独特の感性を持っている。「それじゃあ、僕の目はどうですか？」とは聞けないので黙っていましたけど。（笑）

鈴木　そうですね。それは戦前の右翼の一つの特徴かも知れません。文学的だし、芸術運動みたいなところもありますね。

保阪　ええ、そのぶん政治に関しては、やっぱり繊細過ぎるという感じがしますね。

鈴木　僕が橘さんに五・一五事件に関して聞いたときには、「帝都暗黒化なんて言ったけど、あれは漫画だったね」と自分で言ってました。だって、五・一五事件って国家改造運動とかクーデターとか、あるいは革命とか思われていますけど、都会を停電させて真っ暗にするのが目的ってヘンですからね。

保阪　僕もその点は聞きました。「帝都を暗黒にして、何やるんですか？」と聞いたんです。そうしたら「一晩真っ暗にして、都会の人々に文明とは何かと考えさせる。都市と農村の比較をして都会の人間に考えさせるのだ」と思ってやったというんです。考えるわけないと僕は思ったけど、そんなふうに彼等も五・一五事件に連座したことで、橘孝三郎の名前は現代史に残ることになったんですけど。だから僕は彼をただ単純な右翼とはまったく思わない。近代日本の一人の人格者であり、優れた在野の研究者だと思っています。その橘さんからは「北一輝のものは読むな」とも教わりました。

鈴木　えっ、「読むな」と言ったんですか？　確かに彼は北一輝のこと嫌っていたみたいですけど。

保阪　北を読むなと言うより、君たちは戦前の右翼思想といってもどうせ北ぐらいしか知らないだろうから、そんなの読んでも仕方がないぞ、と言いたかったのでしょう。もっとも後に僕は辛亥革命について北が書いた『支那革命外史』なんかも読みましたけど、橘は「北一輝は偽装左翼だ」とさかんに言っていましたね。

鈴木　「北一輝は左翼だ」と言うと、今の若い人は驚くかも知れませんが、これはよく言われる批判の一つですよね。僕も北一輝は近代主義者であり、左翼思想に共感しているところがある人なのかなと思っていましたが、北一輝の書生みたいにしていた嶋野三郎さんから聞いた北一輝は、すごい天皇信仰が篤かったというので、それには大変驚かされました。

保阪　北一輝の天皇観というのは、僕はあまり具体的に肉薄した感じは受けたことはないんだけど、例えば二・二六事件の磯部浅一とか、野中四郎、栗原安秀たちの天皇理解と、北の持っている天皇の理解の間にギャップがあるんじゃないかと思えてしょうがないんです。

**鈴木** そうですよね。北自身も『国体論及び純正社会主義』についてなんかは、青年将校たちに「あれは若いときに書いたものだから」と言って、読むのを薦めなかったそうですね。青年将校には分かってもらえないと思っていたんじゃないですか。ただ立派だと思ったのは、二・二六事件で逮捕されたときの北一輝の取り調べの調書があるでしょ。あれ全部読んでみると、そもそも北の逮捕自体、今だったら完全に冤罪ですよね。でも自分の書いたもので影響を受けて青年将校が決起したのならば、自分は潔くその罪に服しますと言ったと調書に書いてあるんですよ。それを読んだときはやはり北はすごい人だと思いましたね。冤罪かもしれないけど、従容として死を受け入れた。もしかしたら、北一輝はこの死を受け入れることによってはじめて歴史に名前が残ったんじゃないでしょうか？　それに比べたら、青年将校を煽った将軍たちで逃げまどって罪を免れた人たちがいたけど、その人たちはそのときにはもう実質的に死んでましたね。

## 北一輝とは何者であったのか？

**保阪** 北一輝について、花田清輝が「大ホームランかあるいは大ファールか」と言ったという北の両面を衝く表現がありますが、北一輝の理解については、僕は松本健一氏が全共闘世代で初めて、ある種の市民権を得るまでにしたと思っています。北には左翼、ひいては全共闘世代に共通するような思想回路がないとは言えない。松本氏はそれを繋いだのだと思います。
しかし、一方で大蔵栄一とか二・二六事件に直接参加した軍人たちの本を読んでも、北一輝の思想の内容についてはは何も書いていないのは注意点ですね。つまり、クーデターを起こした将校たちは実は北の思想を理解していなかったということです。北は存在そのものが神格化した一つの象徴なのであって、思想的な影響というのは、僕はどう見てもなかったのではないかと思っています。ただ磯部浅一はある程度分かっていたのかなと思うけど、二・二六事件の参加者たち全体に、北一輝の思想的影響力が及んでいたという痕跡は認めがたいと思っています。と言うのも、二・二六事件で生き残った軍人というのは大蔵栄一もそうだし、末松さんもそうですが、彼等は決起将校団内部でどういうふうな動きがあったかというのはみんな書いているけども、思想的なことはさほど書いていないですね。二・二六事件は結局、皇道派の真崎甚三郎と荒木貞夫と、教育総監で統制派の渡辺錠太郎などの争いの一環としての派閥抗争でもあるんですけど、そういうことを北一輝はどれだけ分かっていたのか？

**鈴木**　北一輝って、何て言うのかな、実物以上に……。

**保阪**　巨大化していた？

**鈴木**　ええ、そんな気がしますね。というのは一九二一年（大正十年）、安田財閥の創始者安田善次郎を殺害した朝日平吾の遺書「死ノ叫声」も最初は北一輝が書いたんだと言われましたね。僕もずっとそう思っていたんです。個人的怨嗟や私利私欲ではなく社会正義のための殺害だと、自分のテロ行為を社会批評として書いたものですが、朝日平吾にはあんな学問はないだろうと思い込んでいたんです。でも中島岳志さんの『朝日平吾の鬱屈』を読んだら、そうではないことが分かった。朝日平吾を調べてみると実は朝日は、ものすごく勉強していたんだと中島さんが明らかにしています。あの遺書は朝日が本当に自分で書いているんです。それで浮き彫りになるのは朝日の実像だけでなく北一輝の虚像の大きさなんです。

**保阪**　こんなこと今さら言っても仕方ないかも知れませんが、北一輝はやっぱり三菱からカネをもらっていたわけでしょ。

**鈴木**　それは確かにそうですね。

**保阪**　三菱の役員だって、三井の総帥が血盟団のテロで殺されたのを見れば、自分たちの命を惜しむわけだから、北一輝にカネを渡していたとしても当然です。そのへんの事情は、当時はもちろん知られていなかったんでしょうね?

**鈴木**　たぶん、そんなに多くの人には知られていなかったんだと思います。

**保阪**　それで北一輝の奥さんはかなり贅沢していたとも言われていますが……。学者から代議士になった北昤吉《れいきち》という弟がいましたね。昤吉は兄一輝のことも二・二六事件のことも書いているんですけど、兄貴を擁護しています。でもそれは「誤解されている」という書き方でしかないですね。北昤吉は代議士としてはそんなに大きく育たなかったけど、あるいは彼は兄の汚名を晴らしたいという一念だけの人生だったのかも知れません。

しかし、北一輝の思想には海外に通用するものもある。これは昭和維新に関係した人物としては珍しいと思います。例えば、『日本改造法案大綱』の中で、エスペラントに言及しています。ああいった進取の気質ね。それは彼の中に佐渡の風土の――「佐渡コミューン」と松本健一氏が言っているんだけど――そういう思想的土壌から来ているのかも知れない。若くしてこのような論を立てるんだから、やはり彼は相当の人物だったということではあるんだろうと思います。

**鈴木** 僕は『国体論及び純正社会主義』が好きで、その中で人間はどんどん神に近くなっていくという件《くだり》があって非常にロマンチックですよね。すごいことを考える人だと強い印象を受けましたね。

## 郷詩会――交差する憂国のこころ

**保阪** 『霊告日記』は宗教家としての、北一輝のもう一面を表していますが、あの本は不思議ですよね。昭和の前期の国家改造運動を論じるとき、一番分かりやすい尺度を持っているのは三月事件でしょう。あの事件は一応、北一輝は直接的な関与はないんだけども。橘孝三郎のことを調べだしてからずっと気になっていたんですが、満州事変の前の昭和六年の八月に、郷詩会という、まるで詩の朗読会みたいな名前で、主だった右翼勢力が日本青年会館で集まるでしょ。

**鈴木** ああ、分かります。あのとき、全部集まっています。民間の右翼も現職の軍人たちも一堂に会してその後の昭和維新史に関与する人間がまるでオールスターみたいに集まったんですよね。おかしなくらいロマンチックな会の名前ですけど。(笑)

**保阪** 五・一五事件の連中も、二・二六事件への参加者も、井上日召も、橘孝三郎も西田税も来てますよね。軍人では橋本欣五郎も来ていました。郷詩会は昭和六年八月二十六日に開かれていますけど、その年の三月に三月事件というクーデターが結局未遂で終わっています。三月事件というのは軍務局長の小磯國昭や軍事課長の永田鉄山が陸軍大臣の宇垣一成を担いでクーデターをやって、軍事政権の樹立を狙ったものですね。それが寸前で肝心の宇垣が変心して、宇垣が合法的に首相になれそうだと政局を読んでクーデターを拒否したんです。まぁ、結局、その読みははずれて首相にはなれなかったのですが。

**鈴木** 決起して失敗したならまだしも、未遂で不完全燃焼というのは実行する人間としてはたまらないですよね。死をも覚悟していたはずですから、強い遺恨が残るでしょうね。いずれにしても三月事件が決行されていたら、日本の歴史は大きく変わっていたんじゃないでしょうか?

**保阪** そのとき動員される予定だった者は国家社会主義運動の側で言えば、赤松克麿、亀井貫一郎、さらに無産政党の連中が国会にデモをかけて騒擾状態をつくるという、壮大なプログラムが出来上がっていたんですね。しかし、その国家改造運動、と言うかクーデターが宇垣の変心で潰れた後に、いわば三月事件の残党とも言うべき、いろいろな分子が昭和七年の二月から三月の血盟団事件、五月の五・一五事件から翌八年の日本生産党が関与した神兵隊事件、そして十一年の二・二六事件に繋がっていく。つまり郷詩会に出席したメンバーが崩れ散らばり、そこから連続してさまざまな事件を起こしていくという流れになっていった。

この流れを逆に見ると、当然、郷詩会について興味を持たざるを得ない。そこで橘さんに郷詩会について聞いてみたら、「井上日召和尚が橘さんも出席してくれやと言うので、青年会館に行ったんだよ」という答えでした。その会では海軍の軍人や北一輝に影響された連中とも話をした。「これは駄目だと思った」と言ってました。

鈴木　なるほど面白いですね。郷詩会は一般的にはあまり知られていませんが、一つの節目になっている集まりだったんですね。でも、この集まりはすでに自分なりの思想や行動原理を持った、いわば完成した革命家が顔を合わせたという出来事であって、国家改造運動を新たに創り出す源泉というわけではないんですよね。

保阪　そうですね。昭和の国家改造運動史を見ていると郷詩会は興味深い集まりですが、歴史を見る幅をもう少し広げると、大正時代の第一次世界大戦の後くらいから、大川周明や北一輝など、いろいろな人物が出てきますよね。また、猶存社とか行地社[注5]とかの団体も動き出している。そういった第一次大戦後の動きを見てみると昭和の国家改造運動の出発点をどこに置くのかと言ったら、明治ではなくて、やはり大正期間でしょう。大正十年くらい、つまり第一次世界大戦が終わってからではないかなと思います。

　この時期は右派だけではなく、左派のほうでも動きがあって、共産党もできるし、アナキズムの思想も広まってくる。昭和の初期の国家改造運動というのは、右にも左にもいくつも流れが派生して何十派にも枝分かれしていたと見ています。

鈴木　まるで戦国時代や全学連運動みたいですね。確かに混乱なのでしょうが、そのぶん日本が国家としてさまざまな可能性を持っていた時代ですよね。「大正デモクラシー」とか何かが分かった気になって使ってしまう言葉ですけど、その多様性はまだ本当に理解されていないかも知れませんね。

## 農本主義はなぜ東北にしかないのか？

### 貧しさの中で国を見つめる

鈴木　昭和前期の国家改造運動をやっていた人たちを理解しようとすると、その時代背景として考えなくてはいけないのが東北地方等の圧倒的な貧しさですね。困窮を極めるどころではない地域もあったし、格差なんて言葉も追いつかない、もっとすさまじい問題だったんじゃないですか？

保阪　昭和四年に農政学者の鈴木栄太郎が調査した報告を読んだことがあるんです。それは日本の農村調査なんですが、それによると都市化した、東京でいえば八王子等の、郊外の都市化した農村地帯は都市化の波で変わっているけど、日本の七割か八割の農村は江戸時代と基本的に変わらないと言っている。変わらない理由がいくつか挙げられていて、一つは、その農村共同体に身を置いていれば生から死まで保障されているということ。貧しくてもとにかく生まれて、そこで死んでいけるということです。それから、その農村共同体内に身を置いて、その中の価値観に同一化していれば、生命そのものは保障されるということ。そういった、江戸時代の農村とほとんど変わらない状態に日本の農村はあるという結論を書いて、意識のうえでは資本主義だ近代化だと言っても、農村・農民の現実は変わっていないんだということです。そういうような昭和初期の調査を読んで、なるほどなと思いました。凶作で食えなくなる、あるいは都市の不況で農業生産が過剰になって都市で売れなくなる。そういういろんな条件を絡ませながら、農業は都市化の波を受ける時代になっていく、その前段階だと言うんだね。昭和の前期はまだ日本全体が隅々まで資本主義化していないんだと思うんです。当時は、東京とか一部の大都市では資本主義化していても、農村自体はまだ本格的な資本主義の波をかぶっていなかったのではないか。だから凶作とか大きなダメージを受けた瞬間に、あっけなく崩壊すると思うんです。農本主義者である橘さんが言うのも結局、地主と小作という対立構図では農村の改革はできない、都市と農村という図式を立てなければいけないということでした。都市が農村を収奪している。都市が農村の富、あるいは農村の人材というものを収奪することによって、農村を壊滅的な状況に追いやっているというのが橘さんの考え方でしたね。具体的に言えば、新しい耕耘機ができたと言って買わせ、作物で払わせるといった形で搾取され資本主義の末端の商品生産の枠に組み込まれていくと言うんだけど、それは資本主義の枠組みで理解された農業構造とはとても思えないですね。

## 農本という視点から日本を考える

**鈴木**　農本主義というのは、すごく基本的なところを言えば農業を愛するということ、人を愛することと、国を愛することが一体になった考えですよね。今にして思えば、素朴な愛国主義と一体だったんじゃないですか。自分の郷里を大切にする、本当に自然な感情ですよね。農業は生活の基盤なんだから、それをおろそかにするのはいけないという倫理観でもある。だからこそ、それは都会に対する反対でもあったんでしょうね。五・一五事件でもそうですけど、農本主義の人たちには都会的な人間に対する反発もあったようですね。

その思想的特性もあって、農本主義というとその地盤は、東北という感じはしますけど、農本主義は九州や四国にもあったんでしょうかね？

**保阪**　いえ、そこはとても興味深い点なのですが、九州や四国には農本主義は育たない。土壌が違いますから、農業の条件が違ってきます。一毛作・二期作とか、二毛作とか、農業の条件が地域によって違ってきますから、その地域差が農本主義理論のあり方に決定的な影響力を及ぼしているように思います。これは僕の私的な理解なのですが、二毛作・二期作をやるような所は、農業の意味が東北と違うと思うんです。

**鈴木**　そうか。農本主義は土着的で素朴な愛郷心を基本にしているとは思っていましたけど、そうであるがゆえに地域性もあるのか。そういうことは考えたこともなかったです。

**保阪**　本当に詳細に分析すれば、一言で農本主義と言っても内実は全然、違っているはずです。養蚕業の盛んな土地か、稲作中心か、野菜かくだものを盛んに育てる地域かで、農本主義といっても土地によってまったく違うと思います。東北に農本主義が育つのは、二つの理由があると思う。一つは一毛作ですよね。だから一年に一回の収穫がいかに大事かということを知り抜いている土地ですよね。もう一つは、一年に一回しか収穫がないということは、その一回の収穫のためにすべてを注ぐということになり、愛情をかければかけるほど実りがいいというような農業観というか思想に結びついていくんです。それに対して二期作・二毛作が可能な地域では、「今は駄目だけど、次がある」という思想も成立し得ることになりますよね。

**鈴木**　それが何百年も積み重なっていくと、同じ稲作といってもやはり地域によって生活や労働への考え方に違いが出てきますね。日本のナショナリズムを考えるとき、今までその点は十分に考えていなかったです。

**保阪**　農本主義はどうして東北中心で、四国や九州には育たないんだろうか？　と考えると、やはりそれは農業の違いだなと思わざるを得ない。『家の光』という雑誌を出している家の光協会というJAグループの出版社がありますね。そこでは『地上』という雑誌が出されていて、もう三十年近く前ですが、僕はその雑誌にも原稿を書いたことがあります。その関係があって知ったんですが『家の光』という雑誌は、雑誌では珍しく後半の何ページかは、新聞のように地域によって版が違うんです。九州の農家向けの記事と、東北向けの記事は当然同じじゃないですよね。同じ情報を流しても風土が違えば農業のあり方も異なるから、全国的に同一情報を発信しても意味がない。それを読みながら農本思想というのは、ここから考えなければいけないんじゃないかと思ったんです。

**鈴木**　なるほど。現実の農業はきめ細かく地域の風土ごとにさまざまに違いがありますものね。その点を考えれば、確かに農家の求める情報はすごく多様で多種のはずですよね。でも、今まであまりよく知りませんでした。新聞なら地方版とか県版とかありますけど、雑誌でもそういう地域別情報を載せた版があったんですね。

**保阪**　今もやっているんじゃないかと思う。東北でお米を収穫する頃には、九州では二毛作の裏作になっている。だから違うんですよ。そこに都会の搾取の構造が関係してくる。さっき鈴木さんが言ったように、都市というのは資本を原動力にしているけど、都市が農村を搾取するときの構造は、東北での搾取のときがよりあからさまになりますよね。「実りのいいときに払えばいい」とか言って農機具を買わせて、さらに農薬も買わせる。しかし、いったんローンの回収に入ると、その年に不作だといっても手加減なしに回収に入りますからね。その悲劇性は二毛作・二期作の所よりもずっと露骨に現れますよね。

**鈴木**　大正から昭和にかけて、宮崎県にあった新しき村と橘さんたちの文化村は、よく対比的に語られていましたよね。その「西の新しき村、東の文化村」というイメージのまま、つい農本主義も全国的な広がりを当然のものと前提して考えがちでした。でも、農民から見るとそうではなかったんですね。

**保阪**　橘さんがよく言ったのは、「武者小路実篤が提唱した新しき村と、僕の文化村は全然違うんだよ」ということです。どこが違うのかを聞いたら、「彼は農業をやったことがない。農業をやったことのない農本主義者はみんな偽物だ」といつも言っていました。「武者小路なんか偽物の最たるものだ。安岡正篤なんかの思想も地に足がついていない」と怒るんです。僕はそのときは、発言の真意が分からなかったのですが、その後『家の光』の原稿を書いてみて、そのときになって農業構造を見ないと農本主義思想は分析できないなと気づきました。

江戸時代にも農本思想はありましたよね。安藤昌益だって東北の人です。やはり東北の農業の中から農本思想が現れてくると思います。

**鈴木**　農業をやっていれば農本思想が生まれてくるというわけじゃないんですね。東北の場合だと、飢饉だとか凶作とかいろいろ大変で餓死とか一家離散とか、娘を売ったりとかありますね。四国や九州ではそういう壊滅的な悲劇はあまりないいんじゃないですか？

保阪　そこが不思議なんです。四国の史料等を調べると、東北のような農業飢饉はあまりないんです。それは、二毛作が可能という土地柄の影響もあるんだろうけど、東北は東京が出荷先の中心で、市場としては主に東京に作物を出す。その一方で、西日本の農家は市場が多様で、出荷先に松山があり、岡山があり、福岡があって、それぞれの消費都市に農村の収穫物を分散させたぶんだけ、リスクヘッジができた。各地の問屋や小売業の商人が金を貸すとか、面倒を見るとかのセーフティネットが複数あったんだと思います。

鈴木　ええ、もちろん西日本の農家だから皆、楽というわけではないのでしょうが、それを資本側から見ると、同じ農家であっても地域によって収奪の構造が違うということなんでしょうね。だから西日本の農村では苦しいときでも娘を売ったりするケースが少ないんですね。

保阪　なぜ東北に農本主義が育ったのか？　それは、僕は東北の農業構造によるものだと思います。また、東畑精一とか山崎延吉等の官僚型の農本主義理論というのもあるわけです。それは農を基本にする思想であり、国は農民に予算を割かなければならないというものですね。単純に予算を都市から収奪されている農村に投下するという考え方です。橘さんは、そういうのは農本主義と言わないんだと言うのですが、日本での農本主義は五つくらいのパターンに分けることができるように思います。その中には東畑や山崎等に代表されるような農業官僚や、東京帝大で農業経済を研究しているような一派もいるんです。しかし、橘さんはこれにはもちろん反対でした。農商務省って官僚のエリートで、当然、自分で農耕するわけではない。そんな連中を農本主義者だと見るのは間違いだと橘さんは言っていましたね。

鈴木　農業の構造的問題点とか、農村搾取の構造というのは、戦前の日本にとって本当に大きな問題でしたよね。この格差が、昭和の世に絶望や怒り、餓死や身売りをもたらしたんですから。血盟団事件や五・一五事件だけでなく、これは二・二六事件の原因の一つにもなっていますよね。そのくらい東北の農村の状態はすさまじくひどかった。しかし、権力の側だって農村の困窮がやがて反体制運動、国家に牙をむく運動になるというのを分かっていたんですから、政府の側はもっと対策を打てたのではないですか？

保阪　そうです。昭和恐慌への対策を打てたはずですし、実際に五・一五事件の前にも、昭和になってすぐに高橋是清らによってモラトリアムが実施されています。借金を返すのは遅れてもいいよと政府が認めたとともに国家予算も抑えています。五・一五事件は昭和七年ですが、翌八年からすぐに農業関連の予算が増えるんです。東北の農村で娘が身売りされたのは昭和四年から六年にかけてが最も多いんですよ。しかし、七年の五・一五事件で状況が変わるんです。満州事変後、今度は大陸に農民を送り出すという別の政策が始まるとしても、昭和八・九・十年は、偶然、東北地方では豊作になっています。そのため今度は豊作貧乏になるんだけど、それでも、それ以降は地方を挙げて娘を売った例なんかないですよ。

鈴木　その歴史的推移を見つめると、今度は二・二六事件の捉え方が難しいですね。二・二六事件の原因は陸軍内の派閥抗争という面もあるでしょうが、やはり一般的には農村の窮状を見かねた将校たちの憂国の情が、世直しの昭和維新断行へと繋がったと思われていますよね？

## 世界経済の中の農本主義、世界の中の社稷《しゃしょく》

保阪　二・二六事件が起きたのは昭和十一年の二月二十六日で、昭和九年、十年には表だった国家主義運動は起きていないですね。その点も注意する必要があると思います。二・二六事件の青年将校が農村の窮乏を知るのはあとになってからで、かつてそういうことがあったというのを、青年将校たちは聞いて知っているんです。そのところの事情は二・二六事件の裁判記録を読むと分かるんですが、青年将校たちは大勢の兵隊から次々に話を聞いているというわけではないんです。彼等はもっぱら流布・伝播している話として農村の困窮を知っているんですよ。磯部浅一等は将校の中では年長だったので、困窮農村出身の兵士を実際に知っていた。彼はそういう兵士に出会ったことがある将校だったんですね。だから国家改造運動の基盤にある農本主義の中心が、なぜ東北なのかという点は考えなければいけない。その問題は必ず日本の資本構造と直結して、連続している。例えば長野では養蚕業が盛んでしたが、昭和四（一九二九）年のアメリカの大恐慌から、長野の農民がいくら繭をつくったって商売にならなくなりました。この例のように一地方の存立についても、世界経済の影響が直接関係してくるような部分が昭和の日本にはあったわけですね。日本の農家の収入は、この時期すでに世界市場と直結している。アメリカの景気変動の波をそのままかぶるわけです。

鈴木　そういった世界規模での資本主義の問題をどう考えるかが問題ですよね。左右の違いだけでなく、人によって捉え方も克服のプランも違いますし。同じ問題に対して、なぜ人によって解決案が違ってくるのか？　それはやっぱり、最終的には人間性によって決まっていくのじゃないですか？

地域文化の影響がどの程度あるのかは判断が難しいですよね。先ほどのお話を踏まえて、なぜ東

北が農本主義の中心地になったのかなと僕なりに考えると、やっぱりそこには何よりもまず農村が貧しかったという否定し難い現実があったからかなとも思うんです。でも、それだけがすべての理由じゃないでしょうけど。

## 東北と北海道

保阪　一つには、農業構造だと思う。それから中央からの東北蔑視も要因として無視できないと思います。予算の割き方にそれが顕著に現れていますよね。今だって、そうでしょ。僕は北海道出身だから気が付くんですけど、今でも北海道への予算の割き方は、中央官庁はものすごくバカにして見ていると思います。例えば中央官庁の役人が地方自治体へ出向しますよね。その際、例えば大阪府の財政部長も、福岡県のなんとかの本部長というポストも、さらに岡山県のなんとか部長とか、あるいは北海道庁の某ポストも持っているわけですね。でもね、北海道に回ってくる役人は決して偉くならないなどと言われる。

鈴木　そうですか。いや、それは北海道をバカにした話ですね。何でそういうことになるんですか？

保阪　僕もそう思いまして、以前、ある省庁の官僚と話したときに、聞いたことがあったんです。そうしたら彼の答えがすごくて「役人というのは、国家のことも考えているとはいうけど、やはり自分のことしか考えていないものです。そういった自分とか自分の省の目線で考えると、何かのプロジェクトで中央に予算をつけてくれと地方の役人が来るのを見ていると、北海道の人には予算つけたくなくなる」と言うんです。どういう意味かというと、例えば大阪なんかは予算を獲得しようとプランを持ってくるでしょ。その場合は中長期の計画から、派生する二次産業の一覧とか、綿密かつ立体的に組んだぶ厚い報告書が出てくるという。それなのに北海道は紙一枚に、こういうことをやりたい、予算つけてくださいと熱意が伝わらないというか、詳細不明の大雑把なペーパーしか出てこない。「どうしてそんなものに予算を出す気になりますか?」と言うんです。彼に言わせれば、つまりそれは、完全に「甘ったれている」と言うんですね。北海道には北海道開発庁というのがあるから一定枠の予算は確実にまわってくると高を括って甘えているという意見です。それは半ば事実なので、出向先としても重視されない、と。しかし、これではからずも中央官庁の本音が分かると思う。彼等が言ったけど、「中央政府は西日本のほうを圧倒的に優遇しているんです」とのことです。まさか、いまだに続く薩長政府の陰謀じゃないとは思うけど。(笑)

ただ農本思想がなぜ東北が中心になったのかという問題は、そういう点も含めて国家改造運動を考えるときの最大の問題なのに、そこのところが全然解明されていない。不思議な国だと僕は思う。若い農業研究者なんかがやるべきですよね。

**鈴木**　いや、僕にしても今、初めてその問題に気が付きました。日本の多くの労働人口を占めていた農民の地域差も十分に考えていないのですから、いわんや林業や漁業の人たちの愛郷心についてほとんど分かっていないということですよね。例えば、北海道の酪農業とかにも、彼等なりの一種の農本主義が育たなかったんですかね?

**保阪**　北海道の酪農の場合は少し事情が違ったんです。明治政府が住民に酪農で生きる道を探せと勧めるために、北海道では始めから官が率先して導入しているんです。東北では民が酪農をやったので、そこは大きな違いですよね。そのため、北海道は凶作になっても補助金が出ました。屯田兵は給料をもらっていた立場ですから、やはり農本主義的な思想はほとんど広がっていない。

**鈴木** そう考えますと、東北は、ほったらかしというか、冷遇されいじめられていたから中央政府から距離を置いた、素朴な郷土愛に基づく農本主義的な思想が生まれたのでしょうか？

**保阪** 近代日本のある時期、東北の人が農業革命を起こさないのが不思議でしょうがなかった。橘さんたちの農本主義の本当の見方というのは、農本主義思想という名前がついているけど、日本の階層差別とか近代史の矛盾とか、そういうものを背負っているんだと思うんです。

**鈴木** そういった意味では、明治からの薩長政権に対する反体制思想にもなり得るということですよね。僕たちがイメージするより、農本主義という思想は本当は複雑で、農業をやっているからといって必ずしも農本主義支持者じゃないし、また橘さんも各地の農業やっている人たちに連帯を求めるとか、そういうこともなかったですね。

**保阪** ないですね。西日本では全体に全農（全国農民組合）の全会派（全国会議）という共産党系の勢力が強かったですよ。たぶんこれも農業そのものの構造を、地主と小作という対立構造で捉えていることに関係している。農本主義では、地主と小作という対立構造で農業の問題を考えませんが、でも一般的には地主と小作という対立構造は分かりやすいですよね。マルクス経済学的な資本と労働という構造を農業に持ち込んでいるわけですから。橘さんは、まさにその点を怒っているわけなのですが。

## 貧しい農村はなぜ左傾化しなかったのか？

保阪　その構造で、共産党系の全農会議は農村での活動を展開するんです。小作争議があったので我々が行って小作料を減免させたとか、物納にさせたとかいうことを、「勝利」と言っているわけです。でも、東北ではそういう共産党の運動はほとんど入り込んでいない。新潟には入り込んでいますが、東北の農村運動で左傾化していた所はそれほどないです。やはり、一毛作という条件が構造的に農業のあり方や農民の生活を規定している点が大きいと僕は思います。不作・凶作だったら、それで一年の仕事はすべて終わりとなってしまう。だから真の問題は地主対小作という形の対立構造ではない。小作料の減免はどこでも一応、運動としてはやってはいるけれども、農業の本質の問題は地主による小作の搾取ではないというのは、左翼の側も本当は分かっていたんじゃないかと思うんです。だから左翼の農民運動というものは、伸びる条件は日本にはまったくなかったと思います。日本の農業そのものに、その必然性がないと思います。

鈴木　橘さんは武者小路実篤を批判していたというけど、赤尾敏は武者小路実篤の新しい村から出発していますよね。赤尾さんが最初は左翼活動をしていたことはよく知られていますけど、人道主義的な関心も強く、新しい村に入村しています。前に触れたとおり、右とか左を超越して、時代の問題を克服しようとして必死の人がたくさんいましたよね。

保阪　橘さんなら、赤尾敏は自分で農業を永続化すべきだったと言うと思います。橘さんは土を作って種を植え耕す、水をやる、そして苗が育っているか、いつも見て回っていましたが、そこには愛情が必要だと言うんです。愛情をかければかけるほど実りはよくなると彼は思っていて、確かに精神主義なんですけど。雨が降る、風が吹くとかいろんな不可抗力の気象問題がありますが、それを抜きにすれば、一所懸命に慈しむように育てれば、作物はちゃんと応えてくれると言うんですね。そういった橘さんの精神性は、何に例えればいいですかと聞いたことがあるのですが、そのとき彼は「ミレーの晩鐘という絵を見て、涙が出ないか？」と言うんです。あの絵では、夫婦が祈ってるでしょ。「自分はあの絵をいつも掲げていた」と彼は言うんですね。毎日仕事を終えて帰って来ると、その前で祈っていたそうです。彼はクリスチャンじゃないですけど聖書を読んだりしていましたから、祈るんですね。「あれが本当に一所懸命生きている農民の姿だ」と言うんです。

**鈴木**　橘さんの愛郷塾も影山正治さんの大東塾もそうですが、いろんな文学運動とか共同体運動とかあっても、最後は国家改造になるケースって戦前にはありますね。赤尾敏さんが最初は新しい村に共鳴しコミューン運動で活動し、それから国家改造運動に移った話に先ほど触れましたが、橘孝三郎だってもともと白樺派的なところから政治社会的になっていきますが、それは本人にとっては矛盾していないし、転向じゃないんですね、きっと。

**保阪**　もともと農家出身ではない橘が農業に向かったのは、むしろ都市遊民の帰農運動だと思うんです。それはもしかしたらちょっと早すぎた運動だったかもと思うんだけど、当時の帰農運動であるならばロシア革命以前のナロードニキ運動なども橘さんは参考にしていたんじゃないかと僕は思うんです。橘さん本人にもそれを質問したら、「マルクスも読んでいたけど、そんなのと全然関係ないよ。むしろロバート・オーウェンの協同組合論に関心があったんだ」とか言ってましたけどね。

**鈴木**　あとはベルグソン。（笑）

保阪　そう。橘さんにインタビューを申し込んで、それならまずベルグソンを読んでこいと言われたときには、僕はベルグソンなんかバカにしていて全然読んでいなかったから、それから急いで一所懸命読んで大変でした。

鈴木　当時の国家改造運動をする人たちは、インテリですよね。橘さんも英語で天皇論を書いていたんじゃないですか。

保阪　ええ、英文もできたし、さらにラテン語も読めると言っていました。相当なインテリなんですよね。僕が昭和四十年代の終わり頃に彼のもとに通っていたときに、「君は何をやって飯を食っているんだ?」と聞かれたので、フリーの物書きで、なんとかやれそうですと言ったら、「そうか、君みたいなのがうちの親戚にもいるんだよ」と言うんです。

鈴木　立花隆さんのことですか?

保阪　そうそう。橘孝三郎さんは立花隆さんの大叔父に当たるんですね。僕はそのとき、まだ立花さんのことを知らなかったから、そうですかと言っただけだったんですが、ずっと後になって知り合いになったんですね。それで実はあるとき立花さんから電話があって、橘孝三郎が獄中にいるときに密かに手記を書いていたと言うんです。近衛文磨等とかに届ける上申書だったんです。それを小菅の刑務所の医者に託したけど、結局その医者が誰にも渡さなかったらしいんですね。自分の持ち物としてずっと持っていた。その医者が死んだときに、息子さんから連絡があったようです。その獄中手記で橘さんは、自分が五・一五事件のときに訴えたことが国策として活かされなければいけない、と記しています。そして事件に関した自分の行動について自省の気持ちはまったくない、ということが書いてありました。橘さんは、五・一五事件で逮捕され獄中にいたときに反省していないとはっきり表明していたんですね。逆に、自分の行動を政策に活かしてほしいと訴えていたんですね。

### テロリストとは?

**鈴木**　五・一五事件で共に行動した、橘さんの義理の息子の塙三郎さんが、テロリストとは獄中でも反省しない者のことだと言ったことに繋がっていますね。貴重な資料だと思うんですが、それは発表しなかったんですか?

**保阪**　恐らく、公表していないですね。未発表だと思います。医者がしまっちゃったんですね。そういうことってあるんだなと思ったけど、でもそんなこと、別に珍しいことではない。昭和史を調べているとそういうことってよくありますからね。

**鈴木**　橘孝三郎だけではなく、その他の昭和前期に国家改造運動で社会を変えようとした人たちの思想や言葉を残すことは大切なことですよね。昭和初期は日清・日露から二十~三十年経った頃で、日本は国際的にはもう一等国になっていると思っていた頃ですよね。それにもかかわらず、国内でどうして餓死する人間がいるのか?　汚職で腐敗している政党や財閥、そして君側の奸が悪いと思い、それを実力で排除するしかないと当時はそう思っていた人も多いですよね。

**保阪**　当時はそうだったと思います。僕自身は政治行動に命をかける強い動機を持ったことはないんですが、そういった人は見てきました。政治的情熱ってなかなかすごくて、物の怪に憑かれているというのかな、もう常識とか、そういうのとは別なんですよ。物の怪《け》に憑かれているような時期って、確かにある。例えば、橋孝三郎さんといろいろな話をしていたときに不意に「君は恋愛をしたことがあるか?」と聞くんですね。その頃、僕は結婚して五、六年経ていたので、「しました。うちの女房とも恋愛結婚です」と答えたんです。そうしたら、「僕は恋愛したことないんだよ」と橘さんが言う。「どうしてですか?」と聞いたら、「君、恋愛の行き着く先は心中しかないだろう」と言うんですよ。

**鈴木** 心中しかない? うーむ、すごいこと言うね。(笑)

**保阪** いや、僕だってやっぱりそのときは、えーっ? と思いましたよ。(笑) どうしてですかと聞いたら、橘さんは「恋愛したのならば、相手の全部が欲しくなるはずだ。全部といったら、二四時間も支配したい。そうしたら、生きて存在していたらできない、死ぬしかない」「先生、そんなことないですよ」「いや、僕はそういう質なんだよ」という話をしました。すごい考え方だと思ったのですが、この考え方は政治思想においても同じなんですね。まさに二四時間、常に政治の問題が自分の中に入ってきて、逃れることはできないんだということなんですね。僕のような凡俗は、一時間くらい考えれば、もういいやと休んだりするけど、橘さんはそういうことはないということなんでしょうね。

**鈴木** 水戸人の性格もあるんですかね? 幕末の桜田門外の変から明治維新にかけて、一番先頭に立っていたにもかかわらず、尊王攘夷の思想であまりにも時代にさきがけ過ぎて、逆に結果的に取り残されたとか、並はずれた情熱ですよね。

保阪　そうだよね。水戸人というのは、昭和初期でも気の毒な立場に置かれているんですよね。血盟団事件を起こすなんて、物騒な連中だと避けられてしまい、東京じゃ「部屋貸します。ただし茨城の人は駄目」という貼り紙が出たというんですよね。

鈴木　僕が直接知っている人で言うと、楯の会の初代学生長の持丸博が茨城県出身です。ものすごく学者タイプだったんです。阿部勉を指導したような男で、三島由紀夫さんの評価もものすごく高かったんです。『論争ジャーナル』をやっていた人間たちが田中清玄と不適切に繋がったということで、三島さんがそれを嫌って関係を切ったことで持丸さんも会を辞めた。そのときに阿部勉も一緒に責任感じて辞めちゃったんです。その後、二代目の学生長が森田必勝。いろんなドラマがあるんです。

保阪　三島さんについてよく分からないのは、保田與重郎に若いときに私淑するような関係があったにしても、思想的には保田與重郎の考え方を全部受け入れていたのかどうか、三島さんの思想的な根拠がどこにあるのかというのは、僕はちょっと分からないところがありますね。

鈴木　いろんな人から吸収しているのは間違いないし、思想的に影響を受けているのは保田與重郎だけじゃないと思います。

保阪　三島さんは天才的なところがあるから、ある意味で言えば、とても人工的に思想とか文学を創っていった人ではないですか？　文章表現もそうだと思うんだけど、人間の感情とか心理を自分の世界に全部取り込んじゃうでしょ。例えば、自分の世界に取り込んだ天皇があり、自分の世界に取り込んだ日本が彼の中にある。

**鈴木**　逆に言うと、三島が残した言葉はどこまで彼の思想を表現していたのか？　彼が楯の会のメンバーに言っていた言葉は彼の思想のうちの何パーセントぐらいだったのか？　そういったところは、いまだによく分からないところがありますよね。ちょっと時代が違うんですが、例えて言うなら北一輝が『国体論及び純正社会主義』で書いたのは、青年将校たちとは分かり合えないと諦めて語り合わなかった部分を文章にしたのかなとも思います。分からないことを議論しても仕方ないという諦念が、若い将校に対しても北は持っていたんじゃないですか。三島の場合は文学と政治思想は切り離してしまいましたよね。政治活動の場では文学は語らない。楯の会で会員を採用するときは、三島文学ファンは採るなと三島自身言っていますからね。三島由紀夫小説のファンだという理由で、自衛隊で一カ月一緒にいられたら困る。だからちゃんと思想的なチェックして文学ファンは会には入れるなという方針でしたね。あと、希望者が増えて面接する時間がないと三島もやっぱり「目が輝いているヤツを採れ」と言っていますね。

**保阪**　それは橘さんと同じだ。（笑）目の輝きをチェックすると言う人は、右翼系の人に多いように思いますね。橘さんは晩年までずっとインテリのままでしたね。最後に彼に会ったとき雑談の際、「僕は先生を尊敬します」と言ったら、「尊敬するという言葉を軽々に使ってはいかんのだ」と叱られましたね。（笑）

**鈴木**　でも橘さんは農本主義一点張りだったのではなく、何か一つ信頼できるという手応えを感じるとそれを認めてしまう人なんでしょうね。海軍の中村や古賀もまったく農業には関係ないけど、一緒に五・一五事件に参加していますし。橘さんは、井上日召をどう考えていたんでしょうか？　井上も農本主義者じゃないけど、橘さんは信頼していたでしょ？

**保阪**　信頼していました。こんな言い方は良くないのですが、橘さんが井上日召を信じたのは特定の思想がないからだと思います。逆に信仰とか宗教的なすごい力を持っていて、橘さんはそれを認めていましたね。

# 第3章

# 軍事学なき〈軍人大国〉

## 日本文化に挑戦した日本軍

保阪　国家改造運動を行っていた人びとが国体をどう変革しようとしたか、国家をどう改造しようとしたのかという問題も重要ですが、この時代のことを理解するためには、やはり日本軍のことを徹底的に調べて、「こんな軍隊は国体の意志に反する」「日本の歴史に反する」という意識を持たなければ駄目だと思うんです。その理解を持たず、軍事について何の勉強もしないで、日本の軍国主義や軍事主導体制が悪いことをしたわけじゃないと思い込むのは間違っています。

日本陸軍のことを徹底的に調べて実感したのは、陸軍というのは日本文化や伝統に挑戦し、どれほどひどくそれを解体しようとしたかを考えなければいけないということです。その根幹にあるのは、日本軍が軍事学を持たなかったということです。僕は防衛大学校で学んだわけではないので、オーソドックスな中で軍事学を学んだわけじゃないんですが、昭和史を調べて軍事に興味を持って、防大の先生に話を聞いたり、アメリカの本を読んだりして、軍事学を自分なりに検証してきました。まず気づいたのはどの国も軍事学というものを持っているんです。過去の歴史、戦争の体験、国民性、地政学、隣国との関係、そういう諸問題を複合して、自分たちの国に合う軍事学はどういうものであるべきかという考えを持っている。二十世紀の世界では特にそうです。僕はアメリカの軍事学というのが一番分かりやすいと思います。アメリカは南北戦争でひどい戦争をやったんですね。最新兵器を使って、残虐行為の極みをやった。そこでアメリカの軍事学というのは、「あの戦争を最後にアメリカ国内では決して戦争を起こさない」という決意を持ってつくられている。そして対照的な姿勢もはっきりと持っている。「わが国に指一本でも触れたら、どんな国でも絶対に許さない」という考えです。そしてアメリカとして、「わが国が南北戦争を通じて理解したのは、いわゆる民主主義というものを金科玉条として国の柱とすることであり、そしてその民主主義そのものを世界唯一の通念にしていくことである」という意思表示ですね。そしてそこに異議申し立てをするものは許さないという国家としての決意を軍事で保障していくものとしてアメリカ的軍事学というものが存在しています。

一方、二十世紀初頭のドイツは「皇帝の軍事学」だったといわれる。皇帝のために命を捨てるというのは参謀の最大の名誉ですが、兵隊はどうでもいいとまでは言わないけど、言ってみれば参謀の駒みたいなものでした。その代わり参謀たちを徹底的に育てるのが、皇帝の軍事学の特色です。それが第一次世界大戦の敗北でドイツ皇帝のヴィルヘルム二世への忠誠が薄れるわけですね。それまでの軍事学の骨格がなくなったドイツでは、その後「国防軍」というものを理論化していく。国防軍というのは、自国の領土、体制、思想、国民を絶対的に守るという使命を持つ。つまりドイツ軍事学はそれから国民軍的な発想を基本としていくんです。ところが、その後の恐慌の中でヒトラーが出て来る。ヒトラーは自らの親衛隊（ＳＳ）を使って軍内に入り込み完全に軍隊を掌握しようと画策した。それに対し、ドイツ国防軍内の本当に軍事思想に目覚めている軍人たちの一部はヒトラーは反国民的だと見なして、何度も暗殺を試みています。結局、ドイツ国防軍の一部の将校たちはヒトラーと最後まで融和しようとせず、ＳＳのほうはその反ヒトラー派将校を殺害したりしています。

その点、二十世紀もフランスは比較的屈折がなく、「ナポレオンの軍隊」の面影を色濃く残しているように思います。戦略では直線的に進んでいくという、極めて分かりやすいものです。

**鈴木**　日本軍の場合、幕末の薩長軍がそのまま日本軍のすべての性格を決めたと見ていいんですか？明治の頃はともかく、昭和の時代に入ると日本軍は何かいくさ下手になったように思います。

**保阪**　そういう見方もできますね。日本は当初はフランス式です。明治十五年に陸軍大学をつくり、軍事学を確立する際に、フランスから軍人を招聘して教官にするんです。それはまったくの「ナポレオンの軍隊」なんですね。大陸戦に長《た》けたナポレオン式の軍隊は、戦争というものを極めてオーソドックスな考えで捉える。守りは弱いんですが、直線的に兵を動かし敵地を征服していくという軍隊でした。いざ学んでみると、日本にはこんな軍隊は必要ないということになって、翌年にはもう帰しちゃうんですね。

それで今度はドイツのプロイセンから呼ぶんです。メッケルという軍人を招き陸軍大学校で、「皇帝の軍事学」を教えるんです。それが日本の参謀たちの、「天皇の軍隊」を創りたいという要請とぴったり合って、それで日本の軍隊はフランス式からドイツ式に変えられて本格的にスタートするんです。その後、ドイツは時代の変化に対応した国防思想を持とうと軍事学を変えていくんだけど、日本はその後もずっと基本戦略を変えないでいく。メッケルの教え子たちによって日清・日露戦争を勝つのですが、そうすると、もう昭和の軍人たちは何の軍事学も持たず、前時代のドイツ軍事学の戦術・戦略を墨守して、それを丸暗記した者が良い成績を取って陸軍大学校の一番から五番の上位を占める。その軍人たちがエリートになって作戦を練り、花形であった参謀本部作戦部、軍務局軍務課で政治までも動かすことになったんです。

昭和の中国との戦争や米英戦の時代に入って、参謀などの高級軍人たちは「我々には本当の意味の軍事学や国防思想はない」ということに遅まきながら、ようやく気づくんですね。しかし、気づいたんだったら勉強したり、人の話を聞いたり、いろいろするべきだったと思うんだけど、そういうような努力をせずに兵士に不合理な「倫理」のみを要求するんです。それが昭和十六年に陸相の東條英機が布達した「戦陣訓」なんです。

**鈴木**　それでは兵がかわいそうですよね。そんな勉強不足の上官では命懸けで戦う兵隊はたまったものじゃないですよ。日本の参謀・大将たちは戦争する資格がないですよね。

### 江戸の軍事学

**保阪**　敗戦に至るまで、ついに昭和の日本軍には軍事学はなかったというのが僕の結論です。しかし、そもそも日本にはもとから軍事学がなかったのかと言うと、そうじゃないんですね。江戸時代、約二七〇年間、日本はただの一回も外国と戦争していないため、戦闘要員であった武士階級は戦争意欲を儀式化して文化に変えていったんです。これは相当、高度な人間性な営みだったと評価してもいいと思います。そのように対外戦争のなかった江戸時代の蓄積というのは、文化面に限られ軍事学的には何も考えないで、みんなぼやっとしていたのかと言えば、そうじゃない。

僕は、結婚した相手が石川県金沢市の神社の娘だったんですけど、四十何年前に金沢に行くと、洟たらした子どもとか、ちょっとのんびりした子どもを、当時の金沢では「殿様みたい」と言っていたんです。なぜかと言えば、江戸時代幕府に呼ばれて諸藩の大名が集まるときなど、前田の殿様は決まって鼻毛を抜いたり、ぼんやりしてバカ面を諸大名に晒していたそうなんです。そうすると幕府や他の藩が、「あの百万石の大国もこんなバカ殿を抱えていたら、決して戦争や謀反はできまい、幕府に弓引くことなどできまい」と思う。そしてそれを狙っての殿様の演技なんです。その故事からぼんやりした子どもを「殿様みたい」という。

そして、加賀は大藩で金を持っていますので京都から友禅とかお菓子とか職人を呼び寄せてやたらに散財しているように見せかけているんですね。

**鈴木**　なるほど。一種の安全保障政策ですね。加賀藩ほどの大藩になりますと、幕府からは潜在的脅威として当然、監視されていますでしょうし、万が一にも謀反の疑いを持たれたりしたら大変ですからね。「戦いをする知恵も器もないバカ殿です」とアピールしていたんですね。

**保阪**　加賀藩に入る街道は幾つかあるんです。その街道の入口付近の畑では、お百姓さんに扮装した武士が見張っていたんです。それで毎日、どんな人が出入りしたか、全部調べている。その情報が家老のところに毎日届くようになっていました。そうすると、例えば家老が「最近、旅芸人が妙に頻繁に入って来るが、この者たちは実は幕府の密偵じゃないか?」と目を光らせ、すぐ調べることができるようになっていた。そうやってバカ殿を装って和平をアピールしながらも、一方でしっかり情報戦を戦っているんです。江戸時代は、薩摩も長州も藩ごとに軍事学を育みながら、幕府に潰されないように生き残るために知恵を尽くしています。そういう知恵ある軍事学を、どうして近代日本軍は採り入れなかったのか？　結局、昭和の日本軍には軍事学がない。どうしてその点を右翼の人たちはもっとはっきりと批判しないんだろうと不思議でしょうがない。

戦前の国家改造運動の人たちも、なぜ軍事学なき日本軍の批判をできなかったのか？　権藤成卿も橘孝三郎もその点には言及しているのですが、北一輝はそこまで言わないんですよね。近代主義者だからそういった点は重要視していなかったのかも知れませんが。

**鈴木**　保阪さんの戦前史の政治力学分析で興味深いのは、戦前の国家体制の中では天皇が一番上のはずなのに、奇妙なことに天皇より統帥権が上になっていたのではないかという指摘です。皇道派の若手将校はもちろんのことですが民間の右翼も、「統帥権」というとてつもない大きな言葉の中で、一種の立ちすくみ状態になってしまっていて、思想的な自縄自縛になっていたのではないかと感じますね。

**保阪**　日本軍は戦前日本の最大の官僚組織ですから、もちろん一枚岩じゃないですよね。軍を動かす高級軍人、参謀本部や陸軍省幹部で、実際に統帥権を動かしたり、軍政や軍人事を掌握している超エリートと、高級参謀等ではない青年将校たちでは捉え方が大きく違うんです。青年将校というのはだいたい三十歳代くらいの職業軍人ですね。士官学校を出て陸大を受けるのが三十歳くらいなんだけど、それまでに隊付け勤務をやるんです。隊付け勤務というのは、例えば東京の第一連隊等に勤務して新兵を鍛えていく。その新兵を教えるというのはただ練兵するだけではなく、新兵の生活を全部知ることになるわけです。二十歳の若者たちの面倒を見ている間に、新兵たちの故郷の窮状を詳しく知るんですね。

二・二六事件を起こした青年将校たちは、確かに感受性豊かなんです。ただ、それと同時に思い込みも強い。二・二六事件の法廷記録を読んでいると、そういった発言が残されています。「君はどうして決起に関わったのか？」と聞かれて、新兵の家庭事情を調べたときに、ある新兵に姉さんどうしているんだ、と聞いたらいきなり泣き出した。姉さんは家を助けるため苦界に身を沈めていたのですと証言します。そういう話がいっぱいある。こんなこと許せるかという激しい正義感が一気に天皇親政に向かってしまう。貧富の格差や農村の窮状が是正されないのは天皇のお気持ちどおりに国家が運営されていないからだ。天皇はあまねく国民みんなに天皇の意というものを伝えているはずなのに、それが伝わっていないから農村が荒廃するんだと考えるわけです。そして、その是正のためには「君側の奸」を倒さなければならないとなります。天皇の威を借りて出来上がっている支配階級を倒さなければいけないと激しく思い込んでしまうんですね。だから五・一五事件も二・二六事件も、決起趣意書、そして檄文では、青年将校たちは一様に軍の上層部を批判しています。軍の上層部も支配階級の一翼を担っているからです。

**鈴木**　そうですね。戦前における最も厳しい軍部批判というのは、むしろ内部の軍人、一部の青年将校から出ているんですよね。なのに戦後の私たちは五・一五事件も二・二六事件もファシズムのテロとばかり考えてしまい、実は軍部批判の面もあったんだということをまだ十分に理解してないですよね。

**保阪**　橘孝三郎や北一輝、または大川周明や満川亀太郎たちは青年将校の正義感を刺激する論や言辞を持っていたわけです。後の話になりますが、軍の上層部は、結果的に二・二六事件を利用して新たな権力機構というのをつくっていくんですが、そのときに表舞台に出てきたのが、東條や梅津美治郎や寺内寿一たちなんですね。しかし、このような形で軍部が権力を掌握して本当によかったのか？　その点については、右翼の思想家たちは批判力が弱いですね。

**鈴木**　その点はきちんと考えを詰めないといけないですね。ちょっと時代が前後してしまいますが、ここで少し二・二六事件について話してしまいますと、あの事件は〝クーデター未遂事件〟とか〝失敗した国家改造運動〟とか言われていますが、あの事件によって昭和維新の動きは終わっているんですよね。二・二六事件のあとは軍部や国家のみが強くなってしまって、右翼側から新しい動きが出てこなくなりますよね。

**保阪**　軍の上層部に対する右からの批判ということでは、やはり獄中での磯部浅一の手記を読むべきだと思いますね。磯部の手記は徹底的に軍上層部を批判していますね。俺たちの革命は、何だったんだろうか、こんな連中が権力を固めるためにやったわけではないと憤っています。「天皇陛下は何を考えて御座られますか、なぜ側近の悪人輩を御シカリ遊ばさぬので御座ります」「天皇陛下、何と云う御失政でありますか、何と云うザマです。皇祖皇宗に御あやまりなされませ」という境地にまでなっています。逆に言うと、思想家たちは、磯部のような青年将校のエネルギーを改革のための火付け役にするという指導役は果たしている。しかし一度、改革の行動を起こして形ができたら、それを軍官僚が巧みに利用し自分たちの権力基盤をつくっていった。そして、昭和維新の魁たらんとした青年将校は用なしとして死刑に処せられるという構図が、このとき確かにあったのだと思いますね。

そういう昭和の歴史を含めて、磯部浅一の獄中手記を読むといろんなことに気がつきます。二・二六事件を起こした青年将校たちはその年の七月十二日に銃殺されています。ところが磯部と村中孝次の二人は処刑されなかった。それはなぜかと言えば、北一輝がこの事件の首謀者であるという裁判を進めるために、証人として利用しようとして獄中で生かされたんです。最終的に二人は翌年の八月に銃殺されるんですけど、それまでの一年間というのは獄中で「お前たちの行動には北一輝の影響があったんだろう」と尋問され、何とか証言させようと法廷に引きだされていたんです。その間、磯部は日記をつけています。もちろん日記はつけちゃいけないし、公表など絶対に許されないんですけど、衛戍監獄の刑吏たちが密かに持ち出したんですね。折り畳んだのを切って持ち出し、それを隠していたのは実は五・一五事件に参加した塙三郎だったんです。それが戦後、独立回復した昭和二十八年になって、河野司という二・二六事件を起こした青年将校のお兄さんが編者となって公刊されるんです。それによって、初めて世間一般に磯部浅一の考え方が明らかになります。磯部の考え方には、軍官僚が青年将校たちのエネルギーを利用して権力基盤をつくっていくことに対する怨嗟・恨みが込められていました。そして、そのことに天皇はどうして気づかないのかという激しい怒りもあります。彼は最後には、陛下あなたをお恨み申し上げますという、すごい言葉で天皇へのほとんど呪詛と言ってもいいぐらいの憤激を示しています。昭和の国家改造運動というのは、磯部が残したこの思想にメスを入れないと分からないと思います。まず、磯部の手記を読みこなさないといけない。

鈴木　戦後の三島事件もそうですけど、右翼は国家体制や政権与党に対する過激な反対者でもありますからね。国民が貧しくて経済格差がひどかった戦前においては、国民が飢えているという事実を直視して是正を求めて怒ることは素朴な愛国心だと思うんです。しかし、そういった改革へのエネルギーが、逆に軍上層部に利用されて軍部権力の拡大になってしまったことに戦前の一つの悲劇がありますよね。実際、二・二六事件の後、日本国内の社会問題を語る言葉が失われていきましたよね。思考を停止してしまったというか……。

**保阪**　後に東條たちが推し進めた軍の政策がいかに反日本的であり、日本古来の文化に反する行為だったのかということを〈右〉の視点から批判すること、あるいは当時の軍の行動・中国戦線の拡大は天皇の意志にまったく背いている、反しているときちんと批判することは重要ですし、磯部らの思想の検討はまだ不十分のように思いますね。「あの戦争は聖戦だった」といった議論を交わすのはその次の段階です。それ以前の段階の、あの戦争の決め方や進め方は何だったのか？　戦争をするならするで、なんであんな決め方で、何を目的として戦争をやったのか？　という検証をやはり十分にやらないと、このままでは本当の国家改造運動の実というのは、昭和史の中に落ち着かないとは思いますね。そこの点を、曖昧にしたまま「あの戦争では、日本だけが悪いんじゃない」とかいう議論は順番が違うんです。それはもっと後の検証なんだ。まずはもっと前の段階の歴史的検証をやるべきです。

**鈴木**　そうですね。特攻隊のことでも、特攻隊の人たちは本当にかわいそうだと思うけど、それを「やれ」と命令した上官がいたんですよね。つまり軍上層部が兵を死地に追いやっている。それもすべてよかったなんて言えませんよね。忘れてはいけない苦い歴史や過ち、残酷な命令があったことなんかもすべてきちんと言って検証して残さないといけない。それはすべて先人たちが僕たちに残したメッセージであり、課題ですからね。今、彼等の肉声を伝えてくれるのは保阪さんと半藤一利さんの二人しかいないから僕たちも真剣に勉強しないといけないですよね。

## 大東亜戦争・太平洋戦争の三つの過ち

保阪　そう言っていただくと光栄です。取材し調査してみると、政治・思想論とは関係なく、あの戦争には三つの間違いがあったことが分かります。一つは軍事が政治をコントロールしたということです。こんなこと、二十世紀のどんな国にもないことです。ナチスドイツやソ連邦でさえ文官がいて、彼等が軍を動かしたんです。まあヒトラーやスターリンは軍事が政治を動かすよりひどいことをしているとは思いますが、それでも近代国家としての形としては一応シビリアンコントロールで、文官が軍を動かす原則にかなっているんですね。なぜシビリアンコントロールが必要なのかというと、第一次世界大戦以後、化学兵器や大量殺人兵器が生まれて、戦争は急激に残酷化してしまい、軍人にやらせておくと兵が全員死ぬまで戦うようになってしまう。軍人はそもそも勝つまで戦い続けるので、それまでは考えられなかったような大量の戦死者を出してしまう。そんな戦争やったら大変だから、政治が軍をコントロールするんだというのが近代戦の基本の一つです。

それから民主主義体制では軍を政治の下に置くことによって、あくまでも戦争は国家の政策として政府が決めるんだという当たり前の原則があります。それが文民統制が根幹にある思想です。ところが戦前の日本はこの正反対で、「統帥権干犯」という言葉で軍事が政治を支配しました。そうすると日本には軍事学がないので、勝つまで戦争をやめようとしない。それが軍事が政治をコントロールしてしまった結果です。近代国家としては大失態です。そして、この恥ずかしさを天皇と鈴木貫太郎は命を投げ出す覚悟で、やっと最後に止めたんです。このように軍事が一度暴走すると、兵がいくら死んでも勝つまで戦争を続けようとする。ここがあの戦争の一つ目の問題点です。

二つ目の問題は、特攻とか玉砕です。これを正式な作戦や指令として選択した国家は日本以外にはありません。二十世紀の戦争では戦争といえども一応、人命をそれなりに尊ぶという形になっているから、どの国も玉砕とか特攻なんかやらないんです。ところが日本だけはこれをやってしまった。特攻は陸海軍を合わせて三九〇〇人余ほどいます。そして、その詳細をさらに調べると、昭和十八年十一月に徴用された学徒兵と、十七～十八歳の少年飛行兵、この年代の兵がその七～八割を占めているのではないか。つまり兵士として未熟な者を多用している。

僕は昭和五十年代に軍事指導者たちを訪ねて、その点について質問しています。「どうして練兵未熟な学徒兵・少年兵を特攻作戦に投入したんですか？　陸軍士官学校、海軍兵学校でいっぱいパイロットを訓練しているじゃないですか？　なぜ彼等のようなプロを使わないのですか？」と聞きました。軍の上層部だった人たちはなかなかその理由を言わなかったですが、ある人がこういうふうに言いました。「士官学校や兵学校の彼等には国がどれだけカネを使って軍人として育てていると思うか？　何千円、何万円も使っているんだぞ」「じゃあ、学徒兵や少年飛行兵は特攻に出していいんですか？」と聞くと「そうだなあ、彼等には国がカネを使ったわけじゃないからな」と言うんです。つまり、特攻作戦では人間が序列化されていき、差異化されていったということですね。

実際、特攻は一番最初は関行男という海兵出身の軍人がやっていますが、その後の大多数の特攻は学徒兵や少年飛行兵でした。特攻の名の下で、実は軍の学校を出た本職の軍人は特攻には行かないというシステムをつくり上げている。その過程ではすべての人間が序列化されていくわけです。

これは特攻や玉砕に限ったことではないですね。例えば、昭和二十年八月六日に広島に原爆が落ちていますが、そのときに、近在の市町村の中学生、女学生はみんな次の日に広島に入るように言われて、広島に入っているんです。それで遺体処理をやらされているんですが、中学生や女学生はそのため第二次被曝に遭っています。「戦争だから仕方なかった」では決してないですよね。ちょっと待ってくださいよと言いたくなります。だって、広島の近くの呉に、海軍兵学校の血気さかんな十七〜十八歳の青年が三〜四千人もいるじゃないですか。彼等はすでに職業軍人ですから、軍の意向で素早く動員できる。でも彼等はまったく、広島に入っていない。「なぜですか？」と僕が聞いたら、やはり同じような返事で「君、何を言うか。彼等はエリートだろう。彼等が戦争をやるんだ」という答えです。遺体処理で危険な目に遭わせられないというのでしょう。「じゃあ、近在の中学生や女子高生はいいんですか？」と聞けば、「しょうがないだろう。彼女たちは、兵学校の生徒よりは戦力として国の力にならないんだから」と言う。ここでも特攻隊とまったく同じ発想です。

そういうふうに至るところで、人間が差異化されていく。「こういう作戦をやってはいけない」という、あるべき歯止めがどこにもないんです。この点について、僕は軍の指導者に強い怒りを感じています。

三つ目は捕虜の虐待の問題です。一九二九年にジュネーブ条約（俘虜の待遇に関する条約）ができるんですが、この条約成立までには何回もやりとりがあって難航の末にできた条約でした。日本も調印はするんですが、結局、批准はしていないんです。それで、ご存じのとおり一九四一年に真珠湾を叩いた後、日米は戦争になるのですが、そのときアメリカはスイスやスウェーデンを通じて言ってくるんです。「あの条約を守るんだろうな?」と。そこで、東條はなんて言い返したか？「この条約を守ることによって、我々にはなんの利益もない」。東條は、兵士に捕虜にならずに死ねと言っている人物ですからね。しかし東條はあたかも温情的に配慮してやったかのように「でも、我々はこれを守ります」と恩着せがましく言うんです。しかし、現実には守らないわけですね。一般の兵士はジュネーブ条約は知らないですから当然、配慮しませんよね。そこでアメリカがまた条約違反だと文句を言ってくる。そうすると東條は再び「我々にこの条約を守る利益はまるでない。しかし、守ってあげようじゃないか」と繰り返す。そしてやはり守らない。こういうことを平気で繰り返す軍事指導者というのは本当に許せないと僕は思いますね。

**鈴木**　日露戦争のときとは大違いですね。まるで違う国になったみたいに日本は変わってしまっている。ジュネーブ条約を守らないことは、何よりも戦地の日本兵を困らせる態度ですし、世界に対して日本が信用を失うことにもなります。そもそも兵士に捕虜になる、降伏するという最後の手段を教えておくのは軍事指導者の責任ですよね。それを禁じてしまっては、玉砕するしかなくなってしまいますから。

**保阪**　ええ、こういった批判は、本来、国家改造運動の側の人が言わなきゃいけないんです。この三つの間違いもそうですが、どうしてこんな理のない、ひどい戦闘をやるんだと軍を批判すべきです。あえて結論を言えば、国家は時に戦争をやっても仕方ないと思います。戦争というのは、政治の手段だから、場合によっては国家行動としてあり得る。僕はそれ自体は否定しない。しかし、やるんだとしても、「こんなひどいやり方で戦争するな」と批判するべきです。「こんな戦争をやるということは、われわれ国民をバカにしているのか！」ということを国家改造運動の側の、俗にいう右翼の人たちは言わなきゃいけない。それを言わないから、批判するべきことも見えなくなって、「特攻は立派だった」「あの戦争は聖戦だった」と誤解してしまう。

しかしそれは違うんです。あの戦争が本当に聖戦であれば、玉砕や特攻をさせず、捕虜も虐待しない、もっときれいな戦争をやったと思います。以前から僕はこれらのことにすごく腹を立てていて、昔一度、橘さんとこのことで話をしたことがありました。やっぱり橘さんたちはこういった問題についてはちゃんと分かっていましたね。だけど、大多数の人はいちいちそんなことは言わない。なぜなら、そういった批判をするには、歴史の全体図を相当調べていなくてはいけない。そして、日本軍の基本的なところにメスを入れなければいけないので、ある意味で言えば、覚悟が必要になりますね。すでに定着している歴史観にメスを入れたら、必ずそれをきちっと作り直す時間とエネルギーと論理が必要になります。もちろんその労力は大変なものなので、大体はそんなことをやるよりは、既成の見方に流されてしまって、旧軍を肯定する側にまわってしまいますが。

今、安倍内閣が集団的自衛権容認でこれが戦争法とか言われていますけど、実は僕はそういう法律を決めるのは、ある時期になったら仕方ないと思っています。しかし、やはりそれは、現在ではないだろうと思いますね。急がば回れでね、軍隊を外国に出すのならばその前にやることがあるだろうと言いたい。それを行ったうえで、「われわれの軍隊は過去に過ちを犯しましたけど、これから創る軍というのは国民軍で、このような軍隊になります」という説明を十分にして、「ついては、こういう約束をアメリカとしようと思うんですが、どうですか?」と国民にはっきり言うべきです。安倍内閣はそういうことを一切言いませんね。旧軍の行為について検証も行わず、そのままにしておいて、まったく不十分な知識で旧軍は立派だったと言うのは、僕はおかしいと思う。旧軍への認識というのは、もう右翼・左翼の問題じゃないんです。当たり前の、常識の問題です。その常識が欠落していると、例えば左派の人たちは、「そもそも軍国主義なんてそんなものなんですよ」と詳細の把握もせずに大雑把に言ってしまう。しかし、それでは批判になってないですよね。昭和の軍国主義を批判したいのであれば、むしろもっとその歴史の中に分け入って、軍事というのはいかにあるべきかというのを根本から徹底的に考え抜いてそのうえでたどり着く結論でなければ、批判どころか議論にもなりませんよね。

旧軍の誤りを教訓として、もう一度、軍隊のあり方をきちんとまともな議論にのせるためには、軍隊の役割を検証する。国家主義の側の人こそ適任だし、理論上はその責任をすすんで担うべきだと思いますね。

**鈴木** その意見には僕も賛成です。僕だって軍隊論や軍事学については詳しくないんですが、今まで右翼と言われてきた人がただの肯定や称賛ではなく、批判も含めた軍事の理解ができていなかったことは反省点ですね。少なくとも、自分は軍事について詳しくないという自覚を持たないと、耳触りのいい、勇ましいだけの煽動に乗っかってしまいかねないですからね。

## 自衛隊と〝天皇〟という言葉

保阪　実は僕は自衛隊関係のある教育機関で、二十年ほど前に二～三回話をしたことがあるんです。講演の依頼を受けたとき、「僕は旧軍の徹底した批判論者ですよ。旧軍には許せないと思うくらい腹を立てていますが、そんな僕でもいいんですか？」と言ったら、相手方は「いいです。まったく構いません。自由にお話し下さい」と言うので、正直に旧軍を徹底的に批判しました。その講演後、懇談会があって、自衛隊関係者の中には「保阪さんの批判したとおりなんですよね。旧軍はいろいろな問題点を抱えていたので、私たちはそれをそのまま受け継いではいけないんです」と言う人もいれば、「厳しいですね、保阪さん。でも軍隊というのはああいうところもあるんですよ」と言う旧軍に弁護的な意見の人もいました。

そんな会話の中で、とりわけ印象に残ったのが〝天皇〟についての考え方でした。ある幹部がこういうふうに言ったんです。「天皇という言葉は便利なんです。国土、家族、伝統、これらすべての概念と価値、そしてそれを守る意義を全部、部下に教えるのは大変なことなんです。でも、こんなときに〝天皇〟という言葉を使えば、一語で済む」と言うんです。そしたら懇談会に出席していた、もう一方の幹部が、「いや、それは違うだろう。俺たちは旧軍のそのやり方を克服するための教育を防衛大で教わり、それをまた部下にも伝えていくんだ。〝天皇のために〟と言ったら、昔と同じになってしまうじゃないか」と反論するんですね。「いや、便利な言葉だということを言ってるんだよ」「それは僕だってそう思うよ。しかし……」という応答が続きましたが、「いくら迂遠でも、それでもやっぱり我々自衛官はなぜ国を守るのか？　それはどういうことなのか？　ということを、我々の言葉で言わなければいけないんだ」と言う人がいました。

僕は自衛隊から見れば部外者・第三者だから、部外者の僕を前にしてあえて目の前でそんな議論がおこったかのように演技をし、旧軍と自衛隊の違いを訴えているのかも知れないとは思いつつ、でもどちらの幹部の理論も正直な気持ちなんだろうとも思いました。なぜなら、昭和史を振り返って痛感するのは、確かに天皇という言葉はこの上もなく便利だということなんですよね。天皇という言葉を使えば、日本が大切に思う価値や、日本のアイデンティティなどが全部それに包含してしまう。でもその天皇という言葉を使い、ある意味、依存し続けるなら旧軍と一緒だという批判も分かる。だからこそ僕は〝天皇〟という総体的な引力を持つ言葉がある国だからこそ、昭和維新運動や国家改造運動の側から、軍事論をつくらなきゃいけないと思うんです。

**鈴木**　その自衛官たちの議論は僕にとっても大変興味深いです。戦前の旧憲法では天皇が主権者ですが、統帥権がひとり歩きしてしまい、天皇の名の下で天皇が望まない戦争が始められてしまったんですから。天皇にとって、こんな迷惑な話はない。天皇への国民の想いと切り離して、独立した軍事学が絶対に必要なのは戦前史の教訓ですよね。

**保阪**　そうですよ。橘孝三郎さんは自前の軍事論をつくれていない。北一輝も大川周明もつくれていない。つまり彼等は軍事の分析は決して深くなく、極論すれば軍事について理解していなかった。軍事学をつくるにはやはり二・二六事件の青年将校たちが決起して、はじめて浮き彫りになった問題を参考にするべきではないかと思いますね。少なくとも右派の視点から磯部の思想については検証する筋合いがあると思います。それを通じて軍隊とは何か？　特に日本人にとっての軍隊とは何か？　ということをもう一回、徹底的に考えないとダメだと感じます。

## 戦後も苦しみ続けた兵士たち

### 言葉を受け止めるということ

**鈴木**　僕は保阪さんの本を読んでいつも思うんですけど、史料を集めて、本を読んで、それで昭和史を研究する人はいっぱいいるけど、その中で実際に戦った人に会って、橘孝三郎さんなど当事者たちからある意味、感化も受けつつ、その中で歴史を書いている人は、あまりいないですよね。

**保阪**　前にもお話ししましたが、僕がラッキーだったのは人との出会いです。僕が昭和史について取材し始めた頃、会いたいと思った将官の多くは亡くなっていたんですが、佐官クラスにはかなり会うことができました。戦時中に大佐や中佐だった人たちで、彼等は軍の政策立案の中枢にいた人たちなんです。最終的に正式書類に承認の印を捺すのは陸軍大臣とか参謀総長ですけど、作戦を起案するグループにいた参謀にはずいぶん会うことができました。それから実際に戦闘に参加した戦場体験を持つ元兵士たちにはいろんなことを教わりましたね。

少し違う話になってしまいますが、戦争について学ぶためには当事者の証言を通してであることは確かなのですが、それは、例えば茶の間でお茶を飲みながら、ごく普通に「あのとき、戦場でどんな体験をしたんですか?」という尋ね方は全然駄目ですよね。失礼極まりないですよ。

以前、こんなことがあったんです。南京で虐殺行為に関わる命令を出した、ある大隊長を訪ねて行ったことがありました。最初のうちはもちろんその人は、まったく何も言わないですよね。だけど、僕はあるルートでその大隊長が命令を出したことを知っていたので、あきらめずにその後も何回も通っていくうちに、その人も態度が変わってきて「誰にも言っていないことだけど、君になら話してもいい」と言ってくれたんです。その言葉を受けて次に僕がしたことは、その人を誘って訪問先の家を出て隅田川の土手に行くことでした。つまり平時の中で戦時の話をするわけですから、お茶飲みながらする話じゃないですよね。彼の日常生活の場の家を出て、空間を変えるんです。空間を変えることによって、彼等の心理が変わるんです。

以前NHKが「兵士の証言」という連続のドキュメンタリー番組を制作したことがありましたが、そのときディレクターたちが全国から八〇人くらい集まるので、その席で講演してほしいという要請を受けたことがありました。証言のフィルムを見て感想を言ってほしいと求められたんです。NHKの記者たちは、一所懸命に取材先の自宅に何回も通って、証言を取っているんです。茶の間で証言を撮っているようでしたが、元兵士たちはそれでも覚悟して言うんですよ。「僕が中国のあの戦線に行っていたときに、こういうことがあった」という体験を言い始めるわけです。そういうとき、人間って目が変わるんです。

僕は今まで多くの戦場体験を聞いてきたから分かるんですけど、どのようにして戦場で「敵」と向き合ったかという話なんですから、それをお茶飲みながら日常的な感覚のままでは言葉にできるわけがない。確かに証言者の中には、変わらぬ様子で「あのとき支那人を一発で殺ったんだ」と〝証言〟する人もいますが、それは嘘ですよ。そうでなければ心理的病気でそう言ってしまっているんですね。

**鈴木**　そうでしたか。僕もそんなに多くはないけど戦場体験を聞いたことはありますが、証言内容の正否まで見定めることは難しいですよね。ましてや証言者の心理的状態を考えることはさらに難しいです。数多くの取材をしている保阪さんだから気づく点でもあるんでしょうけど、「殺さなかった」という嘘をつく心理は分かりますが、「殺した」とわざわざ嘘を言う人がいるんですか？

**保阪**　いました。嘘でないときは、心理的な屈折でしょう。僕が会った元軍人に、三十人近くの中国人の首を切って処刑した将校がいるんです。そんな話を彼はまったく平然と話しますよ。はじめは「死んだ人は日本軍国主義の犠牲者だな」とか言っているんですが、そのうちに「君、首を切るというのはな……」と、いかにして各人の首を切ったかと具体的に話をし始める。その話の内容の詳しい説明はここでは控えますが、もうやめてくれという話になる。とにかく具体的に話すわけです。そんな話、僕は聞きたくもないけど、そういう話に入っていくんだよね。僕はむしろその人のことを、かわいそうだなとも思いましたが……。そういう話は戦争について調べていると必ず出てくる話です。そのとき大切なのが取材をする側の人間の態度です。

戦場体験者が一所懸命に話しているときには、何も言わずに黙って聞いていなければならないんです。にもかかわらず、ＮＨＫの記者は「戦争って嫌ですね。二度とごめんですね」と必ず言ってしまうんです。ＮＨＫの記者たちには酷かも知れませんが、それは慰めの言葉でも思いやりの言葉でもないんです。それはただ、聞き手が耐えられない言葉なんです。その人の告白が耐えられないから、言ってしまっているんです。そうすると、もうその証言は終わってしまいます。若い記者がそのおざなりな一言を言った瞬間、証言者の目が再びガラッと変わり日常に戻ってしまうんです。もうそれ以上、証言は出てこないですよ。「戦争ってつらいですね」とか、そういうことを言ったら、たったその一言でもう意識は戦場から戦後の日常に帰ってきて、いつもの正気に戻るんです。

**鈴木**　戦場体験を聞くとは、話すほうだけじゃなく聞くほうも真剣勝負なんですね。話す方のつらさがあるのならば、聞く人のつらさもあるんですね。それで、そのつらさに耐えられなくなってつい一般論を言ってしまうんですね。

**保阪**　ええ、だからそういうときは、黙っていなければならないんです。黙って、こっちも下向いてひたすら証言を聞くんです。その代わり、こっちもその証言の重さを背負うんです。僕は以前こんな体験を聞いたことがあります。ある中小企業の小さな会社の社長だったんですが、従軍中の体験について大事な証言をできる人だったんです。しかし、それまで彼は誰にも何も言っていなかった。僕はある人の紹介で訪ねて行って、いろいろな話をしているうちに不意に「君、明日は土曜日だけど、会社まで来れるか?」と聞かれたので、土曜日に行って、話を聞きました。何の話かと言うと、実は三光作戦の話なんです。

彼にとっては、今まで誰にも話したことのない話です。僕も聞くのもつらかったのですが、彼は戦後、何十年も経って老人となってもいまだに四歳～五歳の子どもを抱けないと言うんです。幼い孫が来るときなどは、たまらずに家を出ていたと言うんです。電車の中で四～五歳の子どもを見るだけで、もう耐えられなくなって、席を立つと言うんです。僕はずっと聞いていました。ときおり彼が「分かるだろ」と聞くので、僕もただ一言「分かります」とだけ答えました。ある作戦で家に火をつけますよね。親は子どもだけでも助けようと家の外に出す。そうすると、子どもは泣きながらついて来るわけです。困った彼が「どうしますか？」と上官に聞くと、「始末しろ」というわけですね。それで彼もやっぱり、言われたとおりやっているわけです。彼はそのとき自分がやったことが、心の傷になって苦しみ続けて生きてきたわけです。彼はそういうことを全部、僕に言って、涙を流しますからね。彼は戦後だいぶ経ってから戦友会でその上官と再会しているんです。そのとき彼は元上官に、「あのとき子どもを〝始末しろ〟と言われて、私はいまだに苦しんでいるんですよ」と言ったら、その上官が「俺は〝始末しろ〟とは言ったが、〝殺せ〟とは一言も言ってないぞ」と言ったというんです。その瞬間、彼は元上官に飛びかかって半殺しにしたというんです。

**鈴木**　そうだったんですか。戦友会の中でどんな会話がなされているかということについては、当事者以外、ほとんどの人はまったく知らないですから、もっと穏やかな感じかと想像していました。

**保阪**　実はそんな話は戦友会には、いっぱいあるんです。他にも高校の先生をしていた男性の例を聞いたことがあります。彼は戦争中、おとなしい兵隊だったそうです。戦後は戦友会に一度も顔を出さなかったのですが、それがあるとき、突如、来たんだそうです。そこで、戦争中上官だった佐官に、「やぁ、やぁ、久しぶり」と、まるで再会を喜んでいるかのように抱きついて行ったんだそうです。そして、元上官に抱きついたと思った瞬間、そのおとなしい男がグーッと首を絞めて元上官を殺そうとした。周りにいたみんなで必死に止めたそうです。実は、その高校教師は兵隊のとき、その上官にいつも殴られて、軍靴で殴られたとき、右の耳が聞こえなくなったというんですね。だから実はそのおとなしかった高校教師は戦友会に出て来たときには、もう常軌を逸しているんです。それで首を絞めてしまった。もし、みんなで止めないであのまま続けていたら男は元上官を殺してしまっていたと思いますよと誰もが言う。

つまり戦争って、かっこいいものじゃなくて、そんな話いっぱいあるわけでしょう。僕はそんな話をずいぶん聞いたから、僕もまたそれを背負う以外ないと思う。それは具体的に名前を出して書けないから書かないけど、やっぱりそういうことを知ったら、やはり彼等の気持ちをどうやって開放するのかというのは、大きな問題として意識せざるを得ない。そして、日本の国には、そのためのシステムがないことを改めて思います。

## 日本は兵士の冥福を祈ったか？

保阪　アメリカは戦争に行くときには必ずキリスト教のチャプレン[注6]がついて行って、「お前たちはなぜ戦うのか？　祖国のため、独裁国を倒すためだ。だから、君らは亡くなっても必ず天国へ行く。そのときはこの私がきちんと祈る」と言って、最期を看取ってくれて祈ってもらえます。戦闘が終わったら、戦死者の遺体のところへ行ってお祈りをしてくれるんです。共産党政権の国は政治将校が軍人より上ですから、「君はなぜ戦うのか？　それは全プロレタリア解放のためだ」と言って、戦いを意味づけて、戦死したら英雄視してくれますよね。日本にはそういう心理的に支えてくれる役職の人が部隊に一人もいない。上官が、兵士たちのお父さん代わりだから、何でもやるわけですよ。例えば、戦闘で部隊の中に戦死者が出たとしますよね。そんな際は「おい、誰かお経を読めるのはいないか？」と上官が皆に声をかけるんです。すると一人ぐらい「自分はお寺の前で育ったから、ちょっと分かります」という兵がいるんですね。そうすると、「じゃあ、お前、読んでやってくれ」と言うくらいです。しかし、本当にそんな軍隊でいいのか？　ということはきちんと考えなければならないんですよね。日本軍でも一部では僧侶がついて行ったり、あるいは死んだら靖国に入れるということで日本は弔いがあったと言うけど、その場で、その人たちの追悼をやらないわけです。僕は今後、日本が自衛隊ではなく軍隊を持つのは必ずしも悪いとは思わないけど、このままじゃ駄目ですよね。軍隊のあり方として、そういうことを全部、克服しなければいけない。

**鈴木**　取材者がそういうギリギリの話を聞かないというのは、戦場体験や軍隊内のイジメとかつらい想いを自分も背負いたくないからですか？

**保阪**　と言うよりも、むしろ聞く人が無神経だからではないかと思いますね。僕は多くの元兵士の方のお話を聞いているうちに、戦場の話というのは、彼等自らが言えるわけないなと思うようになりました。戦場はもちろん非日常の空間ですよね。そこでの体験を平時に話すのは無理ですよ。

## 戦友会で話されること

**保阪**　僕は、以前から戦友会の取材を続けています。戦友会は基本的には部外者は入れないんですが、取材に協力してくれた方が僕のことを知り合いとして会の集りに入れてくれたんです。いくつもの戦友会に行きましたが、そこでは元兵士たちが、いろいろな戦場体験について語り合っているんですね。会が始まると戸が閉められる。それからの彼等の話はすごかったです。「チャンコロ」なんて言葉を言いますからね。「屋根の上からチャンコロに向けて三発撃ったら、何人か死んだな」とか言う。例えば、大陸では中国人を殺害したとか、ひどいのになると「〇〇人を殺した」といった発言を行う。戦友会では、そういった話はよく聞くんです。僕は最初、「バカじゃないか、こいつらよくこんな無神経なことしゃべるな」とその発言に内心憤っていたんです。ところが、戦友会に通い、参加者のことが分かり始めて、ようやくこれは彼等が助けを求めているんだということが理解できるようになったんです。彼等は無神経にしゃべっているわけでも、ましてや手柄話として自慢しているわけでもなかったんです。日本の戦友会は、熱心な会では年に三回も四回もある。ではなぜ、こんなに頻繁にやるのか？　特徴として、ひどい激戦地にいた部隊ほどよく開くんです。実は元兵士たちにとって、同じ戦地にいた仲間だけが理解者なんですよ。激戦地で多くの死を見てきたというとてもつらい想いとかあるけど、子どもや孫がいる家庭や生活の中ではそんなことは話せないですよね。だからこそ仲間と集まって想いを打ち明け合って、互いに認め合い慰め合っているんです。誰かが、あの戦争で人を殺したと話すと、他の者は慰めるんですね。「お前だけじゃないよ。俺だってそうだったよ」と声をかけている。日頃は言わないけど、戦後二十年、三十年経っても実はみんな、苦しんでいたんです。それで慰め合っている。そして戦友会が終わったら再び市民社会に戻っていくんですね。

小学生の前での講演等で戦争体験を語るとき、「ご飯がなくて飢えに苦しんでいました」とかの話ならばできますけどね。本当の戦争は日常とはまったく別の残酷さがあって、それを知らないといけないけど小学生に語るわけにいかないですよね。戦争というのは残酷ですということは教えなくてはいけないけど、どんなに残酷なのかという具体的なことは少しずつ自分で勉強して知っていけばいいと思います。

**鈴木**　なるほど。そういうことでしたか。元兵士の方が戦場体験についてなかなか話せないというのはよく聞く話ですが、実は打ち明け合う仲間に飢えているという気持ちもあるんですね。家庭のほうも、「無理に話を聞いても、つらい想いをさせてしまうだろう」と慮って、あえて話題にしないということもありますからね。それで結局、戦場体験が語り継がれなくなってしまうということもあるんでしょう。そもそも戦場体験者が第三者に語ること自体、大変なことなんですね。ときどき「おじいちゃんが語る戦争」なんていう企画がありますけど、ああいった場ではだいたいきれいごとしか言わないし、言えないいんですね。やはり戦争については、自分で勉強していくしかないですよね。去年の八月十五日に靖国神社に行ったら、右派の人たちがいっぱいいるわけです。そして、「朝日新聞に書いてあるのは全部ウソです。日本は南京大虐殺なんてしていません」と訴えている。さらに「従軍慰安婦もいませんでした」と演説しているんですね。その一方で、すごいですよ。「日本の兵隊さんは世界一倫理的で、世界一道徳的な兵隊さんです！」と叫んでいるんですから。そこまで言うかと驚かされますね。

## ロシア兵を背負う日本兵が伝えたこと

**保阪**　南京虐殺とか、従軍慰安婦についてはよく議論になりますよね。変な言い方だけど僕はそのこと自体には興味はないんです。南京に同時期に行った部隊で虐殺をする部隊としない部隊がある。例えば、Aという部隊はやるけど、Bという部隊はやらない。このAとBの違いは何なのかという問題を、私たちは考えなければいけないんですね。同じ日本人なのに、どうして一方の部隊はやって、もう一方の部隊はやらないのか？　その点をきちっと考えないと南京虐殺とか従軍慰安婦の問題は理解も議論もできないと思います。

一般的な日本人の感性とか人間性というものはまともだ、と僕は思っています。日露戦争のとき、戦闘終了後に日本兵がロシアの負傷兵を背負って病院へ連れて行く一枚の写真が世界を感動させたことがあるんです。日本人は優しいと世界を感動させた。日本にも近代国家としてルールを守り、世界にヒューマニズムを示すんだという意図もありましたが、それでも確かに、その頃の日本はルールを守る、「きれいな国」だったんです。それを昭和に入ってガタガタに潰してしまった。そのことについて僕は怒っているんです。そんな捕虜条約は関係ない、でも守ってやると言っておきながら、まったく守らない東條たち軍事指導者の態度は決して許せませんね。嫌なことだけど、そういう歴史を一つ一つ、しっかり見て、当時の軍部や政治の内容を確かめて批判すべきは批判しなければならないんです。

鈴木　それで日露戦争の、敵の捕虜を担ぐ日本兵の姿を忘れてはいけないですよね。それがなかったら、戦争をやる資格はないです。

保阪　そう、戦争やるにもルールがあるんです。二十世紀の戦争は約束事で出来上がっているわけだから。ルールを守れなければ、やっちゃいけないんです。日露戦争時のロシア負傷兵を背負う日本兵のエピソードもその一例ですよね。日本は当時、それなりの努力はしていたし、国際感覚も持っていました。第一次世界大戦、大正期もそれだけの道義を尽くしました。そんな国であった日本がその後、急速に劣化してしまった。なぜ、昭和十年代の戦争では、捕虜にした敵兵をすぐ殺すとか自軍の部下にも玉砕を求めるとかそういうおかしなことになってしまったのか？　昭和期の戦争は、私たちが思っている以上に私たちの持っているモラルを徹底的に破壊してしまったんです。だからこそ僕は、「昭和十年代の戦争は日本の道徳、モラル、伝統文化への背反行為であった」と言って糾弾しなければ、江戸時代や明治の人たちに失礼だと思うんです。僕はそういう論点なのですけど、事実を基にきちんと考えようとする人は少なくて、正直、説明することに徒労も感じなくはないですね。「保阪さん、南京虐殺はなかったんですよね？」と聞かれれば、「なかったと思う人はなかったんでしょ。あったと思う人はあったと思えばいいんじゃないですか」と言う以外ないですよね。

鈴木　そういうのが多いですよね。日本の歴史に対して、少しでも暗い出来事があることを言うヤツは許せないとか、自省を込めて歴史から教訓を学ぼうとするだけで、いきなり「反日だ！」とか言って、考えることや学ぶことを結局、妨害するような言葉を投げつける人も少なくないです。

保阪　客観的に見れば、私たちの国は江戸時代以降、どこの国とも戦争をしていませんし、基本的には生命を大事にしてきたと言っていいと思います。江戸の終わり頃、十九世紀中頃から日本に外国人が入って来ましたが、そのときにも、禁欲的で、楽観的で、一所懸命生きている日本人の姿に驚嘆しています。昔の日本はおおらかで穏やかな空気があったんですね。例えば、これは渡辺京二さんの本（『逝きし世の面影』）にも書いていることなのですけど、昔は、町の中で子どもたちは自由にのびのびと遊んでいたんです。これは実は当たり前のことではなく、そんなおおらかな国は珍しいんです。当時、ヨーロッパなどでは、子どもは広場で遊ぶことになっていましたが、日本では町中でも自由に遊ぶ。馬車追いの人だって、子どもがいればよけて行く。社会空間から排除されたりしない。それほど、子どもに対して社会全体が育てるという意識があったんですね。そういったいろんな美風や日本社会の穏やかな伝統は、近代化を経た後もまだ戦前までわずかとはいえ残っていたんです。それを昭和のあの戦争がみんな壊してしまいました。だから僕はあの戦争を推進した者たちに怒っているんです。

## 昭和史のテロリズム

**保阪**　明治からの国家主義運動のテロリズムというのは、もちろん僕は批判するし許せないと思うけど、テロリズムを起こした人たちが必ず言うのは、「相手の命も尊いけど、自分の命も尊い。その尊い命を引き替えにして相手を殺す。だから自分も死を覚悟している」ということです。つまり、もっと崇高なものでテロを実行するという理念を持っていますね。単純に政治的な憎悪とか、権力争いというだけでなくて、大事な命を奪うとは何か？　それはどうあるべきかということを自問自答しますよね。そこには日本のいろんな特異性が含まれているように思えます。

鈴木　それはテロリズムだけでなく、体制側・反体制側という違いを乗り越えて日本の歴史そのものの変化にも関係している要素だと思うんです。一言で言えば、日本人の考え方が変わっていった歴史が近代にはあった。前にも言ったとおり、僕は『従軍慰安婦』という本を書いた千田夏光さんと何度か会ったことがあるんですけど、彼は従軍慰安婦という言葉をつくったと批判されているけど、慰安婦はあったときっぱりと反論するんです。ただ日露戦争までは慰安婦はなかったとも言っています。それと玉砕だとか、特攻とかそういうこともその頃はなかったとも言うんです。それは日本が列強から遅れているという自覚を持っていたからですよね。明治日本の国家としての宿願の一つは列強に伍する国になり、不平等条約を改正することですよね。だからこそ日本は文明国として世界に恥ずかしくないふるまいをしなくてはいけないと必死だった。だから、日本人は世界に対して襟を正していた。自分の行いは世界に見られていると緊張していたし、自分を律していましたね。それと同時に日本人の心には、武士道が残っていた。明治には問題もあったと思いますが、全体的にはやはり日本人はすごく頑張っていたし、緊張していたし、立派だったと思います。しかし、それが日露戦争に勝って、その後、徐々に変化が生まれた。日本人一人のおかしな行為が日本全体の名誉を傷つけるという緊張感が後退し、その一方で我々は一等国だという思い上がりが頭をもたげてきたんじゃないでしょうか。引いては、それで慰安婦も生まれたし、虐殺も起こったし、ぎりぎりに追い詰められた危機感がテロリズムを招いたのではないかと思います。

## 国民皆兵というターニングポイント

保阪　そうかも知れない。一方で国民皆兵という制度の確立は一つのポイントでしたね。明治時代初期、政府は徴兵令を敷くのですが、免役条項がたくさんあった。長男だったり、きょうだいの中で男が一人きりだったりすると兵役に就かなくて済んだんです。本籍が北海道や沖縄だと免除されていた。だから兵隊になりたくないと思ったら、たとえ次男や三男でも息子のいない家に婿に行って逃げたりする者もいたんです。さらに旧武士階級の思い上がりで、「徴兵ごときで国を守れるか、来なくて結構だ」ぐらいに思っていた結果でもあったんです。それがだんだん国民皆兵の徹底へと変化していくんです。

結局、軍にとって兵隊とは、死ぬ要員ですよね。軍が近代化されるに伴いそれが必要になって、明治二十六年の徴兵令改正で国民皆兵が徹底される。二十歳になればみんな兵隊検査を受け、法律上では、健康ならばすぐに甲種合格で引っ張られて、兵隊になっていくという形になります。

初期の日本軍の指導者たちというのは、だいたい士族階級出身だったので、戦闘における礼節とか礼儀というものを弁えていました。例えば死体を傷つけないとか、「降参」と言ったらそれ以上の手出しをしない等の戦場の基本ルールがあった。日本兵が顕著に残虐になるのは日中戦争以降です。むろんこれは日本兵も良くないのですが、残虐になったのは中国兵の残虐行為に刺激されて、日本兵も負けじと残虐行為を働くようになっていったという経緯もありました。当時、日本と中国では兵士のふるまいは違っていて、当初は中国兵のほうが案外残虐でした。中国ではこんな言い伝えがあるでしょ。「いい鉄は釘にはならない。いい人間は兵隊にはならない」。これは中国の有名なことわざです。どの王朝も兵隊を集めるのに必死なんです。消耗品みたいなもんですからね。兵隊のモラルとか、そういうものはかなり低いというか、近代化されていない感覚も残っていて、女房子ども連れて戦場へ鍋釜背負って行くというくらい、かなり前近代的な軍隊でした。

ある軍人が僕に証言したことですが、中国戦線で斥候で出た部隊がみんな殺されたことがあったんですが、殺された日本兵が腕と脚を切られて地蔵のように一〇メートル間隔で置かれていた。そのうえ、切断された男根を口に入れられていたそうです。行軍していく日本兵がそれを見たら、感覚がおかしくなり、もう敵兵に容赦しなくなっていく。そういうことは確かにあったわけです。しかし、南京虐殺についての議論の際、先に中国側による虐殺行為があったから日本側も対抗してそうなったんだと言い合いを続けてもあまり意味がないと思いますが、そうした中で日本兵が悪質化していくわけです。戦争というのは相関関係なんです。相手もひどければ、こっちもひどくなるし、逆にこっちもひどければ、相手もやはりひどくなる。だから穏やかなお国柄のビルマ（現・ミャンマー）で戦った日本兵たちは、ビルマ人との戦闘では極めてきれいな戦争をやった。もちろん撃ち合いで殺しますけど、死体に対しては損傷しないというルールがあった。中国は違うんですね。ビルマに赴任していた指揮官に聞いた話なんですが、中国から転属されてきた日本兵は乱暴で手を焼いたと言うんです。残虐な行為を見てきた兵なので、ビルマ人にもちょっと抵抗されると拷問とかしてしまう。「お前たち、ここではそういうことをするな」と叱ったそうですが、これは一例ですが、日本の戦争の中でも地域や部隊によって違いがあると言えると思います。

**鈴木**　交戦相手から受ける影響というのはあまり語られない部分ですよね。指揮官によって部隊全体の行動が大分違うというお話も聞きましたが、日本軍全体がかなり意識して、国際法を守ろうとした日露戦争はそういう意味でも大変な決意でおこなった戦争だったんですよね。戦地で負傷したロシア兵を担いで運んであげた日本兵の例もそうですが、日露戦争のときは日本に連れて来たロシアの捕虜も丁重に扱っているんですから、国を挙げてかなり自制していたんでしょうね。日露戦争ではもちろん戦死した日本兵も多くいるので、その遺族たちがロシア兵の優遇に不満を持って文句を言うと「もうこの人たちは兵士じゃない。降伏したので保護するべき捕虜なのだ。だから武士道として、彼等をきちんと扱わなければいけないんだ」と説明していますよね。しかし、あれだけ厳しい戦争をしている中でよくそこまで言えたなと思って感銘を受けましたね。

**保阪**　そのおかげで日露戦争後、日本は国際的に〈捕虜を虐待しない国〉として信頼されていたんです。その評判は昭和まで残っていて、アメリカは太平洋戦争が始まったときに、日本人は捕虜を虐待しないから、いざとなったら捕虜になれと兵士に教育しているくらいです。日本はきれいなやり方をすると、対戦国のアメリカにすら信用されていたんですね。しかし、実はもう日本軍は変質し始めていたんです。一九二八年にジュネーブ条約ができて、捕虜の権利を認め日本も調印するんですが、批准しない。そんな中でアメリカとの戦争が始まる。アメリカは日本と戦争が始まったら、日露戦争のときの日本軍とはどうも違うぞと気が付くんです。フィリピンのバターン半島で投降したアメリカ・フィリピン軍の七万数千人もの兵士を、徒歩で捕虜収容所まで移動させた「死の行進」とか虐待行為の報告が入ってくる。それでアメリカは中立国であったスイスとスウェーデンを通じて日本に「この戦争では日本はきちんとジュネーブ条約を守るんだろうな」とイギリスと一緒になって言ってきた。それに対して、東條内閣は何と答えたか？ それは前述したとおり、「ジュネーブ条約を守っても、我が国には何の益もない。しかし調印はしているので一応、守りましょう」と言わんばかりの対応をしている。戦時指導者として、そんな態度ってあるかと嘆息するしかない。ここではもう日本人の道義も戦時指導者としての責任もない。そのことによって兵士や国民がどんなデメリットを負わされるか、そういうことが問題なんだということを言いたいですね。

**鈴木** 東條一人の問題ではなく、日本軍全体の問題でもあるのでしょうね。それにしても本当にあっと言う間に日本軍は変わってしまったんですね。もう個人レベルの現象ではなく、全体的に軍に関係する空気が粗暴というか殺伐としてくるし、何をやっても誰も止められない組織になってしまった。日露戦争の頃のモラルは、一体、どのへんから崩れたんですか？ 何が原因で日本軍は変容を始めたのか？

**保阪** 先ほど敵からの影響について言いましたけど、それとは別に根本的理由としては、仮説はいくつも立ちます。でも基本的には軍事学がなかったということが主因ですね。軍事論・軍事学がなかったということ、それが大きな要因になっていることは間違いないと思います。

そこで改めて問題として考えなければならないのは、軍の指導者たちの資質の問題です。実は僕は、木戸幸一の存命中に、木戸を取材を行いたかったので、木戸と親しいある作家に手紙を託し質問したことがあったんです。「なぜあなたは東條を首相に選んだのか？」と。そうしたら木戸からは、当時、軍の力を抑え、制御できるのは東條しかいなかったから、という意味の返事が戻ってきました。

その他に、なぜ東條はあんなに猛威をふるったのかと聞いたら、東條は華族になりたくてしょうがなかったと言うんです。公侯伯子男のいずれかの華族になろうとしていたそうです。「あんな人物が爵位を取ったら大変なことになったよ」というようなことも木戸は言っていたそうです。でもこれを東條個人の出世欲としてだけでなく、さらに問題の深堀りをしていくと、近代日本の階層の問題にぶつかる。明治の軍の指導者は全員士族、ないしある種の幕末の教育を受けた者ばかりでした。つまり、藩校や私塾において禁欲とか節度について十分に学んでいたんですね。しかし、東條は明治十七年生まれで、明治からの軍事教育を受けており、前の世代が身につけていたそれらの美徳を身につけることがなかったんです。

**鈴木**　日本は日清・日露戦争に勝利したことで驕ってしまい、外国に学ぶという姿勢が希薄になったのではないですか？　東條もその頃は青年将校でしたでしょうが、日本全体が勝利に沸きかえっていたと思います。それがいつの間にか過信になってしまった。維新で開国した日本が戦勝によって、かえって精神的に「鎖国」してしまったような状態でしょう。結局、それが外国への傲慢と国内への不寛容になっていったんじゃないでしょうか？　例えば、大東亜戦争になると捕虜になるな、捕虜になるくらいなら自決しろと日本兵は「戦陣訓」等で教え込まれますね。でも日露戦争のときは、捕虜になってもそのことが特に問題視されずに、新聞にも事実として普通に報道できたと聞きます。それから、戦場から故郷に帰って来てもよく頑張ってきたと労らわれたと聞きました。大東亜戦争ではそんな優しいというか、当たり前の待遇を受けることはまったくないですね。同じ国なのに、短い間にこれほども変わってしまったのかと、びっくりしました。

## 兵隊と地方気質

**保阪**　そうなんです。昭和の戦争以前は、捕虜になった兵士たちにも、「みんな本当に一所懸命戦って、それで不運にも捕虜になったんだよな」という理解があったんですね。ところが昭和になると捕虜になるということは、とんでもない恥辱、それどころか裏切り行為とすら見なされるようになっていきます。昭和の戦争では、日清・日露戦とは比べものにならないほど戦線がとんでもなく拡大していく。その中で、それまではあり得なかったほど国民が兵隊に取られる。そうすると一所懸命やる部隊とそうじゃない部隊がある。これは誤解されると困るんですが、先ほどもお話ししたとおり、関西のある部隊は一兵卒のレベルで戦局の流れを賢く読み取ってこれはもう勝ち目はないぞと判断すると、巧みに戦線を離脱するわけです。だから死ぬまで戦えなんて精神論を言っても、それじゃあ兵士は動かない。

**鈴木**　関西のその軍隊はいいじゃないですか。無謀な作戦で命を落とす兵はかわいそうですよ。他の部隊はまじめにやっているのに何だ、と怒る人もいるでしょうが、部隊の戦闘力の強弱の話にすり替えないで考えると、やはり本当に責められるべきは、無謀な作戦で命を捨てることを兵士に強要する無能な指揮官ですよね。

保阪　太平洋戦争時のことを調べますと、東北の兵隊は虐殺も掠奪もあまりしていない。例えば大阪の兵隊もあまりやっていません。東北と大阪では気質が違うので原因は別々ですが、この点でも、大阪の兵隊が早い時期から市民化しているところがポイントかも知れない。これは瀬島龍三さんが言っていたんですが、大本営は大阪の兵隊は明治からこの方、最前線には絶対つぎ込まないと言うんですね。なぜなら、大阪の兵士は死ぬまで戦わないからだそうです。瀬島に言わせれば、大阪の部隊を前線に入れると、他の地域の部隊と違って勝算の見込みがつかないとギブアップして、捕虜になったりするそうです。

鈴木　僕もその話は聞いたことありますね。日本軍というととても厳しい戦陣訓があって最後の一兵になっても死ぬまで戦い、玉砕も辞さないっていうイメージがあるので意外でしたけど。でも、それは瀬島龍三だけの意見ではなく、他にもそんな例があったんですよね？

保阪　ええ、有名な話が他にもいっぱいあるんです。例えば、ノモンハン事件のとき、兵が足りなくなったんですね。その際、三日ほど後の日が指定されて北海道旭川の歩兵第二六連隊と、大阪の歩兵第八連隊のそれぞれ半数は「ノモンハンに行け」と動員命令が出ています。連隊だから二〜三千人いるんですが、その半分は留守部隊で、残り半分に出兵命令を大本営は出したのです。旭川の兵士というのは真面目で、午前中に命令を受けたら、その次の日にはもうノモンハンに列車や船で行っているわけですよ。大阪では、命令を受けたその日の、午後から医務室に列ができる。これは有名な話なんだけど、ノモンハン行きを逃れようと病気になるそうです。それでもなんとか一週間かかって、やっと編成して大阪八連隊も行ったわけです。で、その頃にはもう戦闘は終わっている。

大阪の連隊は、一応、口では「間に合わずに残念です。俺たちが武勲を立てようと思っていたんだけど」とか言うわけです。作家の伊藤桂一さんがこのことを書いていますよ。

これをどう考えるかですよ。僕は北海道出身だから、大阪へ行って講演するときにいつも「大阪の軍隊は立派です。しっかりした市民です。日本全国みんな大阪の八連隊のようになったら、絶対に戦争は起きませんね」と言うんです。僕はずいぶん取材しているから大阪以外にほとんどそんな例がないのを知っているので、「大阪八連隊は立派ですね」と褒めちぎるわけです。それで講演が終わった後に、聴いていた人が何人も来て、「あんた何を言ってるんだ。戦争で死ぬのはいややろ。それだけのことよ」と言うんですね。しかし、それが大事ではないですか。その間の戦闘で北海道の部隊にだけ犠牲が出ているのはもちろん大問題ですが、誰だって戦死はしたくないですから。

そして大阪の連隊の人たちには別の知恵もあって、例えば病気で兵役を逃げる方法があるわけです。そういう知恵は北海道や東北や九州の兵隊では、あまり口にしない。誰も教えてもくれないし、知っててもやる者はいない。しかし大阪の連隊では、どうやって危険な戦場から逃げるかという話を、ほとんどの元兵士が教えてくれる。それはもう、手のこんだことをやるわけですよ。例えば「結核をつくる」。つまり、それに似た症状になる方法があるんですね。

もっと言うと、実は最初から兵隊にならないという、徴兵忌避の方法もありました。二十歳になったときに兵隊の検査があるでしょ。そのときにみんな喜んで行くわけですよ。大阪には検査を受ける一週間前から飯を食わないで酒を飲むという手があったんですね。それまであんまり飲んだことない者でも、とにかく酒を飲む。そして毎日走る。心臓ががたがたになる。それで入営当日に、さらに飯も食わずに酒を飲んで、走って行く。兵営に着いたら、太陽を見る。直視したら目がつぶれるから太陽の下のほうを見ると目がちかちかする。そこで「整列」と言われて並んだら、もうほとんど一〇〇パーセント、バタッ！　と倒れる。そうすると、「なんだこいつは！　こんなヤツが兵隊検査を受けるなんてとんでもない」と言って、うまいこと兵役不合格になって帰されるという作戦です。

**鈴木**　徴兵逃れの方法っていろいろあったそうですね。いろいろ聞きますけど、兵隊に行きたくないというのは庶民の本音なんでしょうね。もちろん当時は〝違法行為〟なんですけど、本人にしてみれば命懸けだったんでしょうね。

## 田中角栄の戦争

**保阪**　これは田中角栄の評伝『田中角栄の昭和』でも書いたんですが、大阪の元兵隊たちは田中角栄を信用するんです。日経新聞に連載された「私の履歴書」を読むと、大阪の元兵士は、大体合点がゆくそうです。田中角栄も実は軍隊から逃げる方法を知っていたと思われます。彼はソ満国境の中国人の抗日勢力の強い所に送られるんですが、そこを脱出してくるんですね。結核の症状をつくったと思われる症状で仙台の第二病院に帰ってくるんです。田中は仙台の病院に着いたら、都合のよいことにもう治っていたと言う。田中自身はそのことについて、本当にびっくりしたと回想していますね。それでもとにかく病歴に結核だったと記されたので、もう二度と兵隊に取られないというわけです。それで戦時下では土建の仕事をしていた、と大阪の元兵士たちは見ていて、そんな田中さんが好きだというわけです。そういう田中のたくましさに、大阪人の元兵士は惹かれるわけです。私の見るところ、そういう性格は北海道の兵隊も九州の兵隊も持っていません。九州では主体的に徴兵逃れなんてしようものなら、ふざけるなと制裁を受けかねない気風がありますけど、北海道とか東北は戦争はいやだけど、仮病でもなんでもして逃げてやるというところまではいかないですよね。大阪や京都の部隊が、簡単に命を捨てないというのは、ある意味で言えば彼等は当時からすでに市民化していたということなんですよ。他地域の部隊とは異なり、意識が成熟していたということでしょう。もちろん、戦前ですから完全に市民化していたとまではいっていないけど、意識が進んでいたのでしょう。

**鈴木**　それじゃ、兵隊には向かないわけですね。（笑）

**保阪**　確かに向かないでしょうね。大阪出身の著名な軍人というのは、ほとんどいないんですよ。京都はもともと貴族が多くいたので、高級将校がそれなりにはいるけど、基本的には本当の職業軍人というのは多くないです。やはり軍人が多く輩出しているのは、なんたって九州です。それに続くのが東北かな。軍隊が戦争をやるためには軍備だけでなく兵士の教育とか、事前にいろいろ訓練が必要ですが、昭和十二年以降、二十歳の召集兵を練兵も不十分に、すぐに戦地に送り出すようになります。それではやっぱり、中にはひどい兵士も出ますよ。この例でも分かるように、日本軍の変遷とか兵士の教育方針等の詳細な歴史を踏まえないで、大雑把に「軍隊」という一言で全部片付けて、日本軍は強かったとか、弱かったとか、曖昧な議論をするのは、僕に言わせれば、まったくおかしなことですね。もっと真剣に検証して、軍隊はどうあるべきかということを冷徹に考え抜くべきです。

**鈴木**　田中角栄が戦地を逃れたというのは、いわゆる出来心的にやってしまったことなのですか？　あるいは確信を持ってやったことなんでしょうか？

**保阪**　確信をもって角栄は戦地を離脱するタイプと思うけど、僕は悪いことではないと思います。

**鈴木**　戦地の兵隊にもいろいろな苦労があったように、内地でも空襲とか大変な被害がありましたよね。特に沖縄では県民の四人に一人が死んだと言われるほどのすさまじい被害を出してしまったのは、やはり軍事学の欠如ですよね。軍隊あって、軍事学がなかったと言うか……。沖縄戦が終結した後も日本各地で一般国民や子どもまで動員して戦おうと軍部は思っていたんですよね。

**保阪**　そうですね。本土にアメリカ軍が上陸して来たら、子どもにも火薬をいっぱい詰め込んだ背嚢をつけて、アメリカの戦車に抱きつかせようと思っていました。それが軍が「本土決戦」と称していた作戦の実態です。こんなことやったら、末代までの犯罪だろうと思う。こういった日本軍の実態について、自衛隊幹部の人はだいたい知ってはいるんですね。自衛隊関係者を含めて旧軍について講演で話すと、「保阪さんの話の根拠は何ですか？」と聞かれるので、具体的に資料出典を答えると、彼等も旧軍の実態は史実として知っていることが分かります。だけど、日本軍のそういった破綻は、あくまでも戦争末期の例外的事態だと解釈しようとする人がいるんですね。それで納得しようとする。戦争末期はぎりぎりまで追い詰められ、苦肉の策で仕方なく特攻とか玉砕とかの命令になってしまったという人もいるんですけど、僕は「いや、追い詰められたときにこそ、その組織の本質が出るんじゃないか」と答えています。一般的な傾向では、左翼の人はすごく単純に、「軍隊とはこういうところだ」と大雑把に決めつける。右翼の人も軍事学について詳細に考えない。

**鈴木**　同じ時期に同じ地域にいた部隊でも、虐殺や掠奪をやった部隊とやらなかった部隊の違いについて、例えば東北の軍隊はあまりやらなかったというお話がありましたが、戊辰戦争で勝った所、負けた所で差があるというようなことはないんでしょうか？

**保阪**　戊辰戦争で勝った所、負けた所でそれぞれの部隊にもやはり特徴はあると思います。官軍になった薩長は幕末頃から対外戦争を経験していますね。薩摩は薩英戦争とか、長州は馬関戦争で英米仏蘭と交戦していますでしょ。この外国との交戦で大砲などの近代的な戦備について勉強して、採り入れていますね。一方、対外戦争を経験しなかった会津などは近代兵器の威力に疎いまま、戊辰戦争を迎えています。後の会津城攻防戦では、薩長に大砲をばんばん打ち込まれていますからね。あの戦術は、やはり薩英戦争とかの教訓でしょうね。このように実は日本は幕末に対外戦も国内線も経験し戦術を変化させているんですよね。なのにこのときに得た教訓が広範に行き渡らなかった。

日本は軍事を一般の人は知らなくていい、軍人だけ知っていればいいんだというのが、基本的な間違いだったんだと思います。だから後々、昭和になってから軍人が好き勝手やるようになったんですね。

**鈴木**　軍事学の欠如とともに戦前の国家改造運動で大問題だったのが、やはり貧困の問題ですね。昭和維新の後、地方の農村の奥まで資本主義経済が浸透して、格差が広がっていきましたよね。今、少しずつあの頃の状況に似てきているんじゃないですか。

**保阪**　その状況について右翼の人たちの中でも、さまざまな意見の相違があったんじゃないですか？

そのへんはまず鈴木さんに教えてもらわなくてはいけないところだけど。鈴木さん、ずいぶんいろんな人に会ってますよね。葦津珍彦《あしづうずひこ》さんにもお会いになっているんですね。僕は一度もきちんとお話ししていないんです。伝統と現代社に来ていたときに、少しだけ顔を見て、ちょっと話をしたくらいですが、彼はすごい理論家ですよね。

**鈴木**　左右の枠を超越した交流を持っていましたね。例えば彼は鶴見俊輔さんとも友達だったんですよね。それから、僕は右翼以外の人では財界人で、日本火災海上保険の会長を務めた品川正治さんにもお話を伺いました。彼は旧制三高から二等兵になって中国に行ってますよね。なので、「軍隊では体罰があったんですか?」と聞いたら、全然なかったと言うんです。ご存じのとおり、彼は財界人ながら憲法九条支持をはっきりと公言していた護憲の立場の人だから、旧軍の肩を持つ必要はない。体罰があったらためらわずに証言できる人ですよね。でも、なかったときっぱり言うんです。前線で緊張しているときは、自分たちの戦力である兵隊を痛めつけたりすることはやらない。体罰は内地にいたり、暇なときにやっているんだということでした。

**保阪**　それには上官の教育も関係しているんです。上官の教育がしっかりしている所は、体罰とかいじめはほとんどありません。上官が上層部の顔色ばかりうかがう点取り主義のヤツだと、部下の兵隊たちもそれが分かるから荒れてきますね。やはり軍隊は上官の人格によってかなり違いが出てきますね。

**鈴木**　そもそも植民地支配そのものがよくないですけど、台湾で植民地政策が評判がよかったというのも、やはり上官の影響があるんでしょうか?

保阪　事態を左右する決定的要素は結局、「人」という面も忘れることはできません。台湾総督でも人によって大きく評価が分かれます。例えば後藤新平とか明石元二郎は評判いいですよね。他方、強圧的にやった何人かは恨みとともに名前が伝えられていますよね。

鈴木　なるほど。まあ考えると当然ですよね。将軍だって社長だって役職そのものよりも誰がやっているかでその評判も指導力も全然違いますよね。一般的にはつい台湾は親日的だなんて思ってしまいますが、すべての台湾総督が親しまれた、なんてないんですね。

## 理念なき戦争への一歩とは？

鈴木　やはり軍隊でも国家改造運動でも、すべての組織は人間の集まりですから、人の考え方や気質でその性格が決まるんですね。軍指導者のメンタリティが変わった事情については分かりました。でも、そうなると一般の兵隊の変化が気になります。明治と昭和では前線の兵士の気質も変わっていますよね？　地域によって意識が違うのは分かりましたが、徴兵されて兵舎に押し込まれ、さらに戦場に送り出される一般兵も気の毒です。それまでの徴兵と昭和十二年以降の徴兵では、受けるほうもまったく違う気持ちだったんでしょうね。

保阪　やはり急激に兵士を増やしたというのは日本軍変質の大きい要因になっていますね。昭和の日中戦争以後、軍の兵隊検査で甲種合格者の扱いが違ってくるんですね。当時は、だいたい同世代が九〇万人くらいではないのかな。男性・女性がほぼ同比率で占めているので、同世代の半分の人数は検査は受けないですよね。ということは四〇万人近くの男子が二十歳になって検査を受けるわけです。さらに男でも体が弱くて兵隊検査を受けないのがいるから、今に換算すると一二〇万人のうちの六〇万くらい（総務省統計、二〇一三年）かな。その兵隊検査で、甲種合格が出される、心身ともに健康で兵隊としてすぐ使える人間は三〇パーセントだというんです。だから一二万人ということになりますね。甲乙丙丁戊とランクがあって、一番評価の低い人は何らかの身体障害がある人で、兵隊には行かない。しかし、甲種合格の一二万人がみんな兵舎に入って訓練を受けたら、日本軍はパンクしますよ。そんな人数を受け入れることはできないから、くじ引きとかで決めて、麻布連隊では三〇人だとか、かの連隊には二〇〇人だとか割り当てを決めていくわけです。そうすると、甲種合格のうち、だいたい二万人くらいが、どこかの兵舎に入って訓練を受けるということになります。その二万人が通常二年間、兵役義務を果たすわけです。兵舎に住んで日常的に行軍したり、撃ったりするということです。甲種合格の残りの人たちは、年に何回か一定期間だけ行軍や鉄砲の撃ち方とか訓練するるんです。

ここで当時の男に矛盾した気持ちが芽ばえるんです。甲種合格というのは、いわば日本男子として立派であると国がお墨付きを与えるようなもので、名誉なこととして家族一同喜ぶわけです。だけど兵舎には行きたくない。いろんな資料を見ると、日中戦争まではみんな神社に祈りに行っているんです。「どうか息子が甲種合格しても兵舎に行かないように」と堂々と祈っているんです。そんな中で日中戦争になって、急に兵隊が必要になった。そうすると一二万人全員を一年も二年も訓練していられないから、三カ月とか六カ月で新兵教育を済ませてしまって、すぐに戦場に連れて行くわけです。その頃から、神社に行って「どうか戦争に行かないように」と祈る人は国賊扱いされることになる。本心でどう思っていても、人目を気にしてみんな、「どうかお国のために奉公したい」とふるまうようになるんです。この逆転現象というのは、僕はとても大きな変化だと思います。
　それから入営することはめでたいこととして、みんなで祝わないといけなくなる。村の若者の入隊が決まろうものなら、校長先生、駐在所の警官や村長とかが先導して、村を挙げて村民みんなで旗立てて駅まで送って行くんですね。「○△君、万歳！」と歓呼の声に送られつつ兵舎に入っていくわけです。そういうふうに日中戦争から兵士がとにかく大至急で大量に必要になって、甲種合格どころか、太平洋戦争の途中から乙種、丙種、みんな総動員で次々に兵隊に取られていきます。
　国力や状況に応じて軍隊というのは発展・拡大していくものなのですが、日本の場合は先に戦争が始まってしまったので、大急ぎで、いきなり広がっていったんですね。

**鈴木**　戦争中ですから急遽、兵隊を増やさなければならなかったのはある程度は仕方のないことなのかも知れませんが、問題なのは兵隊の教育の期間がなくなったことですよね。兵士としての訓練が不十分だと命を落とす危険性も高くなるでしょうし、先ほど話題になった戦場でのモラルの問題にも繋がってきますよね。素人同然なのに、鉄砲持たされて戦場に投げ出される兵士も気の毒です。

**保阪**　そういうことです。だから、軍隊に入って叩き込まれるセリフは「上官の命令を聞け」「命を惜しむな」とかわずか三つ、四つですよ。それだけで兵隊に行くんです。

**鈴木**　スローガンだけで行くんですね。

**保阪**　結局それで縛っちゃうんです。

鈴木　兵隊としての権利も義務も知らなくて、ひたすらスローガンで頑張り通しちゃうから、戦場でのモラルがなくなってしまった。自分たちも降伏できなくなってしまうから玉砕してしまう。結局、これはみんな、きちんとした軍事教育といったものがなかったということですね。

保阪　少なくとも昭和の戦争では一般兵士にはそれはなかったと僕は思います。軍事教育というものが日本にはなくて、上官が思うところの道徳や倫理、果ては「死ね」とか、そういうものを強要するばかりです。お前らは上官の言うとおり戦えばいいんだと言う一方で、その実、練兵不十分で鉄砲の撃ち方も満足に知りませんというような兵までいたのに「それでいいんだ」と開き直っている。

訓練不十分のまま出兵するのは本当に危険なことなんです。僕が以前、取材で元兵隊の方の話を聞いていると、「自分は本当に戦争に来たんだという実感を持ったのは、戦場に行って射ち合いの恐ろしさに震えたときだけで、それ以外はパスポートのない海外旅行みたいなものだった」と言う人がいました。こういう意識で戦地に行く兵士がいること自体、本当は大問題なんです。戦争とは何か？　兵士として動くとはどういうことか？　を知らないまま、いきなり殺し合いの場に入ってしまったら、もう行動をコントロールできないですから。

日本の軍国主義、軍事指導体制は日中戦争以後、急速に膨れ上がった。だからそこで、それまでは表面化しなかった日本軍の奥底のいろんな矛盾が一気に露呈してきたんですね。そういうことを一つ一つ詰めて考えていくと、国家は基本的に軍事学を持たなければいけないと僕は思います。国家が発展して国力が増すときは、どうしても軍事面も大きくなりますが、そういうときこそ国の発展段階に見合ったバランス感覚が当然、必要なんですね。

その意味では今の中国は国の発展と軍事のバランスは取れているのか？　という関心はありますね。中国軍の発展段階は、よく見てみると国力の増加に比例してはいるけれど……。

**鈴木**　一般的な印象では、中国の軍事力は急速に拡大しているように思う人も多いんじゃないでしょうか？　確かに中国は経済的に急成長しましたけど、軍事技術ものすごく発展していて、アメリカなんかもかなり警戒しているみたいですし。

**保阪**　これは変な表現だけど、今、中国の軍の若手官僚、佐官とかのクラスはアメリカに行って教育を受けてきたり、すごいエリート意識を持っているし、何よりも自信を持っていますでしょ。だから実は彼等は本音では、戦争をやりたくてしょうがないんじゃないかなと僕は懸念しているんです。「自分たちの能力はどのくらいだろうか？　これだけの軍備がある国は世界でわずかだ。かつて日本になめられたけど、今や世界の軍事大国だ」という意識があれば、中国の若手将校や中堅の指導部の軍人は、本音では自分たちの力を試したいでしょうね。

これは別に中国だけが特別ではないんです。かつての日本の関東軍だって、結局、自分たちの軍事力を試したかったんだから。だからノモンハン事件なんか起こしたんですよ。

**鈴木**　だからこそ軍事学が必要なのですよね。基本的なことでは、どこの国の軍隊だって普通は降伏を認めているんですよね。最後の手段として投降していいとか、降伏についても手順を決めて、兵士として正当な行為としてちゃんと教育しているのに、日本軍では「戦陣訓」で平気で兵隊に「死ね」「玉砕しろ」と事実上、強制している。とんでもないですよね。そもそもそんな死に方を強いることに意味があるのか？

保阪　戦争といえども兵士に向かって「戦え」ではなく、「死ね」という権利があるのか？　戦いをするためには、なるべく兵士が死なないよう作戦を考える必要があるのは当然で、「捕虜になるなら死ね」というのはまったく意味ないですね。

鈴木　そこを考えることは重要ですよね。さっき日露戦争のときには日本側が捕虜を厚遇したという話がありましたが、それとは逆に日本の兵士がロシアの捕虜になったとしても、みなさん生きてちゃんと帰って来た。そのこともちゃんと記憶して、その後の日本の戦争について考えないといけないですよね。

保阪　そう。明治のときに身につけた国際感覚も軍の規律も昭和の時代になって全部ひっくり返ってしまったんです。では、なぜひっくり返ってしまったのか？　僕はやっぱり、昭和の陸軍指導者の間に兵隊を信用しないという問題があったと思うんです。自分たちに思想がないから兵士を戦略的に使えない。だから信用できない。確かに日露戦争でも、戦況が悪くなるとすぐ降参する部隊がいっぱいいたんです。もちろん徹底的に戦う部隊も一方であったので、そんな状況を見た上層部の中に、どんな場合も降参させない軍隊をつくりたいということを考えた者がいたんでしょう。

鈴木　もしかしたら、まったく的外れではあっても、良かれと思い降伏するなと言ったということもあり得るんじゃないかとも思うんです。当時の日本のことですから、捕虜になっても生き延びろと言うのも忍びない、むしろサムライとして玉砕させてあげないとかわいそうだから、捕まって拷問されたらかわいそうだからと「思いやって」自決したほうが楽だろうと言ってしまったのかとも思います。

保阪　日露戦争と昭和の戦争では、戦争の質が違ってきているという意味では、確かに軍人たちにも兵士としての心構えにも変化が生じているのでしょう。しかし、ここではもう一つ別の点がやはり問題ですよね。つまり、軍部がつくり出す環境と教育とによって、こんなにも兵士の命が軽んじられるようになるんだと。日露戦争の終わった後、『機密日露戦争史』を谷寿夫というエリート軍人が書くんですが、昭和の陸軍大学校ではこの本を教科書に使うんです。しかし、この本を書くとき、実は編集方針があって、「日露戦争の実相を書いたら日本人は気を落とす。日本が大勝利したと思っているけど、本当は戦線のあちこちで負けたり捕虜になったりしている。それをそのまま書いたら国民は大いに失望してしまう。なので、この本ははじめから意図的に編集している」と暗黙の諒解があったのです。つまり、ありのままの実録ではなく、公認した戦史・完全に公的文書としてつくったとはっきり書いている。それだけでも危なっかしいのに、さらにまずいことに、それを陸大の教科書に使うんです。昭和に入って、日本人は逆境のことを書くと弱気になる、だから日露戦争の本当の歴史、例えば捕虜になるとか、負け戦もあったとか、そういうことは書かないことになってしまったんです。

教科書に使うような本でも本当の戦史を書けない。だからこそ兵士たちに強い精神力を要求したんだと思います。

鈴木　一般的にはあまり知られていない本だと思うのですが、そんなに影響を与えたんですか、その本は？

保阪　教科書として使ったわけですから。

**鈴木**　そんな本をよく教科書に使いましたよね。もうその時点で、軍事学があるかないか以前の問題ですよね。エリート軍人たちは何を考えていたんでしょうか？　冷静な軍事学を持てないのには事情でもあったんでしょうか？

**保阪**　本来なら、国家主義運動の人たちの中で十分に議論して、独自の軍事学を創ればよかったんですね。でも、戦前の国家主義の愛国心はどうも的はずれな部分もあり、その典型例では四王天延孝《しおうてんのぶたか》なんていう人がいるんです。優秀な軍人で陸大出のエリートですが、フランスに留学したのが運のつきでね。実は彼は第一次大戦のフランス陸軍に従軍したんです。総力戦体制と航空兵力の充実の必要性に気づくという先見の明もありました。ここまでは非の打ち所のないエリートですよね。しかし、そこから先がいけない。フランス陸軍というのは反ユダヤ主義の牙城だったんです。戦争も不況も、なんでもユダヤが悪い、というユダヤ陰謀論が大流行で、四天王もすっかり信じ込んでしまった。大正十二、十三年頃のことです。上原勇作から「せっかく偉くなれるようにお前をフランスで学ばせたのに、ヘンな思想にかぶれやがって。そんなユダヤ陰謀史観は捨てろ」と注意を受け、「その思想を捨てられないのなら、軍を辞めろ」とまで言われたそうです。それでも四天王は考えを改めず、上原に感謝するどころか、上原もユダヤの手先じゃないかと疑う始末です。四天王は、予備役になって、太平洋戦争が始まってからですが、昭和十七年四月の大政翼賛選挙で東京五区から出て、なんと全国最高得票のダントツで当選しています。なんでそんなに票を集められたのかと言えば、彼は選挙演説でユダヤ陰謀論をぶち上げたんです。「大東亜戦争はユダヤ人の謀略のせいだ。ワシントンのユダヤ人の謀略だ。我々はその陰謀を破らなければいけない」と力説して、それが受けたということです。本来なら、第一次大戦下のフランス陸軍で学んだ軍事哲学を日本の参謀たちに教えられた優秀な人材だったのに。日本はここでも、軍事学を獲得し損なったんですね。

**鈴木** すごい優秀な軍人だったのに、もったいないですね。敗戦になって彼も少しは変わったんでしょうか？

**保阪** 戦後も陰謀論を捨てず、反ユダヤ運動をやりました。ある人に聞いたら、そういう流れを継いでいるのは太田竜じゃないかというんですね。太田竜って、すごい過激派の人だと思っていたら、最後は違うんですね。

**鈴木** ええ、最後は違います。左翼思想やエコロジーを経て、それから反ユダヤで、最後は陰謀論にはまってしまったんですね。軍事学を冷静に育てるのも、やはり大変なんだなと思いましたね。その余裕を持てなかったかも知れないですね。世界大戦もそうですが、戦前の農村地帯の貧困、とりわけ東北全体の貧困は本当にひどいもので、世界全体が今よりすごく残酷で過酷な部分も多かったんでしょうね。だから優秀な人であればそれだけ煩悶も大きく、ときには陰謀論にも魅入られてしまったんでしょう。

**保阪** 戦前の陸軍内部で、京都の部隊の兵士が、東北の農村は貧しかったと昭和五〜六年に聞いて驚いたというんです。東北じゃ、カレーライスも食ったことがないと京都で聞いて、みんな笑っていたというんです。同時代でも他地域では東北の貧しさが分からなかったくらいですから、地域的な歪みは大きかったのですね。

# 第4章

# 未完の国家改造運動と日米開戦

## 二・二六事件から翼賛体制へ

### 二・二六事件

鈴木　戦前の国家改造運動の中では五・一五事件とか血盟団事件とかいろいろありますけど、いずれも一人一殺で、自分の志を自分自身が行う事件でした。しかし、二・二六事件は大きく違いますよね。二・二六事件決起将校に指揮・動員されたのはほとんど新兵で、それも決起のことを理解していない兵が大多数でした。将校たちの志はいいとしても、部下のことはどう考えていたんでしょうか？

保阪　実は、将校たちは戦闘を想定していなかったんです。決起した青年将校たちが動員した兵士は、一週間前か一〇日前に入営したばかりの本当に新兵で、戦力としてはほとんど期待できない。しかし将校たちにとってはできる限りの兵を動かして見せることは重要だったんです。つまり、威圧するための一つの手段として質はともかく量が重要だった。最後、撃ち合いになりそうになりましたが、鎮圧に当たっていた憲兵隊司令官の香椎浩平たちが皇軍相撃つ事態だけはなんとか回避しようとして、最悪の事態には至りませんでした。しかし、そんな新兵の中でも将校と一緒に重臣の射殺現場の中に入って、要人襲撃の流血の現場を経験する中で、兵士の意識やクーデターの意識がつくられていくケースもありますね。埼玉県がまとめた『二・二六事件と郷土兵』を読むと、その事情が詳しく分かります。ついこの間まで農村のふつうの青年が、場数を踏むことによってクーデターの兵士になっていくんですね。でも、新兵を動員したことについて、基本的に青年将校は罪の意識はないと思います。彼等にとっては何より、兵の人数が問題だった。新兵を使って実際に撃ち合いをやるというつもりはまったくなかったんです。

皇軍相撃つという問題で見ると、二・二六事件での一番の危機的状況は、海軍が第一艦隊を東京湾に派遣し、いつでも陸戦隊を送り込めるように準備したときでしょうね。もし、そうしていたら海軍と陸軍の撃ち合いです。海軍はじっと様子を見ていましたけど、もし海軍と陸軍が撃ち合いになったら、国家は二分したでしょう。天皇はそれを一番恐れたと思うんです。

**鈴木**　二・二六事件を考える際の一つのポイントとして、国内的な事件として見るだけでなく、国際的な影響とか、〝世界史の中の二・二六事件〟としてどう捉えるかという問題も重要ですよね。外国人も二・二六事件には注目していたと思いますが。

**保阪**　事件当時、日本には十三カ国から駐在武官が来ていて、報告書を自国へ送っています。僕が聞いた話では、フランスなどの駐在武官が「これは左翼の偽装革命だ」と本国へ報告を送っているというんです。ヨーロッパの海千山千の駐在武官は、単純に物事を信用しない。だから軍のクーデターに接しても、むしろ左翼の偽装革命だと疑ってかかっています。そうすると日本側でも変な論者が呼応するように出て来て、二・二六事件に参加した栗原安秀中尉は一週間前にソビエト大使館員と会っていたということを言う人がいる。これが事実かどうかは確証が得られていませんが、そういう真偽不明の、いろんな尾ひれのついた噂が流れるんですね。

**鈴木**　今、聞くと「そんなバカな！」と思うのが普通なのかも知れませんが、それに似たことを考えていた日本人もいたみたいですね。二・二六事件のときではないですけど、後年の近衛上奏文の中にも日本に左翼革命の脅威が迫っているという見解が述べられていますよね。二・二六事件だって実は左翼の影響だみたいに思っていたようですね。

**保阪**　近衛の考えはひどいですよね。露骨に「貧乏人」とはさすがに書いていないけど、要するに「貧困家庭の子どもは共産主義に傾きやすい。そういう連中が軍には多い」という意味のことが書かれているんです。ひどいこと言うなと思います。近衛は公家だから、庶民の実態や気持ちには疎いのかも知れませんけど。そして外国の反応については、各国の二・二六事件についての報告書について調べてみましたけれど、まだ情報公開になっていない国が多いようです。相当、長い年月を経ないと解禁にならない文書の扱いになっている国もあるというから、きわどいことが書いてあるのかも知れないですね。

**鈴木**　二・二六事件が起きた直後は多くの高級将校が様子見をして態度を曖昧にしていたと聞きますけど、外国の駐在武官たちのほうがむしろ機敏に対処して、しっかり情報収集に当たっていたんですね。そして、天皇の態度は一貫していましたね。

**保阪**　天皇は、町田忠治という大蔵大臣に、株の値段はどうなっているかと聞いたというんです。二・二六事件は国際的にどう思われているかを知ろうと世界情勢を探ろうとしていたということでしょう。その話から、「天皇はすごい株をやっていたんじゃないか？」とか勘繰る者もいますけど、それはまったく違うんです。そうやって、事件発生当初から内外の情勢に目配りするというのは、やはりたいしたものだと思います。

鈴木　保阪さんは、末松太平さんには会いましたか？　あの人は理論派というか、話が非常に理屈っぽい人ですよね。

保阪　僕があの人に会ったときは、千葉県の田舎にいて自然食の運動やっていましたね。僕は二・二六事件のことでいろいろ聞いたのですが、「君は自然食に興味はあるか？」と言って、自然食の話をたくさん聞かされましたけどね。彼は事件のときは青森連隊にいたから、二・二六事件には直接は関わっていないわけですけど、それでも四年ほど収監されたようですね。

鈴木　『私の昭和史』という本を書いていますね。偏屈な人ですよね。（笑）ただ忘れられないのは、会ったのはもう四十年前くらいですけど、彼はそのとき、すでに「日本人はどんどん思いやりがなくなっている」と指摘していました。「昔は八甲田山で兵隊が死んだ[注7]ことを我がことのように悲しんで、歌までできた。琵琶湖で学生が死んで[注8]も、やはりそれを悼んで歌までできた。でも今では、そんなことはないんじゃないか」と言うんです。そのとき僕はしみじみそうだなあと思いましたが、それから四十年ほど経っても、その傾向はまったく変わっていないですね。さらにひどくなっている。「思いやり」がなくなっていますね。

保阪　そうですね。二・二六事件の関係では僕は大蔵栄一にも話を聞いています。彼は『二・二六事件への挽歌』を書いた人ですね。二・二六事件についてはあの本が詳しいし、一番面白かったですよ。ただ、彼から見ると僕が次の世代で、二・二六事件をあまり知らなかったせいもあるけど、会ったときには本がいくら売れたとか、そんな話が多かったように思う。彼の話は北一輝にべったりでしたね。

鈴木　二・二六事件関係だと、遺族会の代表をしていた河野司さんにも保阪さんはお会いになっていますでしょ？

保阪　会いました。昭和四十年代、河野さんは東京・練馬に住んでいて、私も近くでしたので話を聞きに行きました。最後には「僕がなんでこういうことをやっているのか分かりますか？」と言うんですね。「弟さんの壽《ひさし》さんが亡くなっているからなんじゃないですか？」と答えると「いや、そんなことじゃないんだ。ただ、天皇さんに、たった一言、『君らの気持ちも分かる』と言ってほしいんです。その一言を言ってくれたら、それで私はもういい」と言うんですね。その一言さえ聞ければ、この運動も何も全部、身を引くとまでは言わなかったけど、「私の気持ちは晴れる」と言っていたね。仏心会はお寺で行っていました。

鈴木　麻布の賢崇寺ですね。僕も何回か行ったことがあります。

保阪　そう、賢崇寺でやっていました。僕も行きたいと言ったら、「君はそんなに二・二六事件を評価していないだろ。そういう人は駄目だよ。仏心会のときではなく、一人で行ってこい」と言われて、別な時を選んで、お墓参りに行きました。

## 磯部浅一——陸軍士官学校事件と二・二六事件

保阪　賢崇寺には二・二六関係者のための慰霊碑がありますが、磯部浅一のお墓は別な所にあるんです。磯部のお墓には何回か行っています。南千住の回向院という所です。ここには他にも何人かの国事犯が葬られている。高橋お伝や、吉田松陰はじめ安政の大獄で処刑された人たちとか、桜田門外の変の関係者とか、昭和三十八年に起きた吉展ちゃん誘拐事件で犠牲になった吉展ちゃんのお墓もある。そのお寺で磯部夫人の登美子さんと二人一緒に葬られているのを見て、涙が出ました。

二・二六事件は結果的には寺内寿一や梅津美治郎ら新統制派に利用され、権力に裏切られたという形になっていきますが、それに対する決起将校側の怒り等は磯部の獄中手記に最も正直に出ていると思います。天皇への呪詛の言葉まではっきりと書いていますからね。

**鈴木**　あれは生々しいですね。磯部浅一の「天皇陛下、何と云う御失政でありますか、何と云うザマです、皇祖皇宗に御あやまりなされませ」という言葉に対して、末松さんが、「あれは、おかあちゃんの懐で、『おかあちゃん、バカ、バカ』と言っているのと同じだよ」という、衝撃的な考えを言っていましたね。これは同じ世代で、さらに同じ決起側の将校でないと、とても言えないですよね。

**保阪**　磯部は明治三十八年の山口県生まれなのですが、それも彼の人生に影響を及ぼしていますね。長州の軍人のことを調べたことがありますけど、長州は山奥の分教場にまで在郷軍人が網の目を張っていて、秀才を見つけると全部、山口に集めてきたんですね。そして、お金を出して幼年学校の試験を受けさせるんです。合格して入学したあとも、さらに支援して生活とかの面でも在郷軍人会が全部面倒を見るんです。

**鈴木**　すごいなあ。長州は維新の体制側なので支配階級ではあるんでしょうが、それを支えるシステムをつくっていたんですね。昭和になるまで陸軍では勢力を持っていたのも、うなずけますね。

**保阪**　磯部は貧しい農家の息子と言われますが、頭がよかったんですね、それで引っ張り上げられた。

その意味で言うと、二・二六事件の将校の中でも彼は独自の立場ですよね。二・二六事件に加わった軍人で坂井直という人がいるでしょ。陸軍少将の息子で、家もそもそも士族で、上流の家庭です。磯部は同じ決起将校であっても、そういうタイプとは目の位置がまったく違う。下からの目線で見ている。十月事件に関わり、磯部とともに「粛軍に関する意見書」を書いた村中孝次もどっちかというと、かなり恵まれた家庭の出身でしたね。

だから磯部の怨念というのは、国家改造に入っていった庶民の怨念と、裏切られたということの悔しさの二つが混合したものですね。その点について僕は興味があるんだけど、磯部浅一についてもきちんとした評伝・研究はまだ書かれていないですよね。

**鈴木**　二・二六事件の将校については三島由紀夫が強い興味を持っていましたから、磯部についても少し書いていますよね。

**保阪**　三島さんも磯部に一番惹かれていますよね。磯部は他の将校たちから切り離されて死刑が一年間先送りされたため、その分、生きている時間が長かった。そこでもまた他の将校と決定的に違って、生きている時間の分、二・二六事件後の日本の政治を見たので、自分たちの想いが裏切られたのを見て、憤っていたのでしょう。

**鈴木**　磯部は事件のときはもう軍籍を失っていたんですよね。陸軍士官学校事件のときに村中と一緒に……。

**保阪**　引っ掛けられた……。

**鈴木**　昭和の国家改造運動を考えますと、この陸軍士官学校事件をどう見るかは難しいですよね。そもそも、あれは「事件」なのか？　一説によれば、あれは完全に辻政信の謀略であるとも言いますよね。あんな事件は存在しなかったのだと言う人もいますし。

**保阪**　あの事件は二・二六事件の原点だという見方があります。あの事件史に佐藤という候補生が出てくるんですが、それが引っかけ役をやったという説があるんですね。あの事件そのものは、辻政信がうまいこと引っ掛けたのかも知れないけど、単純に謀略だけとは言い切れないでしょう。

**鈴木**　謀略かどうかは分からないにしても、士官学校の生徒のような、とても若い人びとにまで国家改造への想いが燻っていた時代だったことは確かでしょうね。いずれにしても今とは時代状況が全然、違ってますよね。

## 磯部浅一の天皇観

**保阪**　二・二六事件の将校の中で、僕が磯部浅一に関心を持つ理由の一つに、彼の天皇観があるんです。橘さんが女性に惚れない話は前にもしましたよね。橘さんは「本当に惚れたら心中してしまう」と言っていますが、その情熱の持ち方は、磯部浅一の天皇観と似ているんです。彼は軍人として純粋であり、天皇の軍隊の一員として何の矛盾もなく、一所懸命に務めようとしています。そして天皇の軍隊の良き将校として国に奉公しようとする。しかし昭和恐慌の中、民が苦しんでいる、飢餓まで起きている。勤勉な民がなぜこんなに苦しまなければならないのか？　それは「君側の奸」が妨害しているからであり、天皇のお気持ちが国民にあまねく伝わらなければいけないのに、それを遮断しているせいだと思い込んで、行動を起こす。しかし、ご存じのとおり、その結果、天皇が激昂したわけです。彼等が言う「君側の奸」は、実は天皇にとっては「股肱の臣」なわけですね。そこには大きなギャップがあったのですが、その結果、磯部は天皇を恨むようになる。天皇と一体化しようといていた彼が、今度は一転して「裏切られた」と思い、あなたの周辺には君側の奸がいっぱいいる、なぜそれが分からないんだという感情の昂りがすごい言葉で書き残されています。

**鈴木**　自分たちこそ天皇に忠義を尽くしているんだとか、あるいは現実の天皇を超えて、あるべき理想の天皇のために働くほうがもっと大きな忠義だとか、そういうふうにどんどん幻想が膨らんでいって、そこが怖いなと思います。今だってそれはありますね。女性天皇では天皇じゃないとか、あるいは生前退位なんか許さないとか言っている人がいます。

**保阪**　極端と言えば極端なんですけど、しかし、天皇という制度に向き合って本当に考えていったら、こういう心境になるということを磯部はよく示していると思います。僕が磯部に興味があるのは、戦前、日本人が真剣に良き軍人になろうとすれば、どうしても彼のようになってしまうという道筋が確かに存在するからです。磯部は貧しさの中で育って軍人になって、頭のいい男なんですけど、陸軍士官学校事件で引っ掛けられて、免官になっています。しかし、彼が軍人として育っていく過程で、彼の中に入っていった天皇像というものは、当時の軍人ならばむしろ持っていて当然のものだった。軍人が軍人勅諭をひたすら復唱していったら、結局、誰もが〈磯部浅一〉になるはずです。そうならない軍人は、ヘンな言い方になりますが、ずるい人間ですよね。

**鈴木**　磯部が軍人教育の必然で、典型的軍人だというのは分かります。でも、天皇に恨みが向かうというのは、他にはなかなかいないですよね。

保阪　ええ、磯部以外にはいないですね。「お恨み申し上げます」とか、あそこまで言うのはすごいですよ。さらに、もっときつくなっていくね。磯部は獄中手記に「何と云う御失政でありますか、何と云うザマです」「皇祖皇宗に御あやまりなされませ」と記しています。ここまで言うんだから、すさまじいです。

鈴木　右翼の人はそこまで言わないし、言えないですね。三島由紀夫の『英霊の声』も、最初に出版されたときには右翼の先生方はみんな批判していました。「これは英霊の声じゃなくて、怨霊の声だ」と。「天皇をお恨みします」という声に右翼は同意できないですよね。それは磯部についても言えるんですよ、きっと。なので、戦後の右翼から見ると磯部というのは鬼門と言うか、考えづらい存在でしょうね。純粋かもしれないけど、そこまで突き詰めたくないという気持ちだと思います。

保阪　そうですね。結局、ファンダメンタリストですね。天皇に一体化して、自己存在が天皇の中に入っていく思考や感覚というのは、普通に言えば狂信的ですし、理解できないですよね。だけど日本の天皇制と臣民の間にそういう関係を作り得るという可能性は、基本的にあるんです。

鈴木　その点はやはり、天皇制と他の国の王制と違うところなんでしょうね。磯部のようなファンダメンタリストから見ると、「君側の奸」だけじゃなくて、天皇も誤る。そうなると、問題は「その誤りをどう修正するか？」ということになりますよね。実は、僕が学生の頃もよく、右翼学生は「ザイン[注9]（存在）としての天皇とゾルレン[注10]（当為・あるべき）としての二つの天皇がある」とよく言ったんです。そうすると、天皇のすべてが偉大なのではなく、天皇の理念こそ正しく偉大という考え方が出てくる。よって、ゾルレンとしての天皇のためには、ザインとしての天皇を殺してもいいんだと言うヤツまで現れる。僕はこれは天皇論として全然、ダメだと思っているんです。そんなことを言ったら、めちゃめちゃになるだけで、論理の遊びじゃないかと思いますね。

## 北一輝と戦前の思想

**鈴木**　松本清張が二・二六事件について『昭和史発掘』等で書いていますよね。あの中では北一輝のことも書いていて、北一輝はいろんな恐喝をして、贅沢な暮らしをしていたとも記述していますが、〝もし二・二六事件がなかったら、そのまま政財界の黒幕として生きて、それで終わっただろう。ところが二・二六事件があって、そこで死刑になったからこそああいうふうな伝説的・カリスマ的な存在になった〟という意味のことを書いていました。それは僕も同感で、北は二・二六事件で初めて歴史的存在になったわけで、平時ならばたぶん普通の論客・思想家という存在だけで終わったのかも知れないと思います。

**保阪**　もし、北が戦後も生きていたらどうだったでしょうかねぇ。北が戦後生き残ったら、周りからカリスマ扱いで祭り上げられただろうけど、やっぱり歴史的存在としての彼の役割は昭和の初年代で終わっていると言えるでしょうね。軍人たちにとって、格好の教育役をやってくれる人がいなかったときに、北一輝の本は経典になり得たんでしょうね。例えば〝時代情況への抵抗の思想を持ち得るか?〟という大きなテーマで、当時の日本の左翼の運動を見ても、国家に対して腹が立つ、異議申し立てしたい、国家を倒さなければならないと思ったときに、今ならばいろんな思想があるし選択する余地があるけど、あの頃はめぼしい反体制思想はマルキシズムしかなかった。その思想をもって立ち上がるしかないわけだから、逆に言えば、それは不幸な時代だったと思いますね。マルキシズムしかなければ、政治活動としては共産党に入るしかなくなってしまう。それ以外にもアナキズムはあったものの、仮に社会民主主義的な政治選択がもし現実的なものであれば、戦前の日本にもいろいろな抵抗の形があり得たのでしょうね。一応説得力を持って、それなりの論理を持っているというのはマルキシズムしかないというので、それを摑んで権力とぶつかっていくしかなかったというのは、日本の反体制運動にとっての不幸だったんだと思いますね。その一方、右翼には多様な思想があり、複数の国家改造運動があった。主だったものだけでも北一輝や、農本主義的な橘孝三郎とかいましたし、大川周明の側に立つ者も、国家神道の側に立つ者もいました。しかし、それなのに、その中でどの運動が一番有効性を持ったのかという整理・検証は今日に至るまでまだ十分にはされていないと思います。

**鈴木**　なるほど、そうですね、右翼のほうが思想も運動もいっぱいあったんですね。戦前の歴史について、当事者たちから多く聞いてきたのに、そこまで考えが至らなかったですね。今初めて聞きました。右翼というのは一つのものとしてしか考えていなかったですからね。

**保阪**　戦前の右翼は間違いなく、多様でしたね。いろいろな人物や思想、そして運動がありました。その中でどの思想に最も有効性があったのかという検証は例えば日本軍の評価をめぐって、彼等の間で論争が起これればよかったんですよ、右翼の中で「天皇の軍隊と言いながら、なんだこの有り様は！」「本当にこれで皇軍と言えるのか？」という批判があるべきだったんですよね。二・二六事件の、決起趣意書には明らかに右からの日本軍批判がありますよね。磯部浅一は軍閥批判を書いていますね。二・二六事件の決起将校たちは、ただひたすら行動に渇望してて、坂井直などは直情的に動いているんだけど。磯部は日本軍への自分なりの判断を持っています。

戦前の左翼の不幸と右翼の不幸というのは、その片方の左翼には一つの道しかなかった、もう、片方の右翼にはいくつもの道があったけど、複数の道のりがあることについての精査というか、互いの論争が十分に行われず、それを選択したことの有効性もまた問われていないという悲劇があったと思います。

## 国家改造運動の多様性

保阪　その後の歴史も踏まえて、今まで見てきた国家改造運動の要点を三つにまとめて言ってしまいますと、まず第一に国家改造運動というのは、いずれの運動でもみんな思想を持っていたという事実が挙げられる。「こんな時代、面白くないから、偉いヤツを殺っちゃえ」という鬱憤晴らし的なものではまったくない。その意味で言うと、思想の糾合体として国家改造運動を考える視点を持つことが重要になります。戦後の、いわゆる左翼的な便宜主義の中で木下半治に代表される研究者の右翼論、つまり右翼=暴力団、右翼=テロという一つのイメージで語ることは間違っているということです。国家改造運動を進めた人びとの思想性を一切無視し、「昭和初年代のテロ」と一括化することによって恐怖感だけを社会に与えています。これはある意味で言えば、政治的プロパガンダなのですが、プロパガンダとしては成功しています。だから今でも右翼=暴力団なんていうだけのイメージができていくわけですね。

しかし本当は、国家改造運動にいろいろな思想があったということは、見落としてはいけない歴史的事実です。戦前、日本の国状を嘆きながらも、「でも、マルキシズムだけで世の中が変わるのか？」と悩んだ人たちはいっぱいいたわけですから。日本を憂いて世の中を変えなければいけないと考えて立ち上がろうとしたら、体制変革の思想はマルキシズムしかないという時代に、「俺たちの国の問題を解決するためには我々の父たちが培ってきた、いろんな考え方だってあるじゃないか」という思索の努力が、国家改造運動の思想の中に入っているわけです。農本主義者は、その典型ですね。彼等の行動の基である彼等の思想をまず見なければいけない。

二つ目は、国家改造運動は思想を持っているから、思想と運動の関連性をどう見るかという点が重要です。例えば意図的な研究者は、右翼は即テロだと言う。テロは、良い悪いで言えばもちろん悪いんですが、しかし、そのテロはどの程度、彼等の思想と一体化していたのかも考えていかなければいけない。つまり、「思想とテロは別の問題である」という考えが必要だと思います。例えば、農本主義という思想は、本質的にテロ断行の必然性を持っているかというと……。

**鈴木**　そうではないですね。今まで確認してきたとおり、農本主義はテロとか戦争等、武力行為を必然的に伴うものではまったくないですよね。むしろ生命尊重の平和的な傾向を強く持ちますよね。

**保阪**　ええ、農本主義思想を持つ者ならば、みんなテロを行うということはまったく当たってない。しかし、決行者の中に事実として農本主義者がいた。つまり、テロを行ったということは、そこに別の次元の論理があるということですよね。その点についても、よく見なければいけないというのが僕の二つ目の論点です。

**鈴木** でも橘孝三郎や権藤成卿、井上日召、そういう人たちのところに集まって来た人たちは、考えれば考えるほど、現状を打開するためにはテロしかないとなったんじゃないですか？　その時代状況の中で、ある一つの思想を選び取るということは、そこにはすでに一つの行動への志向も含んでいたという見方もできるのでは？

**保阪** 昭和初期、ある思想の下に集まって来るということは、変革のための行動を渇望する人たちが集まって来ることでもあったでしょう。しかし、何か変えなければいけないと思いながらも、行動については異なる意見を持っていた人も集まっていますよね。実際、決起のときに参加する者と、しない者とに分かれていますし。

**鈴木** 確かにそこは丁寧に考えないといけないですよね。参加しなかった人たちにも真面目な人はいっぱいいたでしょうけど、そういう人の発言や思想は残っていないですからね。

**保阪** ええ、決起を選ばなかった、つまり事件を起こさなかった戦前の右翼の思想はほとんど残っていないですよね。そういった部分は全部、戦後の中で、パージにあっているようなものです。だからこそ、農本主義者や北一輝の思想を身につけた人はみんなテロやクーデターをやるわけではなく、彼等の中でも実力行為に与しなかった人たちもいたことに注意しなくてはいけないと思うのです。残った人たちの中では、違う論理がそこから働くわけですから。

三つ目は、いずれにせよ国家改造運動の思想の根っこは昭和にあるのではなくて、江戸時代からあるということだと思うんです。主に開国してからの幕末、幕藩体制の頃の思想等も昭和史に影響を及ぼしていますよね。昭和十年代に生まれた、軍が主導した国家改造運動や民間人が起こしたクーデター、二・二六事件は失敗しましたが、結局、全部いいとこ取りして、軍の新統制派が東條政権のもとで自らの権力を固めていくわけだけど、彼等には独自の思想はないですね。そのとき新たに生まれた思想というのは、ほとんどないんじゃないかと思う。思想を持たない指導者たちが代わりに何を国民に押しつけたかといったら、ファンダメンタリズムです。天皇の軍隊であるという規定を拡大解釈してゆき、神格化した天皇の下では日本軍は皇軍であり、兵士は皆、神兵であるという教育を国民に施していきます。それは昭和十八年の七月に、教育総監部が出した『皇軍史』という本によく示されています。それは、日本の軍隊は天皇《すめらぎ》の軍であるという領域を超えて、神の軍隊であるという見解です。その説明では神武天皇が皇国を物部等の武将を率いて平定したとき、神武天皇を神とし、武将たちを神軍と云い、そこで戦った兵隊たちは神兵と云う、と述べている。さらに『皇軍史』では、〝江戸時代の侍たち、明治時代の軍隊はなんと不幸だったのだろうか。彼等は忠君を立てるべき対象を主君だとか、機関としての国家であると間違えていた。神軍であり、神兵である者は、天皇という神に仕える、天皇の軍隊なんだ。そして今、私たちはやっとその正道に還ったところで戦争をしているのである〟というのが『皇軍史』の論点なんです。

これは思想でも何でもないんだけど、ここまで言って戦争をやるわけです。そこには昭和の国家改造運動の、どの考えも入っていない。似たものはずいぶん混入していますが、正道とも言うべき思想は引き継いではいないです。だから国家改造運動は大東亜戦争に入った段階で、もう死滅したんだと考えるほうが妥当だと僕は思うのです。

その中でも、死滅させまいとして残した言葉はありました。例えば「東亜の解放」とか、「世界史的な意味の戦争」とかいう視点で、なんとか国家改造運動の思想を継承しようとした人はいました。もちろんそういった人は陸軍や海軍の指導者の中にはいませんが、その代わりに、例えば海軍の教育局長に高木惣吉という人がいたのですが、そういう少数の人びとが、国家改造運動の思想家たちと協力してブレーンをつくったりはしましたが……。結局、あの戦争によって、国家改造運動の思想はひとまず軍事によって敗北したんだということを認めなければいけないと思います。そこから、国家改造運動を担った人びとはどのようにして、戦争の中で自分たちの思想の優位性を保ち生き残らせるかという課題を持ってそれぞれが頑張ったかということになりますが、やっぱりそれは形にならなかった。そして戦争に負けた瞬間に、彼等は責任を負わされた。軍事で負けたことで、その思想的イデオローグとしての責任を負わされるという奇妙な構造を戦後につくってしまったというのが僕の理解です。

## 開戦と開戦詔書の問題点

鈴木　僕は保阪さんの本を読んでいろいろ考えたのは「なぜ国民は戦争に向かったのか？」という点です。それまでも戦争は続いていたし、すでに多くの国民が死んでいましたよね。何度も何度も教訓を得ているはずなのに、なんでそうなるのか？　と不思議です。日米開戦前でも、すでに中国大陸で多くの戦死者が出てましたよね。庶民にとって戦争は大変な負担であり、苦しみでしたよね。

なのになぜそのうえに新しい戦争を支持できるのか？　どんな魅力を感じたのか？

**保阪**　僕は軍人を取材していて、対米英開戦について本当に残念に思うことの一つは、開戦詔書の内容についてなんです。その開戦詔書を書いた軍参謀に石井秋穂というエリート軍人がいたんです。僕は取材の過程で彼と親しくなって、あの開戦詔書について聞いたことがあったんです。「なぜ、あんな形の詔書になってしまったんですか？」と。「十六世紀からの大航海時代を経て植民地支配をしてきた西欧列強の武力に比べると、我々の武力はあまりにも拙劣であるかも知れない。しかし、その後の長年にわたる搾取と略奪の人類史をつくってきた西洋に対して、私たちは力及ばずといえども不当な支配からの解放のため戦いを始めんと決起した」という日本の理想を、なんで入れてくれなかったのか？　と言ったんです。たとえ力及ばず負けてもいいんですよ。戦争ですから勝ち負けがついてしまうことは仕方ない。しかし、その文言を入れれば歴史上にすごい足跡を残したことになる。そうなれば次の世代の者は、日本は何のために戦い、死んだのかということは黙っていても理解できる。その思想には国内のみならず世界中が感動してくれますよ。なのに、どうしてその文言を入れてくれなかったんですか？　と聞いたんです。

彼は軍官僚ですから、答えは簡単明瞭でした。「君、日本にそんな度量があると思うか？」と。「石油がないから戦争したんだよ。そんな度量がある国だったら、もっと違う国になっていたよ。僕らみたいな陸大を出た軍官僚は、思想でアジアを解放するとか、そんなこととてもじゃないけど、これっぽっちも考えない。〈石油をどうするか？　この国が自存自衛するためにはどうするか？〉それしかない。そのための戦争だったんだよ」という答えでしたね。

鈴木　でも大東亜共栄圏を考えた人もいたんですよね。軍の統帥部は戦争の実務を担う部署だから忙しい。だから石油とか実務的なことで、手いっぱいかも知れません。でも、別のところの人はやはり、この戦争の意義や役割について考えていた人もいたと思います。五族協和もそうですけど、大東亜共栄圏もそうですよね。

保阪　むろんいました。しかし権力の中枢にはほとんどいなかった。僕はケチをつけるようだけど、対米開戦の真の理由は、石油の自給自足でしょう。東京会館の社長で三神良三という人が書いた『丸の内夜話』という本があるんです。その人は別に戦争について書くつもりはなくて、あくまでも東京会館の歴史を書いているんだけど、戦時中、東京会館で開かれた大東亜会議のことも書いているんです。大東亜会議のときに、フィリピン、ビルマ、中国、満州、タイ、そしてインドからはチャンドラ・ボースが来ています。日本の軍司令官たちはとにかく出席してくれとその人たちに迫り、半ば強引に出席させたわけです。昭和十八年の十一月初めに会議は開かれるんですが、その前に東京会館でパーティがある。しかしその部屋に入って壁を見るなり、各国の要人たちはみんな下を向いちゃったそうです。その部屋の壁にはアジアの地図があって、日本の占領した地域が全部、色づけされていたんだそうです。例えばビルマの旗が立っている。つまり日本にとってビルマは独立国ではなく、占領地の中の一地域に過ぎないというわけですよ。それを見て、彼等はみんな下を向いてしまったというんです。どうしてこんな無神経なことをやるのか？　もし日本が本当に、大東亜共栄圏建設を目指すのならば、ヨーロッパの宗主国を追い払った後、まず我が身を一回引かなければいけないですよね。それが結局は、我々の資源欲しさで戦争をやるために、美辞麗句として共栄圏を唱えていただけじゃないかという証拠みたいになっているわけです。

そこのところには当時の軍人や政治家、官僚たちの歴史観のなさを責めなければいけないと思う。どうしてこんな無茶苦茶で、無神経なことをやるんだと。一体、アジアの人たちのプライドをどう考えていたのか？　と。彼等の国を、きちっと国境を引いて正式に承認して、日本と肩を並べて大東亜共栄圏の中に一緒にいる、という形にしないといけない。占領地域として地図を一色に塗り潰して、日本の旗を立てていたら、アジア諸国は日本の領土の一角にいるようなものですよね。この本は政治とは何の関係もない、ホテルマンが書いているんですよ。彼が気がついているのに、日本の軍人や官僚はそのことに鈍感ですね。

でも、こういった日本側のふるまいについては、ただ単純に批判するのではなくて、どうしてこういうことをやるのか？　という疑問のほうが僕には大きいんです。先ほど申し上げましたように、僕は石井さんに言ったんですね。「開戦詔書に欧米に対して戦わざるを得ない、アジア・日本としての理念を二行か三行でも良いから入れてくれてたら、欧米が何を言おうと日本はすごい国だと世界から言われますよ。大川周明でもいい、北一輝、橘孝三郎でもいい。そういう人たちの思想の一部を入れたら、それは説得力を持ったと思いますよ。なのに、それが軍の官僚の作文だけで、『今までアメリカにはずっと我慢していたけど、ことここに至っては剣を抜かずばなるまい』という形の開戦詔書を書いてしまったら忠臣蔵じゃないですか」と石井さんに言ったら、苦笑いされたけどね。でも、それは僕が以前から残念に思っていたことで、出会った旧軍の人とはよくこの話題になるんですが、別の機会にある軍人にそのことを言ったら「そういう主張は開戦詔書の中にある」と言うんですね。確かにあるんだけど、しかし、東亜の平和とかの文言が意味するのは、結局「大東亜共栄圏の確立」じゃないですか。それは私が言う解釈にならないんじゃないですか？　と重ねて言ったんですが……。

## なぜ日欧で植民地評価が異なるのか？

**鈴木**　確かに、西洋の東洋制覇への非難や、開戦はやむを得ない事態で開戦は本意ではないというところはありますけど、力及ばずとも我々は戦うんだ、という文言はないですね。まあ、そもそも植民地を持つこと自体が悪いんですが、イギリス等は植民地を支配するうえでも、そのための教育というのを徹底的にやっていますよね。日本では、植民地を持つということは江戸時代にはできなかったし、そういう教育がないにもかかわらず明治になってから急にやろうとした。そういった歴史的経緯が違うこともありますが、やっぱりイギリス等の西洋がアジアに植民地を持つのと、同じアジアの人間が植民地を持つのとは違うんですよ。その程度のことは、僕らだって分かるのに、どうしてあの当時の為政者たちは分からなかったのかなと訝しく思います。

**保阪**　西洋による植民地支配は長い歴史がありました。イギリスはインドで三百年、オランダもインドネシアで三百年とか長い年月、支配を続けていましたが、最初はみんな反対する者を弾圧して、虐殺をしているわけですよね。そしてその後、歴史的推移の中で支配方法がだんだん変わるわけです。植民地の優秀な者を引っ張って来て、宗主国で教育を受けさせる。例えば、オランダではインドネシアの優秀な若者をアムステルダムの大学で学ばせて、その後、植民地に帰して自分の国のナショナリズムとオランダの国益とをうまく調和させる官僚に育てていく。そんな中で徐々に文化的融合も進められていく。今でもその影響は残っていて、例えばサッカーの試合で日本とオランダが対戦したら、インドネシア人の多くはオランダびいきですよ。

以前、インドネシア人と話していて「日本も戦時中、インドネシアを支配したけど、オランダなんか三百年くらい支配していたじゃないか。我々は二年か三年じゃないか」と言ったら、インドネシアの人は、「オランダは確かに三百年間、支配し続けたけど、彼等は教育などの近代制度をいっぱい残していった。日本は、オランダが最初にやったように、反抗する者は殺すという支配をしただけだった。植民地支配の時間の流れで、弾圧の歴史の中から融和的政策が少しずつ増えていったように、三百年もあれば徐々にオランダとの関係が変更していく。最初、宗主国はとにかく弾圧して虐殺するけど、結局、日本はその最初の段階の支配をやったんだ」というふうに言われましたね。日本は一番最後の支配者になったから恨まれるんだという話は、僕はそう思われるのも無理ないなと思いましたね。

**鈴木**　日本の植民地支配については地域によって、だいぶ事情が異なっていますよね。例えば、朝鮮とか台湾の植民地支配時代には、開発とかインフラ整備もずいぶんやったようですけど、東南アジアに対しては戦場でもあったし時間的な余裕もなくて、確かに収奪しかなかったのかも知れません。もちろん、そもそも植民地支配は正当化できないのですが。

**保阪**　台湾、朝鮮の植民地支配に関していえば六十年とか長くやっていますからね、社会資本整備などでは、確かに日本的な良心はかなり発揮していますよ。以前、僕が韓国へ行ったときに、新聞の取材時にそのことを言ったら、「保阪さんは右翼ですか?」と聞かれましてね。そこで僕は「違いますよ。左翼でもないけど、右翼でもない。ただ日本が植民地支配をしたときに投資しているというのは事実ですから、それを指摘しました。しかし、それを恩着せがましく言うつもりはまったくありません」と答えました。植民地支配を肯定するつもりはまったくないけれど、事実は事実ですし……。

### 日欧の歴史に植民地をどう位置づけるのか?

保阪　オランダと日蘭修好四百年記念というシンポジウムが二〇〇九年でしたか、東京であったんです。日本側からは僕を含めて三人、オランダ側も三人出たんです。そのときにオランダのジャーナリストが日本の教科書問題を取り上げて、日本はアジア諸国の侵略の認識も補償もいまだに極めて不十分だという話を始めたのです。それで僕は、「歴史認識が不十分ということも確かにあるし、我々の国の論理には反省すべき点が多い」と発言して、何気なく「オランダの教科書ではインドネシア支配についてはどう扱っているんですか?」と言ったら、答えなかった。しばらくしてもう一度、「先ほどの質問ですけど、どうでしょうか?」と聞いたんです。そうしたら、彼はマイクに乗らないような小さな声で、「書くわけない」とつぶやいているんです。公式に通訳された回答では、「私たちの国にも誤りがあって……」と外交辞令のようなことを言ってましたけど、質問した瞬間に英語でつぶやいた、「書くわけない」というのが彼の本音ですよ。ではなぜ我々の国に対して、自らの植民地支配について真剣に反省していないヨーロッパの人間が、そういうことを言うのか？　端的に言えば、これ自体が思想戦争なんです。ただ、誤解していけないのはこの思想戦争は、勝つか負けるかという問題ではないということです。日本がだらしないのは右から左までの考え方が極端に違うままで、共通の見解を求める努力がなされていないことです。戦後日本が担うべき象徴的で、模範的な一つの答えというものがあると思うんです。それを全然つくろうとしないから、いつまで経っても「ひどいことをしました。すいません」という人と、「そんなことを言ったって、あの時代はしょうがないじゃないか」という人とに分かれたまま、国としての認識が確立できないでいるんです。

**鈴木**　植民地だった国のほうも歴史認識はそんなに直線的なものじゃないようですね。英連邦の例のように旧宗主国と深い関係を持ったままの国もありますし、植民地の人間が宗主国へ行って勉強して、自国に帰って独立運動したという例もずいぶんありますね。インドネシアもそうですし、朝鮮もそうだと思います。

**保阪**　ベトナムのホー・チミンだってそうですね。宗主国に学ぶことはもちろん良い面もありますが、アイデンティティーの問題を考えると、危険な面もあります。台湾の人と話していると、確かに台湾の統治というのは、いろんな意味で日本はかなりいいこともやっているとは思うけど、同時に日本人警察官が異常に威張ったり、そういう日常生活に関係する細かい点で、やはり多くの問題があったと言わざるを得ないですね。霧社事件という大きな事件もあった。それでもその後、入って来た国民党が、二・二八事件等ひどい事件や問題を引き起こしてますから、まだ日本のほうがまともだと言うんです。戦争や軍隊だけでなく、平時の文官の行政態度や警察のふるまいで地元での認識は変わりますよね。ちょっと余談になりますが、今、沖縄に東京などから機動隊が行っていますが、新聞によると沖縄の人たちのデモを排除するやり方は、ちょっと度が過ぎるみたいですね。ひどすぎるということは新聞記者も言っていますね。

**鈴木**　インドシナの人がオランダの支配に功罪を認め、日本の支配には非難しているということについては、分かるような気もしますが、納得できないような気もします。ただ、彼等としても複雑な感情なのでしょう。イギリスがインドでやったことも、非常に惨《むご》いこともたくさんあったと思うんですけど、英連邦ってありますよね。イギリスを中心に旧植民地が仲良くやっている。政治経済での交流だけでなく、英連邦だけのサッカー大会とか、いろんなのやっていますね。あんなこと、よくできるなと思うんですけど。

**保阪**　僕も不思議に思って聞いたら、イギリス人が言ってましたけどね。「我々はインドに恥ずかしい思いをしなければならないのか？　いやむしろ我々が彼等にヨーロッパの文化を教え、いろいろな近代的な科学や思想を教えたんだ」と。イギリス人は自分を植民地の教育者だと思っている。

**鈴木**　オランダと同じで、イギリスの意見も開き直りみたいに感じますよね。インドに失礼だし。それに、もしそんなイギリス人の言い分を認めてしまえば、日本だって植民地や支配下に置いた国々にいろいろ教えたということになるじゃないですか？

**保阪**　日本は一番最後に来た国で、植民地支配の初期の段階で暴力も一体化状態のまま、その先の施政がなかった。「暴力をふるったのは確かだけど、日本だって植民地に近代というものを教えた」というふうなことは言えますよ。しかし教え方というのもあると思うんです。日本は近代を教えたけど、その教え方が近代的じゃない。例えば、軍事的に支配した国の中にすぐに神社をつくるなんて平気でやるわけです。彼等の信仰とは関係ないのに、神社の前を通るときに礼をしないと怒鳴ったり、ひどいときにはぶん殴ったりするわけです。やはり、そういうことをやっちゃいかんわけですね。

昭和天皇は植民地から神社を建てるという書類が上がってくると、積み重なった一番上の書類をもう一度、一番下に戻したと侍従たちは証言しています。天皇のもとには必ず「満州国で神社を建てますのでお認め下さい」という書類が来るんですよ。でも、天皇はそれには決して判を押さないで、書類の山の下に戻した。逆に言えば、天皇のほうが植民地になった国の人びとの気持ちをよく理解しているわけですよ。

**鈴木**　今もそうじゃないですか。天皇の退位へのお気持ちの表明などもそうですが、大きな視野でものごとをお考えですよね。

**保阪**　私たちの国が増上慢になった理由というのは、近代をとにかく大急ぎで、思想なき駆け足でやって来て、何の準備も思慮もなく、ただ軍事的に獲得できたから植民地支配を始めたというふうに、思想もないまま、拡大ばかり目指した結果だと思いますね。

**鈴木**　日露戦争の頃までの日本は、「植民地にされないよう頑張れ。西欧列強に追いつけ。不平等条約を改正しよう」と懸命だったと思います。日本が植民地を持つなんてことは考えてもみなかったでしょう。それが日露戦争で勝ったことで、一等国になったと思い上がって、「列強に追いつけ」が、「列強を追い越せ」に変わった。そして今度は自分たちがアジアの国々の人たちを侵略する側に回ってしまった。でも、そこでアジア史は新しい体験をすることになったんですね。さっき言ったように、アジアの人にとって西洋人に統治されるのと、同じアジア人の日本人に統治されるのとでは、まったく違いますからね。

**保阪**　日本のアジア支配の誤りについて本多勝一氏が書いていることがあって、僕はこの部分だけは賛成しますけど、日本軍が例えばマニラなどに入ったとしますね。そのときは日本軍が黙っていても、フィリピンの民衆はみんな喜んで日章旗を振ったわけです。というのは、マニラに入っていったその瞬間は、日本軍は確かにフィリピンを解放したからです。アメリカを追い払い、イギリスを追っ払い植民地に解放をもたらしたわけですから、マニラの人びとは感動したわけです。その後、もし日本が本当にこの解放を実質化していれば、我々の国はすごい国だったと思う。それなのに逆に、今度は自分たちが支配者になってしまって、マニラの人びとに「言うことをきけ」という態度を取ってしまった。

もし、そのような態度を取らないで、植民地を解放した後、一歩下がって、「あなたたちの国の独立を承認し、尊重します。我々は軍を駐屯させてもらいますけど、それは共に貴国を防衛するためであり、貴国の主権は尊重します。そのためにも我々の国と友好条約を結びましょう」という姿勢を示していたら、日本は本当にすごい国になっていたと思います。

**鈴木**　なぜそれができなかったのかが気になりますね。戦争中なので軍事的事情がそれを許さなかったというのなら分かりますが、そもそもその発想を持っていたんでしょうか？　当時の日本には軍にも官庁にも超エリートがいっぱいいたんだから、そのくらい考える人がいたでしょう？

保阪　違うんですよ。エリートだから考えなかったんです。何人も官僚と話して分かったのですが、官僚というのは与えられた選択肢のことしか考えないんです。例えば、行く手で道が二つに分かれていたとすれば、そのどちらかに行くことしか考えない。もっと別の、第三の道を考えなければいけないという考え方はしない。なぜなら、彼等は与えられた課題の枠内での正解を導き出すという勉強の優等生だから、独自の発想を創り出すことに必ずしも優れているわけではないんですね。

鈴木　権藤成卿や橘孝三郎のような独自の思想を持っていることは望むべくもないでしょうが、官僚の中にはアジア主義者もいなかったということですか？

保阪　そう、官僚は頭がいいから。国家主義運動の中に入っていった官僚はほとんどいないですよね。自分の身を考えたらまずは決して入らないでしょう。今だってそうだと思いますよ。

鈴木　でも、アジア主義とか、国家改造運動とはどういうものであるかということについては、知っていることは知っていたんですよね？

保阪　ええ、彼等は知っていました。でも、それが彼等が想定する「国益」にかなうとは思わない。僕は官僚を大勢知っているというわけではないのですが、それでも何人か取材していつも思うことは、官僚に期待しちゃ駄目だということです。官僚は所詮、官僚で、ほとんどの官僚はたいてい自分のことしか考えていない。彼等は「国益」という言葉を口にはしますが、国家のことなんて本当は考えていないと思いますよ。

鈴木　文官がダメだったとしても、軍人にだってエリートはいっぱいいたでしょう？　もともと血盟団事件、五・一五事件、二・二六事件など国家改造運動に関与する軍人はいましたよね。軍の中では、国家について考える人は多かったんじゃないですか?

**保阪**　しかし、軍の権力構造の中枢に昇りつめた軍人は、逆にものを考えない軍人ばかりでした。昭和十年代には軍人の中にも、思想をしっかり持ち、自制的、かつ理性的な人は何人もいました。しかし、そういう人たちは皆、省部から追われ閑職に飛ばされてしまい、東條みたいにものを考えないで精神主義的で、強気一辺倒という軍人しか中枢に残れない組織になっていたんです。

**鈴木**　うーん、残念ですけど分かります。強硬論や勇ましいだけの意見を言う者が組織内では認められるというのは、よくあることですよね。本当は客観的で冷静な思考が必要な組織ほど、逆に強硬論が褒めそやされる。「現実をよく見ろ」と言うと、「敗北主義者だ」とか「腰抜け」とか言われる。それで道を間違えてしまうんですね。

**保阪**　日本軍はまさにその典型で、そのために多くの人間を死なせてしまった。だから僕は怒っているんです。例えば、山内正文という人がいました。アメリカの駐在武官を務めた軍人です。滋賀県彦根出身で、昭和十三年頃にアメリカの駐在武官をやり、そのときに日本とアメリカの克明な比較資料をつくったうえで戦争をやっちゃいけないと訴えた軍人です。正確なデータを基に、アメリカには軍事的には勝てないことを明らかにしています。だから日本は戦争ではなくて、ほかの形でアメリカと交渉しなければいけないという、まっとうな、そして勇気ある電報を送ったんです。それで、彼はどう評価されたのか?「弱虫だ」と言われて更迭ですよ。戦時中、山内正文はインパールの師団長もやって、司令官の牟田口廉也の言うことに疑問を呈していますが、それはともかくとして、正確な情報分析と判断で、適確な方針を示唆した山内を待っていたのは「アメリカかぶれ」

という軍内での非難と侮辱だったんです。そういう理性的で良識派の軍人も存在していたんです。でも、そういう軍人は権力の中枢には行けないという日本軍の組織原理が問題なのです。

**鈴木** 今のお話を聞いて、やはり軍も官僚も政治家も体制内に身を置く人は、どうしても限界があると思いました。だからこそ、本当に国のことを思って、自分の体をぶつけて行動した民間人が決起したのでしょう。国家改造運動には思い込みとか誤りはあったかも知れませんが、当時、本当に国を思っていたのは、「右翼」と言われた人たちだったのではないかと思いたいですね。彼等は優秀な思想家であり、学者でもありましたね。民間の右翼の人たちも、やはり今とは違いますよね。日清・日露戦の勝利で一等国になったはずなのに、国内に貧困問題や格差問題があることに対して本気になって怒っていたのは、一部はマルクス主義の人でしたが、同時に「右翼」と言われていた人たちもそうだったんです。テロ行為は肯定はしませんが、当時の彼等の想いというのは、尊いものであったのだと思います。

## 「右翼」という概念

**保阪** まず「右翼」という概念を日本は変えなければいけないですね。僕は別に左翼でも右翼でもありませんが、強いて考えれば、僕が教育を受けた戦後の環境の中で左翼的なシンパシーを持ったところは、確かにあるかも知れない。しかし、その僕が見ても「右翼」という言葉によって、私たちの見方がかなり狭まっているということは言えると思います。それは、日本人の単純さが作用している部分もあるんだと思いますけど。

真剣に国家改造運動をやった人たちは、太平洋戦争・大東亜戦争に、半分は共鳴したかも知れないけど、それでも残り半分はやはり批判的だったと思いますよ。戦争が始まってしまったのだから、仕方ないと自分を無理に納得させようとした人もいたと思います。彼等にしても、「本当は軍の思想とは違うのだけど、対米戦という選択をしてしまったらしょうがない。この時代に生きている以上、我々はそれに責任を負わなければいけない」と思って政策に協力したわけで、決して喜んでニコニコ協力したわけではないですから。

〝思想に生きる〟ことと〝時代に生きる〟ことは異なる意味を持ちますよね。その選択の仕方にこそ、その人の価値観や個性が出るものなのですが、日本では多くの場合は、〝時代に生きる〟という形になるのかなと思います。

**鈴木**　昭和十六年に国家改造運動の思想が死滅したというのはある意味、残念なことでしたね。今、日本は大きな戦争をしており、国内で議論を尽くしている場合ではないという判断の下、目の前の敵と戦うことに集中して、考えることを一時的に休んでしまった。まさにそこが、戦前の国家改造運動にとって致命的な分かれ目になってしまったということでしょうか?

**保阪**　結局、戦争というのは、人の思想の真ん中に国家の存亡という軸を据えちゃうんですよね。しかし、戦時下こそ、国家の存亡という軸を意識の中心に据えるのではなく、戦争は政治の延長だという軸を据えるべきだったと僕は思いますね。戦争を一種の政治行為と考えれば、戦争といえどもそこにはやはり「ほどほど」というのがあるわけです。政治の決着を軍事でつけるとするならば、お互い死滅するまで続けるのは手段と目的の転倒ですよね。だけど戦争を一回、選択したら、日本では国家の存亡の際まで行ってしまった。これは軍事が政治を支配した昭和十年代の日本の最大の欠陥だと思う。しかも、その軍事は思想がなかった。だから僕はあの戦争については、本当に怖いと思う。

戦後は戦前・戦中の一切の思想を批判するときに、右翼が暴力をふるった、右翼の考えが日本を戦争に引きずり込んだ、テロで議会政治を麻痺させたと十把一絡げにされてしまった。本当は丁寧に歴史を検証する冷静さが必要だったんです。

『資本論』が一番売れるのは日本だと聞いたことがあるけど、僕はマルキシズムにあまり興味がないんです。学生の頃、みんな『資本論』について話すから、その一部を読んでみたんですけど、なんとも解せないのは、マルキシズムは本当に世界の被圧迫民族・労働者階級を救う思想かという点です。僕はそれは違うだろうと言いたいとずっと思っていたし、今も思っています。マルキシズムは支配の手段としての哲学・思想です。もし〝支配の思想〟に、資本による支配と思想による支配の二とおりがあるとすれば、どっちが悪質かと言ったら資本による支配のほうがまだ分かりやすい。思想による支配は、人間の全存在を抹殺しようとするから怖いですよ。僕が「右翼、頑張れ」なんて言ったら、何を言っているのかと言われるでしょうけど、かつては「右翼」と見なされていた国家改造運動の理論というものは、実はそれだけの生命力を持っているものであって、単純に右翼とか左翼とかの概念で片付けられるものじゃないんだと理解しなければいけないと思いますね。

思想と行動

鈴木　国家改造の志や、考え方の基本というのは決して過去の歴史的なものではなくて、まだその芯の部分は生き続けているということですよね。「日本暗殺秘録」という映画がありましたけど、あれを見ると、右翼の歴史はどうしても人殺しの歴史というイメージになるし、事実、そういった流血事件はたくさんありましたよね。では、人を殺さなかったら右翼の思想は継続しないのかと思われるかも知れないけど、そうじゃないんですよね。テロはしなくとも、自分たちの思想を社会に定着させる、そして次の世代へ継続させていく術はあるだろうと思います。右翼とテロは必ず繋がっているとは思いませんし、テロなき右翼思想は可能だと僕は思っています。思想はどんなものであっても単純な一枚岩なんかじゃなくて、いろんな要素や影響を受けているものだと思います。人間そのものが多様な面を持つ複合体ですよね。例えば、僕が大学生のときには筑摩書房なんかから、日本の思想全集が出ていました。最初、僕はその中から自分の気分のいい本ばかり読んでいたんです。でもせっかく同じ全集の中にあるんだからと思って、あまり興味もなかったマルクス主義とか平和主義とか全部読んで、とても勉強になりました。当時は運動でもいろんなものがありましたよね。ところが今は、自分には興味がなかったり、反感を持っていたり、あるいは全然知らない思想や運動に触れる機会って本当に少なくなっていますよね。今は保守派で愛国主義の立場だと強気で大声で話せるけど、それ以外はみんな、「反日」だとか「売国奴」とか決めつけられてほとんど犯罪者扱いです。左翼とかアナキストとか言ったって威力も勢力もないですしね。それぞれの思想がライバルも対話相手もいない。そういう意味で非常に悲しい時代だなと思いますね。

こんな時代だからこそ、思想と運動の関係をどう見るのかという点はすごく難しくなっていますよね。例えば、農本主義というのは、そもそも必然的にテロを内包しているものではなかったはずだという点は重要だと思います。なのに、なぜ愛郷塾からテロを志す者が出て来たのか？　同じ運動をしている同志が決然と立ったら、思想は関係なく、「仲間が起ったのだから、自分が続かないのは卑怯じゃないのか」と思うんでしょうね。「あいつが命を懸けて戦うのに、自分がおめおめと生きているなんて申し訳ない」となるのだろうなと思います。戦後の政治運動でもずいぶんありましたよね。葦津珍彦さんが〝永遠の維新者〟と言った西郷隆盛だってそうでしょ。それを後の時代に生きる我々が歴史として見るときは、きちんと教訓化しなくてはいけないんだけど、みんな、一〇〇パーセント賛成するか、逆に一〇〇パーセント反対するか両極論に分かれてしまうばかりで、真剣に勉強することはないですよね。

**保阪**　大きな思想を掲げて、「そのためにお前は死ねるか」と迫るときに、ある陶酔が生まれるんですね。それは僕も分かるんです。そのときに、陶酔に入っていける者と、入っていけない者に分かれますが、僕は入っていけないタイプなんです。でも、戦争とか革命の場面ではより強い陶酔があるんだということはよく分かります。

僕の大学生の頃の経験で、まだ覚えていることがあるんです。昭和三十五年四月二十六日に国労がストライキをやるというので、それをブント[注11]が支援に行くことになったんです。知人に一緒に行かないかと言われて僕も行ったんです。梅小路駅で国労は一時間の時限ストをやったら、府学連の連中は時限ストじゃなくて終日ストで戦うんだとかって言うわけ。僕たちも、そうだ、そうだとか言って座り込んだ。そうしたら国労の幹部が来て、「学生が何を言うか！　俺たちが時限ストをやるためにどれだけの根まわしと調整をしてきたと思ってるんだ！」とか言うんです。鉄道の貨車のところに座り込んでいたら、警察官に引っ張り出されるのなら分かるんですけど、国労の組合員に引っ張り出されていくわけ。引っ張り出されたうえに、蹴っ飛ばされたり、殴られたりしたんです。僕はそのときに、「こいつら、一生恨んでやるぞ」と思ったのね。何年か経って、同じくストライキ支援に行っていた京大の学生が、自分はあのときにものすごいショックを受けたという文をある雑誌に書いているのを読みました。警察官に蹴っ飛ばされるならいい。だけど国労のヤツらにリンチまがいのことをされたことは、絶対に許せないと書いているのを読んだんです。「彼も、あの経験で運動から離れたんだな」と思いましたね。

あの頃から、革命という名の下であらゆることを正論化して、それを、まだ何も知らない十九、二十歳の学生に強要する空気が、僕はものすごく嫌だった。鈴木さんも嫌でしょ？

**鈴木**　ええ。でも、なんか逆らえないですね。たぶん、「お前は真剣なのか？」ということを言うために、「この運動のために死ねるのか？」と言うんでしょうね。それは右とか左に関係なく、それが日本人なんですかね？

**保阪**　たぶんね、忠臣蔵のときもグラグラ動揺しているように見えるヤツに、そうやって言ったと思いますね。「お前には死ぬ覚悟があるのか！」と迫ったんでしょうね。江戸時代だってお家騒動とかいろいろなことがあったし、明治時代も日清戦争、日露戦争でも兵隊に、「お前たちはここで死ねるか！」とやったと思いますね。それがいつの時代でも繰り返されているのはどういうことかと言うと、実は我々は心理的にそういうのを求めているんですよ。

**鈴木** うーむ、それはあるかも知れませんね。

**保阪** むしろそれがない時代というほうが不幸なのかもしれない。今、そういった会話は日本ではあまりないですよね。オウム真理教事件のときも、たぶん教団の中でそんなやりとりがあったと思います。「尊師のためにお前は死ねるのか!」とかやったんだと思いますね。そういうことは世界中どこでもあると思うんです。アメリカとかイギリスとか個別の事例は知りませんけど、日本人のほうが好きであることは間違いないと思いますね。

**鈴木** それが戦争になっちゃうと、いったん始めたものは収まりがつかないとか、体面のために大勢の人を巻き込んでしまうんですよね。何かの本を読んでいたら、軍人がこんなことを言っていましたね。「立ち小便と同じで、始めたら途中でやめることはできないんだ」と。そんな下品な譬えをするような軍人が戦争をやったのかと思って、ちょっとがっくりきましたね。

**保阪** でもやっぱり、軍人はそれが本心だと思いますよ。だから政治がコントロールしなくちゃいけないんです。なのに、日本では対米開戦前、すでに政治は死んでいたわけですから。政治はなぜ死んでしまったのかというのも大問題ですけど、少なくとも昭和に入ってから急に政治が力を失ったわけではないですね。

## 東條英機はなぜ首相になったのか？

鈴木　国家改造運動には民間の人間も軍人もいましたし、一部、革新官僚と言われた人たちもいましたよね。東條ももともとは薩長支配の軍を変えようとする陸軍の改革派だったんですよね。それでも東條には改革派としての印象はなく、昔は右翼にもあまり人気はなかったと思いますが、そのぶん無視されやすくて、そのためあまり知られていない部分も多いですよね。そもそも彼はなんで軍人になったんですか？

保阪　父親が軍人なんですね。東條の親父東條英教《ひでのり》は明治維新のときに南部藩から東京に出て来て、教導団という下級将校を育てる学校に入っています。この学校は陸軍士官学校とは別の学校です。英教は優秀だったそうで、すぐに西南戦争で九州の小倉の連隊に行って兵を指揮して武勲をたてています。その後も英教は戦史や戦記をよく読み、勉強を重ね、その結果明治十五年に第一期生の陸軍大学生七人が選ばれるのですが、そのうちの一人になっています。陸大でもものすごくよく勉強した。三年後に卒業するとき、七人のうちの一番の成績でした。だから東條英教は陸軍大学第一期生の首席卒業という、日本陸軍が続く限り最大の栄誉を持っていたんです。東條英機はその息子なんです。東條はそこまではできはよくなかったんだけど、そのおかげ、経歴がものをいった面はあったんじゃないかと思います。

鈴木　東條は政府と軍の両方のリーダーにまでなっていますが、司令官としては不適切な面があったとも言いますよね。なぜ、あんな人格ができたのか？　自分の父親が陸大一期生のトップだったのに出世を極められなかったことで、薩長閥を恨んだと思います。自分自身が軍人になった後では、兄貴分だと思っていた永田鉄山が陸軍の派閥抗争で殺されてしまった。そんなつらい体験があって、彼が屈折してしまう要因が陸軍の側にもあったんじゃないかとも思います。

**保阪**　東條はリーダーには向いていないですね。まず、彼には想像力がない。それから、物事を大局的に摑む目がない。具体的な知識を咀嚼して第三者に伝える能力もなかった。言ってみれば、彼はいつまでも「クラスの優等生」なんです。確かに努力家ではあります。いつでも試験勉強を一所懸命やっていい点を取る。陸大に入るときにも相当勉強しなきゃならないんだけど、後に僕が取材で東條の奥さんのカツ夫人に聞いた証言では陸大受験のための必要な学習時間をあらかじめ計算していたそうです。そこから毎日のスケジュールを決めて、一センチ四方の方眼紙に、陸軍史、戦術とか科目を書いて、一枡が一時間として、一時間学習すると枡目を一つずつ潰していった。終生そういう性格だったようです。晩酌でもいつも、盃に書かれた「酔心」の心の字のはねあがりのところまで酒をついで、深酒にならないように必ずそこで飲むのをやめるとかね。日常生活を細かく管理していたんですね。

**鈴木**　ものすごく几帳面なんですね。それは長所ではあるんですが、そういった性格の人は軍人に向いてないんじゃないですか？

**保阪**　僕もそう感じますね。他にもいろいろな点もありますが東條は軍人に向いてない。もっとはっきり言うと、軍人になっちゃいけないタイプの人間です。東條は陸大を出てすぐに陸軍省副官という役職に就くのですが、当時、陸軍省には建軍以来の関係法規、内規、慣例を書き込んだ二十センチぐらいのぶ厚い本があったんです。例えば上官のお母さんが死んだときは、香典はいくら出すか、生活も職務も十七項目に分類して全部書いてある書類綴じで、『成規類集』といいました。敬礼のときは右手の指を親指のどこに当てるとか、立法化するほどのことではないけど決めておかねばいけないことですね。東條は何とそれをほとんど暗記している。東條はそれをタテにとって文官相手に交渉するときも、いちいち「それについては『成規類集』の何章の何条に書いてある。だから私の意見は正しい」とか言うんですね。そりゃ嫌われるわけです。東條は本質的には軍人というよりも、役所の小官僚ということですね。

**鈴木**　大西巨人の『神聖喜劇』に出てくるようなことですね。確かに身近にいたらタイヘンですよね。融通の利かない杓子定規な官僚だったんでしょうね。だけど、逆にそんなところを見込まれて、暴走する軍を手なずけて戦争を阻止できると思って首相に指名されたんですよね？

**保阪**　それが不思議でね。その東條は、首相のときにこういう主旨の演説を議会でしているんです。「畢竟、戦争とは精神力の勝負である。勝つと思ったら勝つ。負けると思ったら負ける。六分四分で負けると思っているときは、五分五分なんだ」と。これでよく首相が務まるなと思いますし、これを黙って聞いている議会もひどいですよね。東條のこの理屈をよく考えたら、日本はまったく負けないということです。主体的には絶対に負けを認めないわけだから。どんなにぶん殴られたって、蹴られたって、まいったと言わないわけだから、主観的には負けていないことになる。一切の降伏を拒否して、その結果、死んでしまっても本人は死んでいるから負けたと分からない。もはや戦争でも何でもないですよね。自分が出した「戦陣訓」を日本全体に強制して滅んでも構わないということです。私たちはこれを批判していかないといけないですよね。議会で質問されたときの答弁で「戦時立法は、戦争が終わったら自然に制限が終わるわけですが、それでは戦争が終わるということは具体的にはどういうことですか？」と聞かれて、東條は平然と戦争が終わるとは、平和がよみがえったときですと答えるんですね。まったく答えになっていない。そこでさらに、その平和とは、法的にどういうことをいうんですかと聞かれて、彼は、戦争の必要がなくなったときです、と答えています。昭和十六年十二月十五日です。さすがに見かねた委員長が、法的に答弁するようにと注意をしても東條は答えられないし、そもそも自分の答えの何がひどいのかを理解できない。そこで結局、法制局長官が出てきて、講和条約を結び、休戦条約が成立してそれで戦争行為が停止したときだと助け船を出してもらっている。国家のリーダーとしての能力が欠けているわけです。言いたくないけど、今の安倍首相もそれに近いんじゃないのかな。安倍さん、自分のことを行政府の長だと言うのはかまわないけど、何を思ったのか自分は立法府の長だと言った[注12]でしょ。これが首相の発言かと思うと、信じられないですよね。中学生の社会科でもそのへんのことは勉強するんじゃないのと？　言いたいけど、東條もそのレベルですよ。

**鈴木**　そういった点も、やはりこれはもう『神聖喜劇』の世界ですよね。権力を持って、真面目なことを言えば言うほど、なんかとんちんかんになっていく。もちろん東條みたいな人ばかりじゃなく、昔の陸軍にもちゃんとした人はいっぱいいたんですよね。なのに昭和十年代には、そういう人間がまったく出世できない組織になってしまったんですね。それが昭和陸軍の問題点だったと思います。

でも、もし軍のリーダーが石原莞爾だったら、もっとよかったんじゃないですか?

## 石原莞爾という謎

**保阪** 石原莞爾は東條に陸軍を追い出されたけど、もし石原だったら海千山千の性格だし、面白かったでしょうね。戦後、東京裁判の山形への出張法廷で証人として判事団から尋問を受けたときに、「あなたは東條と思想的に対立していたそうじゃないですか?」と聞かれて、「そんなことない。私には思想はあるが、東條には思想なんかない。だから対立しようがない」と答えたという話も有名ですよね。

**鈴木** 本当に面白い人物ですよね。でも思想家としてでなく、軍人としてはどんな男なんでしょうか? 彼だったら戦争は止められたんですか?

**保阪** いえ、彼がリーダーでもやっぱり戦争をやったと思います。戦争はやるでしょうけど、しかしあそこまでひどい戦争はやらないでしょうね。もっと政治的手段も講じて、蔣介石と話をつけるとか、いろんな手を使ったと思いますね。

**鈴木** そうか。彼のことだから、持論の最終戦争も想定して、最後までやるのかと思っていました。

**保阪** いや、彼は昭和二十四年の八月十五日に死ぬんですが、昭和二十年八月十五日からの四年間にいろいろ恐るべきことを言ってます。何と、「昔、私は若気の至りで〈世界最終戦論〉[注13]などという傲岸な理論を言ったけど、反省する」とまで言っていますからね。

**鈴木** えっ⁉ そうですか。それはすごいですね。敗戦は多くの右翼にとってこの上もないショックでしたけど、そこまで根本的に自分の思想を総点検するのは大変な勇気ですよね。

**保阪**　しかも、こんなことも言っている。日本にとっては確かにこの新憲法は納得できない。しかし、ここまでアメリカが言うのなら、それを逆手にとって、これからの日本は道義国家として世界最強の国家になってやろうじゃないかと。今の憲法について石原はそこまで考えているんですね。石原莞爾が戦後に散発的に語った言葉は、まだ一般には公表されていないものも多いんです。石原莞爾の周辺にいた人たちが、講演とかで話したことをまとめた書があります。僕が思うに、日本人には石原莞爾の評伝を書けるかという課題が残されている。それは昭和史を検証していく次の世代の、最大の宿題だと思います。評伝はすでに七〜八冊あるけど、まだ決定版はないと思います。というのは、評伝を登山道に譬《たと》えると、東條英機の評伝を書くならば軍人という道一本だけ書けばいいんですよ。しかし、石原莞爾の場合はそのルートは七つも八つもあるんです。東亜連盟、軍人、日蓮宗、それから世界最終戦総論など多数ありますが、今出ている石原の評伝はそのうちの一本のルートのみから登っていって書いた本しかないんです。全体を押さえて書かれた評伝はまだないですね。

**鈴木**　石原莞爾ファンは右翼の人には多いですね。でも、先ほどの戦後における新憲法肯定論など、石原の全体像を押さえて理解している人は多くないと思います。彼を取りまく人脈も多様ですしね。興味を持って勉強しても、どうしても一面的になってしまう。彼の評伝では、東亜連盟から見たものもありますよね。

**保阪**　東亜連盟の筋から書かれた本もあるし、評論家の福田和也氏が書いたものもありますね。彼はとても巧みな手法で、譬えるといきなりヘリコプターで山頂に行っちゃうんです。その山頂から道を見極めて、巧みに登り下りする感じですね。彼はやっぱり才人だなと思います。

僕は、この七～八本の全ルートに挑戦しようと思って石原莞爾の秘書とずっと付き合いがあったんです。その秘書の方は、東亜連盟の木村武雄氏とは不仲だったんですが、石原人脈ってみんなこうなんです。つまりこの「石原山」を登ろうとすると、すべての登り口同士がみんな仲が悪い。

石原には六郎という弟がいる。彼も莞爾の評伝には不満を持っていると聞いています。

**鈴木** なるほど、そういえば石原は家族関係から見ると、どうだったんでしょうかね？ 兄弟が多かったとは聞きますが、彼には子どもはいないんですか？

**保阪** いませんね。石原莞爾は青年期の将校のとき馬から落ちて、身につけていた短剣が膀胱に刺さって膀胱炎を起こして、子どもができなくなったと言われています。

石原莞爾は、山形の警察官の子どもなんです。石原は秀才なんだけど、不思議な人物で、父親が大嫌いなんです。これは石原の秘書から聞いた話なのですが、当時、警察官僚はまだ薩摩閥の鹿児島出身者が主流で、上司にも鹿児島県人が多かった。そこで石原の父親は山形出身なのに鹿児島弁なんかも多少、使ったようです。それに石原は反発した。なんで山形の人間が薩摩の鹿児島弁なんか使っているんだと怒り、そういう親父が大嫌いになったそうです。そういった性格に加えて、何よりも彼は変わり者でした。石原は幼年期から秀才ではありました。しかし、小学校のときに絵を描いてこいという課題に対して、みんな花の絵を描いてきたのに、彼は自分の性器を描くんですよ、小学生で。小さいときから、そういう人間でしたね。そんな石原を迎え入れた軍も大変で、優秀なのでやはり陸大に進むのですが、当時、陸大で一番の成績を取った生徒は天皇の前で講演することになっていたんです。石原は成績は一番なんだけど、何せとんでもない変人なので天皇の前で何を言うから分からない。だから、二番にされたという話まであります。

そんな軍人ですから、エピソードに事欠かない。陸軍時代の彼の部下だった人の間では神話化されています。「中国の戦場では、将軍は壁を一人で登って行った。中国人が何発も鉄砲を撃つけど、一発も将軍に当たらなかった」と言いますが、もちろんそんなことあり得ませんよ。でも、そういう神秘的な話がいっぱい残っているんです。

**鈴木**　本当に東條英機とは好対照な人物ですよね。枡目を塗り潰しながら勉強する東條と破天荒な石原じゃウマが合うわけないですよね。さっき東京裁判出張法廷の話が出ましたが、そもそも石原は占領軍が来たときに、自分を裁けと言ったという話も聞いたことがあります。

**保阪**　そうそう。「そもそもお前らに日本を裁く資格などない。ペリーが来航したときからの史実を裁判すべきだ。自分は今度の戦争のための被告になるから、その次にペリー来航以降の歴史について、お前らを裁いてやる」と言うんですね。そんな大言壮語する代わりに、彼の東亜連盟というのは一つの思想を持っているんですよね。

世界最終戦総論を実現するために中国と日本は手を結ばなければいけない。それはアメリカと戦うためのであると言うんです。そのとき主導権を握るのはもちろん日本ですが、その日米戦のため中国は膨大な兵站地なんですよ。つまり最終的には、石原莞爾は中国の人に対しては、やっぱりちょっと下に見ているんです。

故人も含めて今、誰に一番会いたいかともし聞かれたら、僕は石原莞爾に会いたいですね。橘さんにもう一回会いたいけど、石原莞爾にも会いたい。「あなた、本当は何を考えていたんですか？」と聞いてみたいですね。

鈴木　石原莞爾というと、どうしても関東軍参謀時代の柳条湖事件などの満州事変を起こした人物として、とかく批判されますよね。その一方でいまだに多くのファンがいることも確かですが、陸軍の中ではむしろ孤立していた人じゃないですか？

保阪　石原莞爾の流れを汲む人は誰かと考えますと、東亜連盟とかそういうところには繋がる軍人がいます。陸軍の中で探しますと、例えば今田新太郎とか、堀場一雄とか私淑している人たちが、日中戦争のときに参謀本部第二〇班というところに集まっていたんです。秩父宮も陸軍将校の一人としてそこにいたんですけどね。それが後にみんな、このセクションから離れたいと言ってバラバラになっていきます。石原の思想は完全に東條や梅津たちから離れていて、もう石原の作戦や構想が採用される見込みはなくなっていくんですね。石原の思想というのは、究極にはアメリカと戦うための世界最終戦総論ですからね。彼にとって中国はそのための兵站の地域ということになる。当時の陸軍の主流の考え方ではないのですが、逆に言えば、それだけの思想を理解できる軍人はいなかったということでしょう。

鈴木　良し悪しは別にして、軍事思想・軍事学を持つ重要性を理解する人が少なかったということなんでしょうね。軍隊の中ですら石原はその軍事思想のためでなく、個性のせいで嫌われ、孤立してしまったんですから。日本では軍事学が重視されていなかったという表れの一つでしょう。

保阪　今の日本だってそうだと思いますね。田母神さんなんかが出てくるようでは駄目だと思うんですよ。だって論理も筋道もないものね。

**鈴木** 面白い人ですけどね。

**保阪** もっときちっと冴えた人いますよ。僕は自衛隊の人とも話しているから、それが分かるんですけど。

**鈴木** 田母神俊雄さんは福島県郡山の人ですね。僕が郡山生まれだと言ったら、同じだねと言って、自分の家には先祖代々の家訓があるんだと言うので、どんな家訓か聞いたら、「酒と女は二合まで」とか、面白いんですよ、あの人は。一九七〇年の三島事件のとき、田母神さんは防衛大学校に在籍中だったんです。それで「三島事件の影響で右傾化したんですか?」と聞いたら、まったく影響なかったと言うんですね。考えてみたら、防衛大学校や自衛隊の人は徹底的に外からの影響を排除する教育をしているでしょ。だったら当日、何していたんですか? と聞いたら、「渋谷に行って落語を聞いていた」と。(笑)

**保阪** 確かに、彼はそういうキャラクターありますね。

**鈴木** かなり後になってから渡部昇一の本を読んで右傾化したとのことでした。だからあの人の思想の大本は、三島じゃなくて、渡部昇一なんです。憂国じゃなくて、愛国なんですね。「自分は戦争は反対、ゴルフだってやりたい」と言ってました。そういう意味じゃ面白い人なんです。

**保阪** でも一軍を率いるのは大丈夫なんでしょうかね?

**鈴木** それはないでしょう、戦争に反対でしょ、きっと。

## 戦争の呼称がなぜ決められないのか？

保阪　二十年前頃、東京のある区の市民講座で日中戦争について講演したことがあるんです。そのとき手を挙げた質問者が、「保阪さんはあの戦争のことを〝日中戦争〟と言うが、あれは〝対中侵略戦争〟というのが筋じゃないですか？」と言う。なぜ僕は「日中戦争」と言うか説明しようとしたら、もう一人、別に手を挙げた人がいて、「なぜ〝支那事変〟と言わないんですか？〝日中戦争〟という言い方はおかしいし、ましてや〝対中侵略戦争〟と言うのはとんでもない」と気色ばんで発言するんです。互いに同じくらいの高齢の人でした。そして支那事変派と対中侵略戦争派が互いに百人くらいいる聴衆の中で議論を始めたんです。ちょっとやりとりした後で、「戦争にも行っていないで、何が分かるか？」と支那事変派が言ったわけです。すると、対する侵略戦争派の人も、自分も従軍しており第何連隊でどこへ行ったと具体的に言うんです。そしたら、さらに議論が発展し「従軍までしているのに、なんで支那事変と言わないのか？」と怒る。そうなると今度こっちがやり返して、「あなたが行って戦ったあの戦争の意味を、どうして分からないのか？」と侵略戦争派が支那事変派に答えるんです。僕自身、それをとても興味深く思い、なるほどなと思いながら聞いていました。みんな、僕の講演よりその議論のほうが面白かったでしょう。「対中侵略戦争」と言う人と、「支那事変」と言う人が、ほとんど同じ経験をしていながら、どうして戦争の呼称が違い、論争になるのかということを目の当たりにできた。そこで問われているのは戦争観だけでなく、日本の歴史観やひいては人生観です。それを当事者の発言で知ることができたんです。こういうのが講演の一番いいところじゃないかと思いましたね。

**鈴木**　「大東亜戦争・太平洋戦争」問題もそうですね。日本では一般に「太平洋戦争」と言いますが、それについては今も論争がありますが、どう思いますか？

**保阪**　僕は「太平洋戦争」というのは、学校で習ったから便宜的に言うんだけど、「アジア太平洋戦争」という言い方はあまり好きじゃないですね。あれは思想性が強すぎるでしょ。「一五年戦争」という言い方もありますが、あの戦争はそもそも一五年間じゃないから正確じゃないですよね。そこで僕は「大東亜戦争・太平洋戦争」と言おうといったら、そんな長い言い方しないでくれとあまり評判がよくなくて。（笑）

以前、読売新聞の渡辺恒雄さんと対談したことがあるんですが、そのとき彼が「君は、いろいろ戦争について書いているんだから〝昭和の大戦〟という呼称を使ったらどうか」と言うんです。そうすると太平洋とか地域は関係なくなると言うんです。僕は世代的に、「太平洋戦争」、あるいは「大東亜戦争」という言い方のほうがいいんじゃないですかと言いました。でも、これは渡辺さんの意向だと思うんですが、読売新聞では一時「昭和の大戦」という呼称を使っていましたね。ただ長くは続かず、すぐやめたみたいです。つまり広まらなかったということですね。読売が広めようといっても、朝日や毎日が使わないせいもあるだろうけど。

あの戦争の呼称をどうするかという問題は、日本では政治性が絡んだテーマになってしまっている。好むと好まざるとに関わらず政治的判断が関与していますよね。アメリカへ行ってあの戦争の呼称を聞いたら、なんのことはない「第二次世界大戦」と言うんですよね。アメリカにとっては、ヒトラーと日本の軍国主義を倒した戦いでとても重要な歴史ではありますが、上から下まで世代・階層関係なく、みんな同じですよね。フランスに行っても同じ、ロシアに行っても「祖国防衛戦争」で呼称は一つだけです。こんなに言い方がバラバラになっているのは、日本くらいです。このことはつまり、日本は歴史意識が統一されていないということを示していますよね。これがプラスなのかマイナスなのかということが、私たちは分からない。プラスと言う人もいれば、マイナスと言う人もいる。僕は、この統一がとれていないところが日本らしくていいんじゃないかと思うけど、どう思いますか?

**鈴木**　何か一つの議論とか問題に対して意見を表明すると、その中味の妥当性以前に、この意見は右翼だ左翼だと決めつけてから文句を言う人っていますよね。この呼称問題もそれと同じようなところがあるのかなと思います。つまり最初に敵か味方か判断して、付き合い方や評価を変える。それは人間に対してだけでなく、歴史に対しても付き合い方を変えているということですよね。そこで問われるのは、この意見を言うヤツは敵か味方かという区別だけで、意見そのものが正しいか間違っているかはきちんと検討されない。戦争の呼称が不統一なら、大切なのは学校教育などでそれを統一することではなく、なぜバラバラなのかその理由を理解することですよね。

**保阪**　そうそう。歴史の話を始める前に、一言、「太平洋戦争」と言うか、「大東亜戦争」と言うかという段階で、もう歴史の捉え方が単純化してくるわけですね。僕は共産党には批判を持っていますが、共産党員とは知らずに、ある人と昭和史について話したことがあったんです。その人は「大東亜戦争」と言うんですね。僕はてっきりこの人は共産党じゃないなと思ったら、意外にも共産党員だった人がいました。党の集会でそんなこと言ったらぶっとばされるだろうと思うけど、普通に話していると「大東亜戦争」と言うんです。高齢の方だったので、彼の人生の中ではずっと「大東亜戦争」と言って、馴染んでいるんでしょう。

**鈴木**　『従軍慰安婦』を書いた千田夏光さんの説によれば日清・日露戦争までは慰安婦はなかった。明治時代の軍隊ではかつて、元サムライが軍人になっていたし徴兵は少数だったから、少なくとも兵士たちには自分たちは武士道という規範を持っているという誇りがあった。だから慰安婦だとか、捕虜虐待だとかなかったんだと言ってました。それがどこまで本当かどうかは分かりませんが、日露戦争戦勝後に日本は一等国だと思い上がってから、慰安婦とか捕虜虐待とか出てきたんだという説でした。これも本当かどうか分かりませんが、考える余地はありますね。確かに、世界の列強に伍すため努力をしていた頃の日本は、国際感覚を高め世界に恥ずかしくない行為をしようという意識は持っていましたよね。

そういう意味で考えると、日本はまだまだ遅れているんだと思っている時代のほうがむしろいい国だったのではないかとすら思います。今はまったくその逆で、日本は特別で世界でも稀な素晴らしい国だとか、中国・韓国だけが悪口言っているんだと、そういうふうに煽る人っていますよね。勇ましいことをたくさん言って、憲法改正して日本が強くなれば、自分たちも強くなるんだという気になっているんじゃないでしょうか？　僕もそんなふうに思ってました。でも、それは間違っているんじゃないかと今は思っています。特に「日本人の誇りを取り戻せ」とか「大東亜戦争は悪くなかった」と言って、異論をすべて「自虐だ」「反日だ」と拒絶してしまうと歴史の反省も謙虚さも失くしてしまい、日清日露戦までの日本の長所も失くしてしまいますよね。戦前の人たち、戦争に行った人たちが戦争の話をしないということも一因になっているんでしょうね。軍事論を右翼たちが十分に論ずることができなかったというのは一例で、その奥にはやっぱり客観的に自分たちの行為を検証するという努力をしていないという弱点があると思うんです。特に歴史はつい美化しがちですけれど、考えたくない問題や記憶したくない不都合こそ大切に言い伝えなくてはいけないですよね。だから、たくさん本とか読まないと。せっかく保阪さんや半藤さんがいい本を書いてくれているんだし。以前はよく「おじいちゃんが孫世代に語る戦争」というような回想記もありましたけど、苦労話や自分たちは悪いことをしていないみたいな安心できる思い出話だけでは、やはり不十分ですよね。孫の前で「自分たちは捕虜を殺したんだよ」とか、「慰安婦を買ったんだよ」なんて言えないですからね。

**保阪**　言わないですよね。

**鈴木**　また日本人は優しいから、そういうことは聞いちゃいけないと思って聞かないですよね。だから歴史家がきちんと書いた本を、僕たちが読まなくちゃいけないんだと思うんです。それはつらいことだし、悲しいし、不愉快かも知れません。でも、「良薬は口に苦し」って言いますよね。今、僕たちが教訓を学ばなければ、次の世代には誤解と無知しか残らない。そうなると、また悲劇の歴史を繰り返してしまいますよね。

**保阪**　同感ですね。そのうえで自分たちから論を起こさなければいけないでしょうね。これも本当は国家改造運動等をやる人が取り組むべき問題ですが、例えば、日本軍の戦地でのふるまいについても、考えるべきことは多いですよね。先ほど虐待の話で出ましたが、例えばAという部隊は残虐行為をやるけれど、Bという部隊は同じ所にいるのにやらないんです。実はこういうことはよくあるんですが、ではAとBの違いはなんなのか、ということを考えないといけない。日本の軍隊は郷土連隊だから、俗に仙台連隊、旭川連隊と呼ばれたりもしますね。もちろん正式には歩兵第二六連隊などと、名前がついています。でも連隊の場合は、同じ郷土の出身者でできています。混合する部隊もありますが、その場合は「旅団」とかに隊の名前が変わるから混合したとすぐ分かる。そうすると、僕らは例えば南京虐殺で、そこにいた兵士たちのことを知りたければ基本的には何連隊と分かれば、その部隊が例えば東北のどこか、あるいは九州のどこから来たということが分かる。どこの部隊がやったのかは調べれば分かるわけです。しかし、同じときに同じ南京にいたのに虐殺に加わった部隊とやっていない部隊があるわけです。中根千枝の『タテ社会の人間関係』という名著の中にも書いてありますが、東北の兵隊は恐るべきほど、そういうことをしないという話が出てきます。東北は全体的にどこの県出身者でもやはりその傾向があるといいますね。そこでどうしても気になるのは、ではなぜ同じ戦場にいるのに、例えば虐殺についてAという部隊はやり、Bという部隊はやらないのかという違いがあるのかです。僕の考えでは、それは両部隊の兵隊の質の違いなどではなくて、指揮官の違いだと思います。虐殺行為をやらない部隊の指揮官はやっぱり人格者ですよ。そういった指揮官は兵士に十分に言って聞かせていますよね。「これは戦争だ。だから攻撃してあの町を落とせ。しかし、自制しなきゃいかんぞ。お前らにも国に帰れば姉や妹がいるだろ。手荒なことをしちゃいかんぞ」とちゃんと言ってるんですよね。さらには「畑に勝手に軍靴で入って行って、作物を取ったり踏み荒らしてはいかんぞ」とも言う。戦争中にそんなことに構っていられるか、というのは誤解です。それは戦争のルールでもあるんですね。少ないのが悲しいですけれど、そういう指揮官が日本軍にもいたんです。しかし、その一方で、「お前ら、あの町を落とせば何をやってもいいぞ」という煽り方をする指揮官もいたんですね。それは兵士たちだってやりますよ。南京虐殺が、あったとかなかったとかいう議論よりも、なぜA連隊は虐殺をやり、一方、B連隊はやらなかったのかということが、我々の問題なんだと僕は思います。このことを私たちは、調べなければいけないんです。これはなぜ日本に軍事学が根付かなかったのかという問題に通じていますからね。

## さまざまな軍の実態

**鈴木**　旧軍っていうと鉄の規律があって誰もさからえないというイメージがありますけど、実際はいろいろあるんですね。

**保阪**　ええ、軍隊といっても人間の集まりですから、ひとたび疲弊すると無統制の話がいっぱい出てきますすね。

例えば東京のある地区の親分が徴兵されるなんてことも起きますよね。そうすると親分だって軍内では一兵卒ですから当然、朝六時から起きて気をつけとかやるでしょ。ですがこの親分、新兵なのに全然起きてこない。もう三十代半ばで徴兵される最後の年齢で隊内では年長のオジサンになっているので、ぐうぐう寝てる。そうすると当然上官の将校が「貴様、なんだーっ!」とか怒鳴ってきますよね。でも親分は自分より年下の将校なんて全然、怖がらないんですね。「あんさん、国へ帰りゃ女房、子どもがいるんでしょ」と一言言うわけ。まぁ、つまり親分なので脅迫しているわけです。それでもう将校は震え上がっちゃうんですね。つまり親分が、「アイツの女房子どもがどこにいるか探して、ちょっとケジメつけてくれ」と一言言えば、やられちゃうと震え上がっちゃうんですね。そういう目撃証言を何人かから聞きましたけど、もうその親分はその後もずっと煙草は吸うわ、何でもあり。(笑)

**鈴木** いや、すさまじいですね。軍隊のサバイバルって大変だと聞きますが、そういうことがあったんですか。上官もラクじゃないですよね。

**保阪** 本当ですね。軍もさすがに放置もできず、そういう問題のある人たちだけを集めた部隊をつくっているんです。

**鈴木** えっ? 映画の「兵隊やくざ」みたいな、ならず者部隊のことですか?

**保阪** いえ、そうじゃなくて、協調性がない兵を集めた部隊ですね。例えば東大哲学科なんか卒業したインテリなんだけど、新兵で来ても他の兵隊とまったく違って休憩時間に本ばかり読んで、他の人とまったく話をしないとかいう兵ですね。それから、隊内で仲間から嫌われる兵とかですね。そういう兵が集められた部隊があったんです。調べてみましたら、そういう部隊は生存率は極めて低かったです。以前ある講演で部隊名を具体的に言ったら、後で聴衆の方から「私の父はその部隊にいたんです」と言われて、申し訳ないことを言ってしまったかなぁと思いましたね。「いや、その部隊はそういう変わり者ばかりの部隊ではないですから」と言ったんですけど、でも実際にそういう部隊があったんです。軍規はあっても軍隊というのは所詮、人間関係で決まります。だからいったん腐敗すれば徹底的に腐敗します。

**鈴木**　軍隊って外から見るイメージと、内部に入って知る現実とでは大きな違いがある世界なのかも知れませんね。変わり者部隊なんて聞くとちょっと面白い感じですけど、生存率が極端に低いという現実を知ると、やはり「兵隊やくざ」みたいな痛快な話では全然ないですよね。軍隊って規則尽くしの世界ではあっても、同時にドロドロした人間関係とか、せめぎあいが続く大変な所ですね。大西巨人の『神聖喜劇』を読んだら、なんかそういう人間関係の描写とかありましたね。

**保阪**　あの本に書かれている人間関係の大変さなんかは、みんな事実と思いますよ。

**鈴木**　息子の大西赤人さんに会って話したことがありますけど、巨人さんの書いた軍隊内のせめぎあいって本当にあるんだなと驚きますよね。

**保阪**　それと、僕は兵隊の話を飽きるほど聞いて思ったのは、たとえもし兵隊になるにしても、昭和十年代の日本軍には入りたくないなと思いましたね。

## 陸大を出ると戦死しない？

**保阪**　ご存じのとおり、陸軍のエリートたちは陸大を出ていますが、その陸大を出た人と話していると、正直に陸軍の実態を教えてくれました。「君、息子いるか？」と聞くんです。僕の息子は病気で早くに死んだんですが、そのときはいたので、「いる」と答えたら、「今度、戦争が始まったら、絶対に陸大に入れろ」と言うんですよ。今でいえば防衛大学校ですね。「そうすれば、まず一〇〇パーセント死なないぞ。なぜなら、前線に行かないからな」と言うんです。彼は「私の陸大同期では四人死んでいる」と言うんです。戦中世代ですから、彼の年齢で言えば死亡率はもっと高いんですよ。陸大では一学年だいたい五〇人くらいですけど、四人しか戦死していない。「その四人はどうして死んだと思う？　彼等は玉砕地の司令官、参謀長だったから、これは死ぬ以外しょうがないよな。でもそれ以外はみんな生き残ったよ」と言うんです。さすがに呆れました。しかし、軍隊というのは、そういう世界なわけですよ。

**鈴木**　戦争では命が序列化されるというお話を聞きましたが、これも同じ問題ですよね。さらに、この問題は特攻隊の話にも通じますよね。「特攻隊員は日本のために戦った立派な日本人だった」という話で、何でも美化されて済ましてしまってはいけない問題ですよね。軍の命令もそうですが、責任者がいちばん責任を取っていない。上官だから命令するのは当たり前ですが、それには責任が伴いますよね。上官が戦死すればよいというわけではないですが、自分の命令で部下は前線に行くんですから、何でも「国のため」というのは、国に責任を押し付けて卑怯ですよね。

**保阪**　国のために死ぬというのは、本当に何なのかということを、軍の上層部は、かなり恣意的に使っているんです。例えば対米英戦争を決めたのは、大本営政府連絡会議のわずか十人ほどです。それを御前会議で追認するんですけど、大本営政府連絡会議というのは昭和十六年段階で憲法で認められた機関ではないんですよ。それは軍令と軍政を一体化する、単なる便宜的な会合だったのですが、そこで対米英戦を決めるわけです。昭和十六年十月の東條内閣のときです。東條は首相と陸相、二役をやっているから出席者は九人になるわけだけど、九人のうち文官は二人です。大蔵大臣の賀屋興宣は大蔵省の官僚で、外務大臣の東郷茂徳は外務官僚です。あとはみんな軍関係ですね、海軍大臣・嶋田繁太郎、企画院総裁・鈴木貞一、大本営参謀本部総長・杉山元、参謀次長・塚田攻とか、軍令総長・永野修身、軍令部次長・伊藤整一、みんな軍官僚か、軍官僚出身者です。この人たちで日米開戦を事実上、決めるんですね。そして気になるのが、戦争を決めた彼等の中で、子弟はほとんど死んでいない。不自然なほど戦死率が低い。「どうして？」とみんな思いますよね。つまり、上層部の彼等は、自分の子どもや関係者は死なないように内規をつくったんだと思う。陸軍省軍務課の軍人がこんな話をこっそり教えてくれました。「あ号作戦[注14]の失敗で、サイパン陥落を機に、昭和十九年七月に東條内閣が倒れているよね。でも、君、その二、三日後の木戸幸一日記を読んだことがあるか？　あれ不思議だろ。この日、木戸は東京の用賀の東條さんの家を訪ねている。普通、そんなことはないぞ。木戸は天皇の側近だから、宮中にいる。東條さんが呼ばれて行くのが普通なのに、なんであの日は木戸からわざわざ訪ねて行くのか？　木戸は書いているだろ。『東條さんは辞めたけど、本当の陛下のお志を伝えに来た』と。しかし、あれは違うよ。木戸は東條に三人の兵役回避を頼んでいたんだよ」と言うんですよ。「その頼んでいた三人の兵役回避について、あの件は大丈夫だろうなと、確認しに行ったんだよ」と言うんです。真偽は不明ですが、そんな話を、軍の中枢にいる人が教えてくれるんです。私は調べる必要はあると思うんです。兵役というのは命を投げ出す任務である以上、そこには当然公平性、それからある種の階級・階層を抜きにした平等性がなきゃいけないわけですが……。

**鈴木**　先ほどの田中角栄の庶民の側の兵役逃れと意味が違いますよね。権力の側・軍の側の上層部が兵役逃れを工作するのは、最悪です。でも、軍ができたときからずっとそうだったわけじゃないですよね？　明治の日露戦争のときは、乃木希典大将の息子は死んでいますし。

**保阪**　ええ、二人も死んでいます。明治のときのほうが、筋が通っているんですね。逆に言うと、僕は昭和の軍人は犯罪的だと言いたくなりますね。国民を本当に虫けらのように殺しておいて反省もしない。例えば戦争後期戦況が煮詰まってきてフィリピンでの戦争が近くなると、満州から三個師団は送らなければいけない状況になったとする。三個師団というのは、兵力はだいたい三万人余。その兵力を支援する人員も入るからおおよそ四万人規模の輸送計画になるんです。しかし、制海権はアメリカが握っている。そうすると、フィリピンへの航海中に沈められるのは、二五パーセントくらいだろうと予想を立てて現地に三個師団を送るために何艘かの船に分けて送る。そこで損失分を見込んで、出航のときには五個師団を送る計画を立てることになります。三個師団は精鋭を送るけど、あとの二個師団は沈められてもしょうがないと見込んで、弱兵や年配者の兵とかそういう弱い部隊をつくるんです。それは囮の役をさせられるわけです。それで二個師団は予想どおり、輸送中に沈められてもフィリピンに三個師団が着いたら、予定どおりだったと見立てるんですね。しかし現実はもっと厳しくて最後には三個師団の中、一個師団しか着かなくて、あとは沈められていますが。

僕は取材で瀬島龍三氏ともなんどか話を聞きましたが――しかし、彼は後に僕の『瀬島龍三』を読んで「保阪の本は僕の批判論じゃないか」って、怒っていましたが——彼は正直に教えてくれました。「戦争って、そういうもんだよ、君」と言っていました。チャーチルもやはり一次世界大戦の後に言っています。これからの戦争は残酷になると。前線で戦う兵士は命を投げ出しているが、戦う兵士のための作戦を練る参謀たちは暖衣飽食したところで図面を引いている。今後は、この残酷な二面性を抱えた戦争になるだろうと、チャーチルは見通していました。そして、そのとおりになっている。

戦争なのでそれは仕方ないところもあると思います。ある程度、犠牲が出るのもそれは軍事だから、作戦ってそういうものだと解釈することもできます。アメリカだって似たようなこともありました。しかしアメリカでは、もし制海権を取られている地域へ派兵するために三個師団のうち二個師団を犠牲にしなければならないという局面になったときには「犠牲やむなし」なんて最初に考えないで、まず制海権を取るために徹底的に戦います。そもそも保有する物量もケタ違いではありますが、そういう基本的な考え方が、日米ではまったく違うんです。

そういう目で見ていくと、軍事学といっても特別なことではなく、それ以前に、もっとプリミティブに、人間としてこれはおかしいんじゃないかという視点で軍の行動や作戦を批判しなければいけない。そういう根底からの批判というのは、実は橘孝三郎さんから学んだんです。橘さんは農民のことを語るときは、時に涙していました。農民は、どれほど悲惨だったのか。江戸時代から生かさず殺さずにされてきたと言って涙します。でもすぐにそういう農民が全然自覚を持たないと言って、また怒り出しますけれど。

## 日本軍と国家改造運動

**鈴木**　戦前の国家改造運動をしていた人々はそういった素朴な怒りを持っていたと思うんです。貧困とか社会格差に対して是正を求めていたと思うんですが、そういった批判の一部は軍に向けられてもおかしくなかったかも知れませんよね。その点は国家改造運動側の人たちが、軍隊に対して最初から批判できなかったんですかね？

**保阪**　軍隊内の実情について知識がなかったという面もありますね。

**鈴木**　でも二・二六事件なんか典型的ですけれど、軍閥とか、軍の上層部に怒りを覚え、軍閥解体を狙っていた軍人もいたんじゃないですか？

**保阪**　ええ、軍内にはそういった批判者はいっぱいいました。しかし、軍人の主眼はやはり富国強兵で、国家の目標に対して懸命に尽くし、軍がいかにあるべきかという議論は、あまり盛んではないです。大筋で言うと明治から大正の頃はまだ軍は健全性を持っていたんです。昭和に入ると完全におかしくなってしまう。明治の建軍の一代目、大正の二代目と世代を継いで来て昭和の三代目の時代が問題だと僕は思います。昭和の初めの国家主義運動で残念な点というのは、軍の中がおかしくなっていくことを捉えられる目がなかったということです。それは昭和十年代になって、一部の人たち、例えば歌道の人たちなどが持ったように思いますけれど。

**鈴木**　神兵隊事件等に参加した影山正治の団体がそうですよね。

**保阪**　あの人たちの中には昭和十年代半ばにそんな批判の視点を持った人もいたのじゃないでしょう

か？　軍への批判力を持っていた彼等も、基本的には軍の進めている政策に賛成していました。だけど軍が持っている腐敗問題も、やはり知っていたんじゃないかと思いますね。本来ならそういう人たちも二・二六事件に賛成して共鳴したのなら、そこを見抜かなければいけない。事件当時、すでに磯部浅一が軍部批判を行っているんだから。そういう批判を詰めていくと、なぜだか日本の社会は途中で急に甘くなってしまうと言うか、問題の本質を見る視点というのがなく、瑣末な問題を違う方向で一所懸命議論しているんですね。

**鈴木**　影山さんの思想について言えば、彼の国体論は政治的・時局的というより、やはり神道的なのだと思います。和歌をつくっていましたし、文学的教養も深い人でした。それから『一つの戦史』だとか『維新者の信条』という非常にいい本を書いているんです。維新者はこうあらねばならないと説いていて、維新者は詩の理解者でなくてはいけないとか、普通の右翼の人はちょっと言わないことも大切にする人でした。女性を大切にしなくちゃいけないということも書いていて、とても斬新でしたよね。そのことは三島由紀夫も評価していました。だから、影山さんは三島の小説『奔馬』のモデルになっていると言われたこともありました。今では、大東塾は日本の右翼の代表という感じで思われていますね。それは影山さんにしろ、毛呂清輝《もろきよてる》、白井為雄、片岡駿、みんな神兵隊事件に関与していたことが影響していると思うんです。神兵隊事件には、当時の右翼の優秀な人たちが結集していたんですね。それが直前に捕まって、計画していたクーデターをやれなくなった。クーデターを実行できず、未遂で終わってしまったということで、それがエネルギーになって戦後の右翼運動をつくっています。僕らもいっぱい叱られたりしましたけど、いま考えると非常にいい先生たちだったと思います。
いずれにしても影山さんたちが戦前に活動していた頃は、実際、軍隊は勝手にいろいろ日本を動かしていたりして横暴を極めていましたよね。なのにまったく反省もせず、問題は軍隊じゃなくて、共産主義者だとか財閥だとかが悪いんだと、そういう責任転嫁に行く。

**保阪** そうです。そして外にはアメリカだとかソ連だとか、敵の形というものを想定した理論に傾く。日本国内がどんなに疲弊しようが、軍隊はもうそんなことは関係なく、彼等自身の都合・理屈のみに依拠するようになってしまった。昭和の初め、議会政治は徹底的に腐敗していたから、当時の人々から見るとやっぱり軍は革新勢力だったわけです。満州事変の頃、政党は汚職等ひどいことばかりやって信頼を失っていたから、改革勢力としての軍の評価が上がっていましたからね。それをいいことに独善的になっていた。昭和恐慌の頃は、国民の目に改革勢力に見えた軍も実は、昭和の十年代にはすっかり変わっていたんです。

**鈴木** 右翼からの軍や政府への批判もあったんですが、大きな勢力にはなれなかったのは残念ですね。当時、政府から圧力を受けても、独自の思想を戦時中も訴え続けたのが、里見岸雄ですね。『天皇とプロレタリア』というすごいタイトルの本を書いていますが、それでも分かるように、戦前は戦後よりも左翼と右翼の境目がなかったのではないかと思います。天皇は金持ちのためにあるんじゃないんだと里見は主張しています。左翼は天皇のことを理解していないが、貧しいから誤解しているんだと言われてるが、違う。むしろ、プロレタリアのような虐げられた人のためにこそ天皇はあるんじゃないかと里見は考えているんですね。戦前に普通はそんなこと考えつかないですよね。天皇とプロレタリアを併記するのですから、「不敬だ」とも言われたでしょうね。特に里見のもう一つの代表作『国体に対する疑惑』なんてもうとんでもなく過激ですよね。戦前ではタブーだった天皇や皇族に対する疑問を書き連ねているんですから。そこから一つずつ解説していき、国体の重要性を再確認していくんです。すごい本ですよね。だから一見、とんでもない暴論に見えても読んでもらえば分かるんだと、国体に対する疑惑を一つずつ正して天皇主義と社会主義は合体できるんだと書いているんですね。それを「科学的天皇主義」と称しています。すご過ぎますよね。それで間違ったのか、左翼の人もいっぱい買ったそうです。（笑）

**保阪**　なるほど。その視点も重要ですよね。それと『国体の本義』が昭和十二年の秋に出るんですが、日本のファシズムを考えるときよく参照されますが、僕は丸山眞男的な国家主義の分析を援用する気はさらさらないけど、昭和八年くらいから日本の社会がおかしくなっていったのは事実なんです。でもここでもう一つ考えなければならないことは、『国体の本義』で述べられているような、昭和十年代に軍首脳部がつくりあげていった大日本帝国の姿は、近代日本が論理的に、あるいは思想的に追いかけてきた思想空間・政治空間とはまったく別のものだということです。ならば『国体の本義』とは何か？　を考えなくてはいけない。これは文部省思想局がつくったものです。僕は初めて読んだときは反感を持ったんだけど、しかし、よく読むと、『国体の本義』は昭和十年代の日本社会の、ある種のベーシックなものになるように見えて、その実違って、本当は日本の国体の概念というのはこういうものなのだ、西洋思想を超克したものだ、という訴えを記述したものだと思います。その現実というのは軍がつくりあげていった現実なんだけど、その現実に対して、むしろかなり原則的な国体原理主義者が、これは本来の日本の国体とは別のものだと表明したものだと僕は理解しているんです。

なぜそう思ったかと言うと、昭和十八年七月に『皇軍史』という本が陸軍省教育総監部から出るんですが、それを読むとそう思えてならないんです。

『皇軍史』には我が皇軍はなぜ皇軍と言えるのか、なぜ神軍と言うか、なぜ兵隊を神兵と言うか、なぜ神風が吹くのか等、いろんな説明をしているんですが、結論は、日本建国以来、我々は初めて神武天皇の時代の神国、そして神武天皇が東国を平定して、つくりあげた日本の歴史の原点に最も寄り添った時代を迎えている、昭和のこの大東亜戦争の時代に日本建国の精神が再び確立しているという内容です。

そして、さらにこういうようなことも書いてあるんです。江戸時代の武士階級、あるいは明治時代初期の武士階級から軍人になった者たちは、なんと不幸な軍人だったんだろう。彼等は忠誠の意味をまったく間違えていた。主君に対して、それから天皇という現実に可視化できる部分に対して、忠誠を誓っている。我々は違う。神国の神兵であるという意識そのものに、この国の神を、天皇を守るという役割が限定されていて、それが現実になっている。つまり、ついに我々は今、神武天皇の時代と同じ構図の中にいるんだ。だから江戸時代の侍や、明治初期の軍人たちの主君に忠誠を誓う態度とは、まったく違う、本当の意味で日本の有史以来の天皇の神兵なんだ。だから私たちはその幸せを自覚する必要があると書いてあるんです。『皇軍史』の伏線になっているのは確かに『国体の本義』なんですが、実は『国体の本義』は、近代日本の官僚ナショナリズムが描き出した結論に過ぎなくて、『皇軍史』とは相対している面があります。昭和十年代の太平洋戦争・大東亜戦争は、世界史を変える大きな戦争であるという意識で見れば、神武天皇の時代の、東北を平定していったあの時代の神兵たちの精神が、今やっとよみがえっているということを意味づけることになり、それと昭和史との整合性を持たせなければ、この戦いは成り立たないということを言っているんだろうと思います。

思想的に言えば、『国体の本義』と『皇軍史』ではこの国の天皇制はいかにあるべきかという点で、その意味づけはかけ離れている感じを受けました。この点については実は、まだ誰もあまり具体的に指摘していない。僕は軍事に対する批判というものの根底にあるのは、「なぜ兵士たちは戦うのか?」という、ただ一点にあると思うけど、それはあまり説明されていないんですね。北一輝、大川周明、あるいは橘孝三郎にしてもこの点は不足を感じます。

第5章

# 戦後の革命家たち

## 「ヤルタ・ポツダム体制批判」の視点

保阪　僕らは今、批判的にこういった戦前の軍事指導体制の一つの流れを振り返っていますけど、国家改造運動というのは戦前の軍部の台頭とか軍国主義という流れと違って理念・哲学を持っていた思想運動だという捉え方が必要だと改めて思いますね。北一輝も橘孝三郎も大川周明も権藤成卿もそうだった。彼等には思想があった。そして、その思想をもって人間が動くということは昭和の国家改造運動の特徴でしたね。明治時代にも政府転覆を意図したテロや事件は多くありましたが、その原動力は思想よりも、むしろ情念とか、そういう情熱が土台にありますよね。

鈴木　そうですね。明治時代にはまだ刀を持った元サムライも多くいましたし、不平士族の乱も続発しています。秩父事件とか田中正造たちの足尾鉱毒事件とかもありますでしょ。やはり大義のための世直しとか、命懸けの想いがあったと思います。要人暗殺も政府転覆計画もありましたよね。

保阪　だからこそ、その流れを見ていくと、思想状況として深刻な状況なのは、飢饉とか戦争があった戦前ではなく、むしろ今現在ですよね。例えば国家改造運動に影響を及ぼした北一輝たちには思想があった。しかし今は、日本のあり方を根本から捉え直そうとする思想はないでしょう。そうすると、社会問題を論ずる起点は感情になってしまう。「面白くない」「ふざけんな」といった、不満や鬱憤のレベルで憲法や国防が語られてしまっている。

鈴木　それはありますね。ヘイト・スピーチもそうですし、ネット上の匿名での誹謗中傷とか煽情的な言葉で自分と意見が違う人間をとにかく罵倒するケースとか多いですよね。本気になって理想を持とうとする努力がなくなっていますし、そんな努力そのものをバカにする人もいますしね。

保阪　僕たちは今、戦前の一連の事件を「国家改造運動」という一つの総称で呼ぶけど、思想を持っている人々の運動である限りは、左翼でも右翼でも彼等の思想に対してきちんと理解したうえで、否定なり肯定なりの意見や評価があると思うんだけど、今みたいに、成り行きなのか感情なのか分からない力が一つの流れとなって社会を動かしていくというのは、やはり知的劣化だと思います。

鈴木　最近、どんどん劣化してますね。前の大戦で、これだけ戦争の被害を受けながら、最近の近隣国とのトラブルでは、すぐに「最終的には戦争で結着をつけるしかない」みたいなことを言ったりする。あるいは軍備の増強だとか、憲法改正だと言って、真剣な検討も本気の覚悟もないのに安易に危機感を煽る。本来はものすごい努力と時間をかけて慎重に考えなければいけない大問題を、最近はなんでそこまで簡単に言ってしまうのかなと訝しく思いますね。

保阪　そうですね。憲法改正について言えば、するにしてもしないにしても、思想に基づいてやるなら僕はいいと思うんですけど、「今の憲法はアメリカの押しつけ憲法だから変えよう」というような、感情論で言っているようでは駄目ですよね。今まで述べてきたように、「日本国憲法は押しつけ憲法だ」と言うのならば、確かにそういうところはある。「占領下の憲法だ」という指摘についても、それはそのとおりです。だけども、日本国憲法制定のときに、敗戦国日本を建て直すために必死に努力した人たちがいるわけです。その先達に対して「押しつけ憲法だから駄目だ」と言うだけの批判の仕方は甚だ失礼だと思います。

鈴木　確かにそうです。ちょっとヘンな視点であえて考えてみれば、そもそも終戦を決めたのは海軍出身で、若き日にバルチック艦隊と戦った鈴木貫太郎首相ですよね。そして、その鈴木内閣を引き継いだ戦後最初の内閣は、皇族であり陸軍将校でもあった東久邇稔彦《ひがしくになるひこ》首相です。国のために命を懸けてきた人です。その彼等が苦労して必死になって決めたことに、戦後に生まれた人間が安易に異議を唱えることは、たいへん不敬な行為ではないかという見方だってできますよね。それになんといっても、敗戦になって国の形が変わることについては昭和天皇が認めている。陛下が決めたことに、なんで国民がとやかく言うのか。右翼として間違っているのではないかという、右翼の中での議論があってもいいはずです。

## 靖国合祀の問題点とは？

保阪　そういった議論がないというのは、今の人間に思想がない証拠でしょ。賛成・反対の対立構図ばかりをつくり上げてしまうのではなく、それぞれがまず思想や理念を持たないと駄目ですよね。例えば靖国神社にA級戦犯を合祀した松平永芳という人がいますよね。その考え方に僕は大反対だけど、彼には確かに思想がある。天皇は、親の心子知らずだとか言って、A級戦犯合祀に反対したという話もありますが、それはそれとして松平永芳には、やはり思想がある。その思想があるからこそ、僕は、靖国神社のA級戦犯合祀はおかしいと感情的ではなく思想として批判できるわけです。

松平について、もう少し詳しく話しますと彼の思想はどういう思想かと言うと、戦争は二つの側面で成り立っているという捉え方です。政治と軍事という二つがあると言うんです。軍事行為としての戦争は八月十五日に終わった。このことで敗戦を受け入れて、九月二日にはミズーリ号で降伏文書に調印した。ここまでの流れは、世間一般の常識と同調しています。しかし、松平はまだこの時点では〝政治の戦争〟は終わっていないと捉えているんです。政治の側面で戦争が終わったのは、サンフランシスコ条約が発効した昭和二十七年四月二十八日だという考え方です。つまり、占領期の期間は、まだ〝政治の戦争〟が継続中だというわけです。松平永芳はそう言って、東京裁判で処刑された東條英機らA級戦犯は政治の戦争の犠牲者だと言うわけです。だから合祀しました、と主張しています。このように占領期そのものも戦争の一環だったという思想はあり得ると思います。

**鈴木**　確かにある意味で説得力はありますよね。少なくとも安易には否定できない考え方です。でも、松平の思想の興味深い点は、それがA級戦犯合祀問題に限定される話ではなく、日本の戦後史すべての見方がそれによって変わってくるということですよね。

**保阪**　ええ、そういうことになりますね。松平の見方に立てば、例えば吉田茂などはどんな人物になりますか？　もうとんでもない売国奴で、占領軍に膝を屈した情けない首相でしょ。そして「占領憲法」や「押しつけ憲法」という批難に込められている思想を徹底していけば、戦後の天皇はとんでもない天皇ということになってしまうじゃないですか。占領期の中でアメリカに媚びへつらい、我が身、皇統を守るために妥協に妥協を重ねた天皇ということになってしまうじゃないですか。

## 戦後をつくる努力

**保阪**　右翼的見方では、一見とても正しいとも思える松平理論からは実はそういう危うい論理が引き出されてくる理論なんです。この松平理論は、平泉学派の系統とも捉えることができます。平泉学派の一部の人たちの主張と共通するところがある。確かにこういう考え方はあり得るとは思います。だけど、この考え方を採った瞬間、占領期の指導者を誇らなければならない。それゆえこの考えは否定されるべきだと思う。松平さんは、A級戦犯合祀に関してこの論理を使うのですが、では、その論理で考えれば〝戦後という時代〟を必死につくってきた昭和天皇や吉田茂を否定するのか？その問題になると知らん顔をしている。つまり、彼自身の論理に従えば、彼の態度には矛盾があるということです。

僕は天皇や吉田が彼等なりのやり方で、戦後、懸命になって日本を守るために頑張ったという事実を重視します。そして、敗戦から独立までのこの期間を〝政治の戦争〟とは見ません。日本政府がポツダム宣言に調印している段階で、政治の戦争もまた同時に終わっていると見ます。むしろ僕はこの期間の、いわゆる戦後占領政策による日本の歴史が確かに存在したと見る歴史観が必要だと思いますね。少し余談みたいになりますが、以前、韓国を訪れた際に日本の新聞記者と日本人のよく行くピアノ・バーに行ったことがありました。そこのピアニストは日本語がペラペラなんですが、我々の席に来て「韓国と日本は兄弟だ」と言うんです。「どっちが兄貴ですか？」と聞いたら、「長兄は中国で、次男が韓国で、三男が日本だ」と言うんです。つまり彼は、文化の伝播の順を言っているんでしょう。しかし、そういう中国に媚びたような会話をする韓国人の歴史意識の中に、言うと悪いのですが、植民地化された屈折感があると思います。それは日本にも言えることで、戦後アメリカに占領された意識が残っている。僕は戦後占領期のすべてが悪いとは思わないけど、やはり日本には戦後の占領ボケの会話に慣れ親しんだところがある。これを自立した会話に正していけるのかということが問題なんだと思うんです。例えば、その占領ボケした会話には、「今の日本国憲法は占領憲法だ」という一見、真実を突いたかのような発言がよく出てくる。しかし、これはその実、歴史の実態を何も語っていないんです。指摘自体はそのとおりだろうけど、日本の敗戦から独立に至るまで、当時の日本人たちがどれだけ努力したのかということを見ていない。それをしっかりと考察に含めれば、「〝占領憲法〟と一言の暴論で片付ける、あなたのセンシビリティがおかしいんだよ」ということです。

この話と同様に、僕は松平さんの考え方がどうしても納得できない。このことについて僕は松平さんに通じる中央官庁の官僚と話をしたことがあります。「あなたたちの論理は、一つの考え方としては納得できるけど、もし、松平さんの論理を肯定してしまうと、戦後の日本は何だったのということになってしまう」と伝えました。A級戦犯合祀と戦後日本の肯定の整合性がとれていないんです。そこのところの論理の一貫性というのか、論理と思想の一貫性のためには、戦後日本に対する論理をつくらなければいけない。これに対する一つの見方が、〝ポツダム体制打破〟[注15]でしょ。これ、一水会もそうでしょう?

**鈴木** やはり、戦後日本人は憲法を自分たちで創るべきでしたよね。たとえGHQの支配下にあったとしても、チャンスがあったんですから、そこで思い切り独創性を発揮して、日本を根本的に変えてしまうということだって考えられたはずです。でも、そうできなかったことで、戦後日本のスタートにねじれが生じた。なぜ当時の日本人は自前の憲法を創れなかったのか? そのことをずっと思っていたんです。

**保阪**　その点は、僕もずっと考えているんです。少なくとも、昭和二十七年四月二十八日に独立回復をしたときに、吉田内閣は国民投票をやるべきだったんですよね。

**鈴木**　それは僕も同感です。戦後、日本が独立を回復するときに一緒に憲法に対する信任投票もやれば良かったんですよね。

**保阪**　それをやらないから、国民的な意志が戦後日本の諸政策に全然込められていない、そこが問題なわけですね。だからこそ〝ポツダム体制打破〟という言葉には、僕は半分は共感するんです。しかし、もう半分で、その中味についてもっと本質的に詰める論理を持たないと思想としては不十分だとも思うんです。戦後に対するアンチテーゼだけでは、結局、私たちは外国から押しつけられた状況に対し、取捨選択の仕方だけで生きていく国民なのかと自問せざるを得なくなってしまう。例えば松平永芳の理論も同じ罠にはまっていて、この理論で考えたときに戦後天皇の役割を否定することになってしまい、どうしてもそこに不遜さを感じます。やはり私たちには、天皇も含めてだけど、戦争が終わったときに、そして講和が発効したときに何かの儀式が必要だったんです。そうすれば国民的意志が反映されたという一つの認識を共有した論理が生まれてくる可能性というか、条件が出てくるんだけど、それがないから主体性の見えない国になってしまっているんじゃないか。

**鈴木**　日本が特別な仕方で独立回復をしたのならば、敗戦直後にはできなくとも独立回復のときにこそ憲法を創ってアメリカに対し、どうだ！　と大見栄でも切ってやってもよかったんです。独立を回復したというならそういうふうにやるべきだったんですよね。

保阪　日本国憲法については、その後の経緯にアメリカのほうが驚いているそうですよ。山田久就という外交官がいたのですが、その息子さんがアメリカでカネボウの社長をやっていたのですが、その方に話を聞いたら、「オヤジのところによくケーディスが来ていた」と言うんですね。占領期のことだったそうです。山田久就は終戦連絡事務局（終連）の日本側の代表だったのでその関係で会っていたそうですが、ケーディスがアメリカに帰国後、息子の山田氏はアメリカに留学してときどき会ったと言います。ケーディスは、「まだ日本はあの憲法を守っているのか？」と驚いていたそうです。でもそれはそれで、また私たちの国の別の問題だと思いますけどね。山田氏も、戦後ずっと憲法を守っているということを、日本人の律儀さと見るか、アメリカなど国際社会のいざこざに距離を置こうとする我々の計算と見るか、その点については、いろんな考えがありますねと言ってました。いずれにしても、靖国神社のA級戦犯祀問題も憲法議論も明確な国民の意思表示がなされてこなかったというのは、いまだに占領期をどう見るのかという理論に、はっきりしたものがないということを意味しているとも思います。

鈴木　そうですね。〝ポツダム体制打破〟というスローガンも、日本の戦後をどう捉えるかという問いへの一つの答えであり、戦後日本へのアンチテーゼですが、この〝ポツダム体制〟という言葉は、平泉学派の田中卓さんがつくった言葉なんです。よく右翼の街宣車に「YP（ヤルタ・ポツダム）体制打倒！」なんて書いていますでしょ。右翼の間ではとても有名なスローガンですが、でもそれがなぜ平泉学派の人から生まれたのか、ということまで知っている人は少ないですよね。でも、靖国のA級戦犯合祀問題から見ていけば、分かってきますね。

保阪　そうですね。この語に賛成するも反対するもお互い論理矛盾があると気がつくんですが、それはやはり、戦後日本の社会全体が論理矛盾を抱えているということなんですね。だからこそ、〝ポツダム体制打破〟というのは一面で説得力があるのだけど、アンチテーゼ以上の政治思想・政治姿勢まで含んでいるのかと考えたときに、その先の日本のあり方について右も左も提示していないから、冷戦後も論理的な発展もないままずっと来てしまったのではないかと思うんです。

鈴木　僕は平泉澄さんのお話も聞いたことがあります。楯の会の持丸博に誘われて行ったんです。そのときは森田必勝も一緒でしたし、阿部勉もいたと記憶しています。今、思想についてお話がありましたが、戦前の国家改造運動の人たちには行動力とともに、やはり深い思想があったと思います。

保阪　日本人は独自の思想を確立する機会があったのに逃がしてしまうんですよね。〝ポツダム体制打破〟というのは、西欧支配に対する世界史的な視点からの論点をつくれる考え方ではありますよね。十六世紀〜十七世紀の大航海時代から始まる植民地支配と、その後の産業革命、フランス革命、自由民権、マルキシズムという西洋史の流れに対する日本的な、もっと言うとアジア的な論理をつくれたんじゃないかと思う。昭和の『国体の本義』ではそれをつくろうとしていますよね。でも、結局、そのときに生み出したものは西欧の論理主義に対抗できない情念主義になっている。しかし、そんな中で北一輝には論理があるんですよね。永久性・有効性を持つ論理だと思いますよ。僕は橘孝三郎にも論理性があると思うし、大川周明なんか見事なほど論理性があると思う。

鈴木　それは言えますよね。右翼運動とか国家改造運動というと、どうしても直接行動とか精神性だとかそういうのばかり強調して言われて、そういうものしか歴史の中で示していないように思われがちだけど、論理を持った思想家もいたんですよね。でも残念ながら、そういった人たちは運動の中心になって多数派になるということはほとんどない。

**保阪**　左翼思想においても、論理性があれば一定の人はついていくと思います。論理性がないと結局は感性の次元になってしまい、中心人物がいなくなったら運動はそれで終わっちゃうんですね。テロリズムでも「論理性のあったテロリズム」は、その主張については思想内容の是非を考えることができます。例えば朝日平吾は、時代状況への批判としてはそれなりの説得力を持ってます。だけど論理性がない。昭和初期のテロも、やはり論理性が弱いですよね。それだとどうしても思想としての永久性を持てない。論理性というのは頭がよくて、知識がある人だから生み出せるというものじゃないんです。たとえそれが百年前の考えであっても、「なるほど、だからこのように考えられるのか」と納得ずくになれるかどうかだと思うんです。橋本左内とか佐久間象山とかは、そういった幕末の人たちの考えが説得力があるかどうかは別として、論理性を持っている。西郷隆盛なんかは論理性というよりも情念だけども、それはそれで他の人の論理に繋がる部分もあります。

## 〝尊皇と攘夷のアウフヘーベン〟

**鈴木**　西郷は〝永遠の維新者〟だし、革命家です。その情念の強さや濃さには生半可な思想は太刀打ちできないですよね。明治から昭和初期の国家改造運動で、いろんなテロリズムや攻撃運動がありましたが、美濃部達吉の天皇機関説に対する攻撃など、攻撃対象となるのは欧米系の知識を持った民主主義者であったり、近代合理主義的な態度を持った人間ですよね。抗議方法の是非は別にして、そういった欧米系の知識人に反対する人間にも一理はあると思います。西郷の存在感の大きさは後の世代にも影響力があって、国家改造運動を進めた人々もずいぶんと意識していたのじゃないですか？　思想的な隔世遺伝で、明治維新のときに諦めてしまった尊皇攘夷という、幕末の火種と情熱がもう一度、昭和の国家危機の中で目覚めてしまった部分もあるのではないでしょうか？

**保阪**　そういった幕末の情熱や思想を超えようという模索でしょうね。例えば、昭和の『国体の本義』とかは、尊皇攘夷というよりも、〝尊皇と攘夷のアウフヘーベン〟と言ったら何を言っているんだと思われるだろうけど（笑）やはりそれまでの思想を超えていくという道を模索している。昭和の時代状況の中では尊皇でも攘夷でも、幕末と違うものをと探っている。二・二六事件に参加した将校たちが言っている、あるいは『国体の本義』が訴えているのは、一応、西欧の近代合理主義そのものを汲み取りながら、しかし、なおかつ思想的にそれを超えていこうとする国家論・日本論ですよね。つまり西欧思想の排除ではなくて、それを超えていくというのが主眼点でしょうね。

**鈴木**　そう考えると、やはり国家改造運動に関係している思想が十分に吟味されていないのは残念ですよね。運動が潰されてしまった後は、もう新しい思想が生まれなくなってしまいますから。昭和史の痛恨事ですね。

**保阪**　そうですね。日本の昭和十年代の軍事主導体制を支える思想というのは、正直言って一つもないんですね。大川周明とか橘撲《しらき》とか、右翼や民族主義者の論理というのは、確かに部分的に軍人たちの思考に影響を与えているところがあるけど、しかし軍人たちが戦争を遂行していくときの根底にある思想は何か？　と考えると、実は何もないと僕は思います。その点は『ナショナリズムの昭和』という本にも書いたんですが……。だから僕は昭和の戦争指導者に、腹が立つんですね。

## 日本国憲法の問題点

**鈴木**　保阪さんが開戦詔書について残念に思っているように、僕は憲法のつくり方については、やはり残念に思っています。日本人として思想をつくり出すチャンスだったのに、活かせなかったですね。

**保阪**　日本はいろんな見識や意見を総括したうえで、憲法を自主的につくるというような姿勢を見せれば、アメリカ側とは十分に交渉できたと思うんです。そうせずに、松本委員会が試案をつくるんですが、それはほとんど大日本帝国憲法の焼き直しなんですね。そういうことをやるから、アメリカが怒るわけですよね。もしこのとき、日本側が大日本帝国憲法を総検討して、改変ではなく、新たに我々の手でつくろうと自立した独自の戦後日本の憲法を考え、占領軍に突きつければよかったんです。それに対してマッカーサーが「それはやめろ」「あれはけしからん」などと反対してきたら、どんどん議論を戦わせればよかったんです。

**鈴木**　僕の若い頃は、もう諸悪の根源のように日本国憲法を思っていたんですね。憲法さえ変われば、日本はよくなると思っていました。でも、その後、昭和天皇の戦後の努力などを知り、いろいろ考えるようになりました。もしこのとき日本人の憲法案が対案となっていたら、憲法だけでなく、戦後日本も今とはきっと違っていましたよね。

**保阪**　幣原内閣の中にあった松本委員会が検討して、日本側の憲法案をつくっていくんです。非公開で進めていたのですが、昭和二十一年二月一日の毎日新聞が憲法案の内容をスクープしました。それを見てＧＨＱは、今までの憲法と大して変わっていないと激昂するわけですね。二月四日から十二日、十三日までの約十日間で、マッカーサーが民政局に三つのポイントを立てて、「お前たちで新憲法案をつくれ」と命じます。天皇は元首ではなくシンボルである、戦争は放棄する、そしてイギリス型の議会政治の開設という、いわゆる「マッカーサー三原則[注16]」です。それを入れて、ＧＨＱの民政局が今の憲法の原案をまとめたのはご存じのとおりです。鈴木さんのお話にあったように、ＧＨＱ民政局はリベラルな者が多く集まっており、自分たちの想いを込めて、それこそすぐつくるんです。十日間くらいでまとめて、吉田茂と松本を呼んで、これを参考に新憲法をつくれと突きつけられるんです。吉田たちはＧＨＱの動きを察知していなかったようで、ずいぶん驚いていたようです。しかし、受け入れるしかないので、いったん受け入れて、そこから早急に検討し、いろんな字句を修正していくといった交渉に入るんです。

その憲法制定までのプロセスを見ていると、いろんなことに気がつきます。この毎日新聞のスクープというのは、かなり政治的なんです。当時、日本国内に、松本案に対し「こんな憲法を戦後につくってはいけない」と反発していたさまざまな勢力があったんだと思います。毎日新聞の社史にこのスクープの経緯について書いてあるかというと、特に書いていない。結局、この記事はＧＨＱを怒らせることになって、「日本人に任せていたら、駄目だ」と、その後のＧＨＱの政策のある流れを引き出していくことになる。

そういうのを見ていくと、逆に日本側がもっと改革に積極的な姿勢を見せて、「我々につくらせてください。そして、我々の案について、あなたたちと調整したい。そのために一カ月か二カ月時間をください」と言えばよかったと思います。「いや、日本人は自分で憲法案を考えたんだ。それが松本委員会だ」と主張する人もいるんだけど、それならば、そんな微調整程度の改革案をつくっちゃ駄目ですよね。もっと大胆に大日本帝国憲法をガラッと変える案でなければ、ＧＨＱとの交渉もうまくいかないのは目に見えてます。お茶を濁すような案では、日本がＧＨＱに突きつける対案にはならんと思うんです。

### テレビドキュメンタリーと歴史認識

**鈴木**　民間ではいろいろ憲法試案をつくっていたようですね。鈴木安蔵とか憲法研究会に集まった学者たちが、「憲法草案要綱」を考えていますよね。

**保阪**　高野岩三郎などがつくっていた案は、かなり社会主義的な色彩が濃いものですよね。なので日本の当時の支配階級というか、社会構造にも合わないと思います。ただ一部のリベラルな研究者は鈴木たちの案はＧＨＱの人びとにも影響を与え新憲法の参考になったんだと考えているようですね。

**鈴木**　ええ、そう捉えている人もいますよね。ＮＨＫの番組でも、そんな主旨で放送していました。ＧＨＱは鈴木安蔵の案を参考にしたという見解で、それによって彼を日本国憲法制定に一役買った人物として評価する学者もいるそうですが。

**保阪**　そう言うことによって、今の憲法の正当性をそこに置こうと思っているんでしょう。それは論理としては分かるけど、実際にはどうか？　ＮＨＫのドキュメント番組のディレクターは優秀なんですけど、七十年以上の年月が経過すると、どうしても作為や錯誤等の、いろんな問題が生じてきます。NHKに限らずドキュメント自体が事実から離れていくというのか、解釈の領域が広がっていきますよね。つまり、事実についてはもうほとんど分かっているから、解釈の領域で番組企画を引っ張っていくことになる。しかし、解釈というのは一つだけではなくて、二つも三つも可能なので、同じ史料を使いながら解釈を変えていくというようなやり方のドキュメントが多くなっている印象です。もちろん、新しい史料の発見もないわけではありませんが……。

**鈴木**　保阪さんや半藤さんは、テレビの歴史ドキュメンタリー番組等にはずいぶん関係しているのかと思っていたけど、そうでもないんですか？　毎年八月になると終戦記念日特集のドキュメンタリーをたくさんやりますよね。あれだけ次々に番組をつくるのは大変だな、といつも思うんですが。

**保阪**　僕はあまりテレビには関係していません。聞かれれば答えるという程度ですね。確かに番組づくりは大変だと思いますね。例えば、NHKのディレクター同士は競争しているんだと思いますね。仮に八月放送予定で番組をつくるとすると、もう前の年とか、二月くらいには企画を出したりしないといけない。それで、僕のところにディレクターが二〜三人来ることがあるんです。企画を模索している期間は、局内外を問わず厳重に情報を管理して漏れないように注意しながら取材するんですね。だから番組決定まで、彼等はものすごく神経質ですよ。そのかわり、採用されると八月の終戦記念特番として目玉、ないしは準目玉扱いで、予算も放送枠も大きくなるんじゃないですか。

**鈴木**　以前は民放でも終戦の日の歴史ドキュメンタリーをやっていましたけどね。今は、戦争の反省とか空襲の記憶とかいうテーマは、人気がないからあまりやらないのかなと思っていましたが、企画も予算取りも難しいんでしょうね。でも、こういうテレビ事情一つ考えても、戦争について考え、語っていくことが年々、難しくなっているということがよく分かりますよね。もちろん、取材したり監修したりする側の能力も問われていることだと思います。もう今は保阪さんと半藤さんが出てくれないと、他に昭和史をきちんと検証する人はいないのじゃないですか？

**保阪**　いえ、日経新聞の井上亮氏とか毎日新聞の栗原俊雄氏とか、四十代、五十代で頑張っている人もいます。ただ半藤さんも僕もラッキーだったのは、半藤さんは僕より十歳程年上ですが、将官とか佐官や尉官等、戦時中に政策をつくった軍人や政治家、官僚たちにかなり会っていますから、実際にどんな人だったか知っているので、人物評も含めて戦史について話ができるんですよね。

以前、中島岳志氏と話をしたとき、僕が橘孝三郎さんに会ったと言ったら、驚いていました。考えてみれば、僕が橘さんと会っていたのは中島さんの生まれた頃なんじゃないかな。まあ、そんな年になったということですね。

**鈴木**　軍人たちに直接、戦争指導とか作戦のことについて取材している方は、もう保阪さん以外にはいらっしゃらないですよね？

**保阪**　広島県呉市の大和ミュージアム（呉市海事歴史科学館）の館長をやっている戸高一成氏は、海軍軍人にはすごく大勢会っていますね。昭和二十三年生まれなのですが、海軍資料調査会に勤務していたので、海軍には詳しい方です。半藤さんを含めて勉強会で会うことがあるのですが、戸高さんは陸軍の人にはあまり会っていないそうです。鈴木さんだって、昭和史の著名人にはずいぶん会っているんですね。今の若い人に言ったら、びっくりするでしょう？

鈴木　そうですね。当時は右翼について勉強するのに必死でしたが、今考えると本当にありがたいご縁でしたね。血盟団事件の小沼正氏とか記憶に残っています。

保阪　毛呂清輝氏にも会っていらっしゃいますでしょ。そういう人に会ったというのは、そのときには分からないけど結局、財産になっていますね。

鈴木　ええ、いろんな人にお世話になりました。今、話題にしている憲法の関係で言うと、僕は憲法二十四条の発案者であったベアテ・シロタ・ゴードンさんと何度も会って話をしました。なんと彼女は二十二〜二十三歳のときに二十四条の原案を書いているんです。その若さには僕も驚いて、二十四条のことをつい「なんだ、女子大生のレポートじゃないか」と思ってしまったんですけど、さらによく話を聞くと全然違うんです。「自分は戦前、日本に住んでいて、日本の女性の実態もよく知っていた。だからこそ、アメリカでも実現できていなかった民主主義的な条文をつくったんだ」と言っていました。そして、そのことをすごい誇りに思っているんです。当時の憲法をつくるという人たちは懸命に理想を追い求め、もう二度と戦争のない国をつくり、世界中に軍隊もなくせると訴えようとしていた。そして、その最初の第一歩を日本でつくるんだと希望に燃えていたんです。それは今から考えると、ただの夢かもしれないし、「実験台にされた！」と不満に思う日本人も多いかも知れない。でも今、日本の憲法を変えようとする人たちに、それほどの夢があるのか？　理想はあるのか？　と真剣に問いたいですね。ないですよね。「俺は愛国者だから改憲論者だ」なんて勇ましく言う人に、占領軍ほどの勉強や理想や真剣さが本当にあるのか？

保阪　憲法を変えるというのであれば、憲法を変えるだけのエネルギーと思想と努力がなければいけないのは当然ですよね。敗戦と占領を受け入れ、戦後日本を建て直した人びとの努力を歴史的に咀嚼する力を持っていると自信を持って言えるほどの努力と覚悟で改憲を目指しているのであればまだしも、それなしに改憲を言うのであれば、やはり軽率との誇りを免れないでしょう。

## 昭和史の当事者たち

**鈴木**　歴史の当事者とか生き証人に話を聞くのも簡単ではないですよね。つい引き込まれてしまい、その人の視点だけで世の中を見てしまう危険性もありますから。その意味では保阪さんは単なる有名人というより、評価の分かれる昭和史の人物にたくさん会っていますよね。

**保阪**　文藝春秋が七〇周年記念のときに、誰か関心のある人の評伝を書かないかと誘われたので、ちょうどその頃、関心を持っていた後藤田正晴について書きたいと思ったんですね。実はその頃、彼は平成の初めの頃に自民党が提出していたPKO法案に反対していたんですよ。警察の親分で自民党田中派の重鎮でありながら、これに反対するのは面白いなと思ったんです。文春の重役と一緒に議員会館に行って、先生のことを評伝として書きたいと言ったら、「いや冗談じゃない。わしは評伝を書かれるような者じゃない」と言って、断られたのですが、そこから少し雑談したんです。実はその頃、僕は台湾の蔣経国のことを調べていたんですね。蔣経国というのは蔣介石の息子で、彼は日本人の母親と中国人の載天仇の子どもなんですが、載が日本にいたときに産ませた子どもでしたが、中国には本妻がいた。載は恐妻家で困ったというんで、蔣介石が「じゃあ俺の子どもにして育てよう」と言って育てたといわれています。僕は蔣経国を取材に何度か台湾に行ったことがあって、そのときに彼は陸海空の三軍大学の学長をやっていたんです。そんな取材をしていた関係で、台湾司令部のことはかなり詳しかったんです。台湾派遣の司令官の岡村寧次大将とかの話をしたのですが後藤田は内務省に入って、戦争中の兵役では台湾司令部に招集されて行っていたので、彼は驚いて「君はなんでそんなことを知っているんだ？」と聞くんです。興味をもって調べているんだと言ったら、「取材を受ける」と応じてくれたんですね。

それから、橘さんと同じように月二回、一年半、議員会館に行って取材をしました。彼は原稿を見たいと言いましたが、僕は嫌だと言ったんです。「先生、取材を引き受けてくれた以上はもう本にするのはこちらの裁量です」と言って、僕も頑張りました。結局、後藤田さんには事前に見せないまま本ができて、その日の夕方届けたんです。けっこう厚い本なんですが、すぐに読んだらしく次の日の朝六時頃、電話がかかってきて、「君は文学的に書いている。僕はこんな人間じゃない」と言うんです。彼は親を早く亡くしているのですが、そういったところをちょっと文学的に書いたところがあるんですよ。「僕はこんな弱い人間じゃない。こんな本は出さないというわけにいかないか？」と言うから、「いきません」と答えました。「間違いがあれば再版で直します」とか言ったら、では再版のときにこう直せ、ああ直せと言って、しまいには「もう君は僕のところへは来なくていい」と言われたので、僕も「そうですか」と返しました。それまでは、取材で後藤田の家にも行っていたので、奥さんとも会っていたんです。本が出て一週間後に、後藤田のパーティーがあって、すでに招待されていたので、正直内心、嫌だなと思ったけど、もうしょうがないから行ったら奥さんが近づいて来て、「保阪さん、本当にありがとうございます。血も涙もないと思われている後藤田が、本のおかげで、実はあんな優しい男だったのかと、みんなに言っていただくと思います。本当に感謝しております」と丁寧に挨拶されました。そうしたら、後藤田もやって来て「おう」と一声。それでイザコザも終わり。それからものすごく仲良くなった。（笑）

暇があったら遊びに来いというので、よく遊びに行っていろいろオフレコの話もしました。雑談中、「君は右翼か、左翼か、どっちだ？」と言うから、「右翼から見れば左翼と言われたいし、左翼から見たら右翼と言われたいんですね」と言ったら、「わしと一緒だな」と言って笑っていました。

そのときに、彼が「たった一つ、これは自慢なんだがな」と言ったのは、「自分が警察庁長官のときは思想で逮捕したことは一度もない」と言うんです。

**鈴木**　へー、そうですか？「カミソリ後藤田」と言われた彼が、自分では思想犯は逮捕しなかったと主張して、それをさらに自慢にも思っていたのですか？

**保阪**　「刑法に引っかかったものは必ず捕まえた。しかし思想で捕まえたことはない。君、もしそういう事例があれば言ってくれ。自分はそれが誇りなんだから」と言うんです。なぜ後藤田がそこにこだわるのかというと、旧制水戸高校の同級生の梅本克巳のことが意識にあったんです。彼の地元は徳島ですが水戸高校に進学しているんです。入試で英語の配点が低いから水戸高校に行ったと言っていました。彼は水戸高校について「英語ができないヤツが多かった。でも中には外国語のできる奴もいたんだ。君、梅本克巳って知ってるか？　あいつは秀才だった。本当にマルクスの原典を読んで勉強した秀才だ。あいつは思想家じゃない、勉強家なんだ。思想がいいか悪いか、それはわしは知らん。とにかく一日中、勉強しているんだ」と、ものすごい褒めるんです。

鈴木　後藤田氏と梅本氏が同窓だったなんて、後の二人の人生を知るとびっくりする運命ですよね。

保阪　ええ、そこで後藤田と梅本は同学年の隣の部屋で親しかった。「あいつは、いつも勉強ばかりしてた。共産党というのは、それなりに勉強するようじゃなきゃなれないんだよ。だから思想でいいんだ。だけど刑法に触れたら、それは容赦しない」と言うんです。それを聞きながら、でも全共闘運動の取り締まりで思想でパクったことって本当にないのかな？　と思ってしまいましたけど。思想を理由に逮捕しなかったなんて、そんなことないでしょ？　どうですか？

鈴木　ないんじゃないですか。やっぱり思想が理由で何か別件逮捕的なことをやっていますよ。だって、どんな人だってずっと監視していれば、一日のうちにどんな微罪であっても刑法に必ず引っかかる何かをしていますから。例えば、普通の一般市民ならば駐車違反だって信号無視だってするかも知れないけど、逮捕まではしないでしょ。でも、右翼とか左翼で警察にマークされている者ならば、それでもう逮捕されてしまいますからね。法に触れたから逮捕した、だから思想弾圧じゃないというのは違うと思いますね。

保阪　僕も取材した範囲で言うと、同じ印象ですね。全共闘運動に参加した人に聞いても、やはり警察は思想傾向を理由に逮捕したりすると言いますね。だから、その点を後藤田さんに聞いたら、「よく世間では、警察のでっち上げだとかなんとか言うけど、僕の聞いた範囲ではそういう事例はないね。逮捕した人物はやっぱり何かの法に触れている」と言いましたね。

鈴木　形式的には触法という形は担保しておきたいんでしょうね。でも微罪逮捕とかはよく使う手口なので、完全な冤罪というのは少ないんじゃないですか？

保阪　後藤田は警察庁の本当に上の上層階級だから、警視庁とか千葉県警とかの現場の実際はあまり直接的には知らないという面もあるでしょう。昔の内務省出身の官僚なんか、一部ではそういった第一線の仕事を「現場仕事」とか、ひどい言い方をする人も現実にいましたからね。

鈴木　うーむ、なるほど。警察だって巨大組織で一枚岩じゃないですからね。冤罪とかでっち上げというのも、警察内部の対立がその遠因の一つになっているかも知れませんよね。

保阪　上層部のそんな偏見や蔑視を聞いたら現場の警官は怒るだろうけど、警察のエリートはみんなそんな傾向を持っているんじゃないでしょうか。

警察の取り締まる側の人間とそうやって話をすると、なるほどなと気が付くことも多いですね。彼等は彼等なりにプライドと使命感があるわけですから。ただ一般的には警察は上層部も含め、左翼とか右翼とかの思想内容についての理解は、あまり詳しくはないですね。知らないと言うよりも興味がないというか。「それは公安がやる仕事だろう」と突き放している感じですね。

鈴木　後藤田が政治家だったときの自民党の実力者と言えば田中角栄ですが、今、ほとんどブームと言えるくらい田中の再評価が盛んですよね。今でも人気があるみたいですよね。田中角栄に関する本なんて次々に出て、どれも褒めていますよね。でも、そんなに良い政治家と思っているのだったら、ロッキード事件のときにあんなにいじめるなよと思いますけどね。

保阪　同感ですよ。田中角栄が僕らの欲望を政策化するときは、みんなで拍手したけど、でも内心ではそれは恥ずかしいことだとも知っているから、田中が落ち目になると、みんなで唾かけて彼を否定することに躍起になる。彼の政策も自分たちの欲望もなかったことのように否定したんですよね。

庶民のあの変わり様というのは、やはりちょっと問題だなと思いますね。

## 軍人の人間学

保阪　瀬島龍三さんはソ連のスパイと言われ、そういう説を支持する人もいます。しかしどうなんでしょうか。彼は富山の農村のありふれた中農の出身なんです。幼い頃から優秀だったので地元から引っ張り上げられて陸軍幼年学校に入学し、陸軍のエリートになっていくんです。彼の問題は、身の処し方の中に、自分の才覚だけで立身出世した地方出身の人に、ときに見られる特有の計算がある。こういう言い方は失礼なんですが、損することはしない。インタビューのとき、彼は「僕らの世代に五・一五事件に参加した吉原政巳がいるんだよ」と言うんですね。瀬島と吉原はともに四十四期で、よく知っているんです。僕が「どうして瀬島さんは事件に関係しなかったんですか？」と聞いたら、「俺はあいつらとは違って、そういう運動、行動に出るタイプじゃないんだ。吉原なんかすごい秀才で……」とすごく褒めるんです。ただし、それは自分が行動できなかったという負い目で吉原を褒めて、五・一五事件で仲間がやったことを弁解しているのではなく、彼は教師とか上官などによって、上から与えられた空間の中でしか生きられない人なんですね。そういった体制を壊す気持ちなんか、まったくないというのが彼の信念なんです。日本の共同体内で優秀な人材として育ち、共同体の中からの目ですべてを見て、そして共同体の倫理と生活感覚で、軍の中でも生きるわけです。だから、常に自分の小さな世界をつくっていたんですね。

鈴木　保阪さんは多くの取材をされてますが、だいたいの人のことは冷静な目で判断できるんですか？　会った瞬間に、ある程度、その人物の人格を見抜くとか？

**保阪**　いや、そんなことはできないですよ。でも、政治家の場合は分かると思います。政治家の目というのは、普通の人と違うでしょ。

**鈴木**　政敵かどうかを見抜く力がですか？

**保阪**　目の光や、目の動かし方が。僕は、あの人たちはある意味、不幸だなと思うんです。政治家の人は初対面の人に対し、まず「こいつは何者で、俺にとって利益になるヤツか？　あるいは敵か？どういう付き合いをするといいのか？」など、瞬時に見るでしょ。

**鈴木**　うーん、僕はそういうのは分からないですね。それが分かるのはやはり保阪さんがすごいからですね。確かに政治家にとって敵とか味方を見分けるのは大切だろうし、職業的な本能なんでしょう。そう考えると、例えば旧軍の統帥部の将校たちというのは、いつも戦いのことを念頭に置いている人ですから、こいつは敵か味方か、役に立つのか、立たないのかということには敏感な人たちなんでしょうか？

**保阪**　いえ、軍人だからといってそんな勘はないですね。統帥部の将校というのは、全然そんな人間学というのはやっていない。むしろ、軍人ほど騙されやすい人たちはいないんですよ。昭和の前期にこんな事件がある。「東郷平八郎の偽筆事件」です。昭和初めの頃はまだ東郷平八郎は生きていたんですけど、東郷平八郎の書だというのを勝手に書いて売ったヤツがいて、情けないことに軍人がころっと騙されて買っているんですね。もちろん一般の人も買っているんだけど、「東郷平八郎の偽筆事件」といって、有名ですよ。東郷平八郎は、当時の日本軍にとっては神様だったからね。

軍人はありがたがって買ったわけですよ。軍人は騙しやすいという一例ですね。

**鈴木** 軍人が騙されやすいというのは、何とも情けない話ですね。幼年学校からずっと軍人の社会しか知らないで、純粋培養的に育ってしまうと騙しやすいんでしょうかね？

**保阪** そうでしょうね。鈴木さんも代議士なんかと会うときに、こいつ変なヤツだなと思うときあるでしょ？

**鈴木** みんな偉いのかと思っていました。東郷の偽筆だって、僕も騙されるかもしれません。あんまり、そういう判断する目がないな、僕は。この場合は詐欺ですけど、政治活動にはカネの問題は必ず出てきますよね。人を見抜くっていつの世も、難しい問題だと思います。

**保阪** 昭和の国家主義運動をやっていた人では私生活の乱れていた人って、あまりいないでしょう？

**鈴木** いや、みんな乱れていたんじゃないですか？　右翼の人たちはみんな乱れていたと思いますけど、違いますか？

**保阪** 右翼はそんな乱れてないと思うな。左翼は「ハウスキーパー」というのがありましたけど、北一輝はそんなのないし、大川周明だってしっかりしているし。橘さんなんて、そういうの全然ない。

**鈴木** たまたまそういう人しか知らないからじゃないですか？

**保阪** そう？　ひどい人、いるんですか？

**鈴木** いやあ、いっぱいいるんじゃないですか？　ただ、左翼と違ってあまり注目もされないから、目立たなかっただけだと思いますけど。きっと右翼の動向なんて、多くの人にとってどうでもよかったんじゃないですか？

保阪　政治家や軍人、あるいは思想家やテロリストに惚れる女性には、性格的に何か共通の傾向があるでしょうね。例えば、陸軍の橋本欣五郎の側近で、ある時期に秘書役もやった今沢さんという方の証言によれば、橋本はもてたというんですよ。次々に女の人が寄ってくると言うんです。しかし橋本は美男子じゃなくて、むしろ武骨なタイプだと言うんですよね。しかし女の人って不思議で、寄ってくる。そうすると橋本も手を出したりしたことがあるらしいんだけど、その後がゴタゴタになったとも言われています。女の人は関係の永続性を求めるけど、橋本のほうは一回だけの関係でいいわけでしょう。その女の人を説得して、お金を渡すこともあったと言っていました。

鈴木　周りにテロリストがいっぱいいるんだから、始末しちゃえばいいんじゃないですか？　いや、すみません。殺すとかいう意味じゃなくて、脅かして関係を断ち切るとかしなかったんですかね？　三月事件・十月事件の黒幕だった国家改造運動の大物人物なのに、女性に手を焼くというのは意外ですよね。

保阪　それとこれとは全然、別のようですよ。軍人と女性問題は実に頻繁でしたから。神奈川県の横須賀にKという海軍御用達の料亭があるんです。海軍の軍人がよく行った所です。そこにいた芸者さんで九十五〜六歳の人に十五年くらい前に取材したことがあるんです。お酌した後、寝ることもあったんだよとご本人は言うんです。戦前には、海軍の人の相手したと言っていました。他にも海軍のいろいろな話を教えてくれました。「一番印象に残っている海軍軍人は誰ですか？」と聞いたら、S・Iさんだと言うんです。どうしてですかと聞いたら、あの人は私が宴会が終わった後に部屋に行くと、「どうもありがとう」と言ってお金をくれて、次には「君、早く寝なさい」と言って、ひとりでさっさと布団に入って英語なんかの原書を読み始めるんだそうです。「私、それじゃ困るんです」とIさんに言ったら、「いいよ、君は寝なさい。私はいいんだ」と言うばかりで、結局、指一本触りませんでした、すごく真面目な海軍軍人でした、と言ってIを褒めるんです。もし僕が若いときにこの話を聞いていたら、彼はすごい真面目だなと感動したと思うんです。でもその話を聞いたときには僕ももう六十過ぎていたから、人間的にも発想が違うでしょ。だから実はIさんはこの女が嫌いなタイプだったから手を出さなかったんだろうと思ってしまうんですね。「この女より原書を読んでいるほうがいいやと思ったんだな」と、考えるようになってしまったんです。（笑）その芸者の方には他にもいろんな話を聞きましたが、こっちが聞いてもいないのに軍人との性的な話をするんですね。まあ、当然ですよね、彼女は実際に経験しているんですから。

鈴木　いや、まいりますね。保阪さんはそういったことについてどこかで書いているんですか？

保阪　いやいや、書いていない。

鈴木　書いたらいいじゃないですか。

保阪　いや、いや。（笑）まあ、書きませんけど、それからは海軍について書いてある本を読んでIのことを「海軍の良心派」なんて文言に当たると、含み笑いをするようにはなりましたけど。

鈴木　マッカーサーについての本を読んでいたら、マッカーサーは外では将軍だったけど、ベッドの上では一兵卒だったっていう、女の話が出ていました。公人ではありますけど、そんなことまで書かれてしまうなんて、かわいそうだなと思いますね。

保阪　有名人の場合、そういうエピソードはたくさん出てきますよね。昭和の軍人で田中隆吉っているでしょ。東京裁判で検事側の証人になった人ですね。彼は自称、川島芳子と関係があったというんですが、軍人たちに聞くと、川島芳子は田中隆吉みたいな男は絶対相手にしないと言うんです。「あれは自分で言っているだけだ」と言うんですね。川島芳子は相当美人だったそうで、田中隆吉は武骨な男なので、もてるわけがないと言うんですね。これもちょっと確認したいとは思っているんですけどね。

**鈴木** すごいですね、昭和史は。（笑）本当に思わぬエピソードとか出てきますから亡くなっている人の印象も変わったりしますね。

**保阪** 色恋の話まで聞きたくもないけど、聞いていると面白いですよ。

**鈴木** 面白いですね。でも書いていないでしょ？

**保阪** 書けないですよ、やっぱり。

**鈴木** そういうのが一行入ると、本の性格が変わってきますからね。

**保阪** 色恋の話は別にしても、当時のことを知っている人の話はやはり面白いですね。亡くなっているからこそ話せるエピソードとかもあるわけですからね。例えば、同じ海軍では山本五十六なんてひどいんですから。

**鈴木** 山本五十六はすごい人気がありますよね。ギャンブルも好きだし軍人にしては明るいイメージがあるのかな？　発想も柔軟で自由ですし……。

**保阪** ギャンブルも、女性関係も自由なところありますね。でも、かなり問題もあり、「今度ミッドウェイに行くんだ」なんて作戦前に馴染みの芸者に言ったといわれています。軍の最高機密なのに周りの芸者はみんな知っていたというんだから。こんなことじゃダメだよなと思わざるを得ない。

**鈴木**　山本は博打好きということで、作戦まで貶《けな》されますね。例えば、真珠湾攻撃も「投機的じゃないか」とか海軍内でもずいぶん議論になっていますよね。

**保阪**　本当に山本は相当、ギャンブルが好きだったようです。アメリカの駐在武官のときには、トランプでギャンブルばっかりやっていたと聞きますね。

**鈴木**　でも、山本に同情的に考えますと、あれだけ国力が違うアメリカ相手に戦う場合、真珠湾だって、ミッドウェイだって作戦はどうしても投機的にならざるを得ないですよね。

## 日本型エリートの原型と功罪

**鈴木**　地方出身者の心理とか人間的な面も含めて、そういった視点であの戦争の指導者たちのことを考えることは、今までなかったですね。明治以降、いろんな希望を持った人が東京に集まって来たと思うんですが、もしそこに何か課題があったとしたら、それは敗戦で終わっていないですよね。戦後だって、日頃は意識していないけど、今でも、ずっと同じ問題がありますよね。

**保阪**　例えば昭和史上で、大手財閥系の大手企業などをサンプルにして考えてみると、確かに優秀な人材が多いというんです。いわゆる有産階級の子弟も多く、例えば幼稚舎から慶應に行ってましたというような、本当に苦労知らずの優秀な社員というのは確かにいます。彼等は優秀なうえに、何かに凝り固まって融通が利かないということでもない。ほとんどの人は知識豊富で、ものの見方はかなり幅が広いんです。逆に「我が村から初めて東大に入った」という地方出身の秀才もいるわけです。そういう村一番の英才たちは、地元の期待を一身に受けて東京に出て来て学校を卒業しているので、社会に出ても、その意識をなかなか捨てられないんですね。そうすると、社内では抑えているんだけど、対外的な場面になると、妙に威張ったりする人がいる。それは特定の会社や部署だけに起きることではなく、日本の社会の通弊であり、きっと軍人もこうだったんだろうなと思うような態度をとるんです。もちろん、きちんとした方も多いんですが、やはり一部のいわゆる「田舎の秀才」にはちょっと手に負えない人もいます。それが左傾化したら、もっと厄介になる。例えば、伊藤律は岐阜の小さな村の出身で、一高から東大に行った秀才だったんですね。学生の頃から共産党で活動していましたが、後に除名されています。共産党員が回想録などで描く伊藤はかなりいやなヤツで、優秀なんだけど人間として育ってないんです。

**鈴木**　優秀だけど、感性が未熟なままということですか？

**保阪**　そう、感性が育っていないんですね。それは個人の責任でもあるんですが、社会の責任もある。出身地から期待をかけられているということは、逆に言うと、日本では社会の圧迫がすごい。それは、人格形成に影響を及ぼしますよね。後藤田正晴さんにしても、そういった地方出身のエリートの落とし穴をかろうじて免れたのは、政治家になって、大衆の中で頭を下げたからですよ。

**鈴木**　そうか。後藤田さんが政界に出た頃は、自民党の派閥争いもすごくて、同じ徳島の選挙区で三木派の人たちとすさまじい選挙戦をしていましたからね。そういった苦労があって、かえってよかったのかも知れないですね。

保阪　先ほど「田舎の秀才」の話をしましたが、逆に言うと、昭和前期の日本のアッパークラスに位置づける人を見ていると、みんな地肌は田舎なんだなと思います。都市の有閑階級出身で偉くなっている人は、あまりいないですね。

鈴木　それは上昇志向がないからでしょうか？

保阪　はじめから上流に属している人は、幼い頃から物質的に恵まれているから、偉くなる必要性を感じていないんですね。それに対して、地方出身の人の人生は上昇志向そのものでしょ。故郷を出たときから、博士か大臣になって帰って錦を飾るんだ、みたいな意気込みを持っている人もいましたよね。それは今でも基本的には変わらないと思う。

鈴木　そうか。だから日本のエリートのほとんどは、優秀だけど十五〜十六歳から成長していないんですね。

保阪　していないんですよ。例えば、日本の官僚って、そんなもんですよ。何歳になっても学校の成績自慢なんかしている。それは彼等の最終的なよすがなんでしょうね。それで出世が決まったりするわけですから。鈴木さん、そういう話をしたことないでしょう？

鈴木　成績自慢ですか？　いえ、しません。僕なんか全然、優秀じゃなかったですからね。（笑）

保阪　いえいえ。僕は勉強しなかったから、同窓の仲間で話すときも、高校時代に勉強すればよかったなというような話はするけど、成績自慢をするなんてことはないですね。先ほどの「田舎の秀才」の話ではないですけど、高校の先輩で、官僚として昇り詰めた人がいますが、彼と話していると高校時代の成績自慢ばかりでした。「そうか。官僚というのはこういうのが人生なんだな」と思いましたね……。

鈴木　高校生くらいまででだいたい決まっちゃうんですかね、人間の性格とか、価値観みたいなものは？　多くの著名人や、軍の参謀等に会われてみるとどんな感じでしたか？

保阪　変な表現になりますが、勉強のできる人は高校時代にどんどん勉強して東大でも好きなところへ行けばいいだろうけど、その代わりに失っているものもいっぱいあると思います。例えば、受験勉強だけの人は文学をほとんど読んでいない。仮に『我が輩は猫である』とか『三四郎』の話をしようにも、知らないから会話にならない。つまり、受験に長けるということは、それだけ得るものもあるけど、失うものもまたある。逆にこちらは親父の本棚に置いてある世界文学全集を片っ端から読んで、ほとんど勉強していないけど、彼等が失ったものを僕らは得ているということじゃないかと思う。そういった傾向は民間の人も、昔の軍人も共通していると思います。

鈴木　幼年学校を出て、士官学校を出て、さらにエリート軍人は陸軍大学校にも行きましたよね。彼等は軍官僚としては極めて優秀な人たちなのでしょうが、今のお話のように、同時に何かを失っている人なんでしょうね。

保阪　そう言えると思いますね。勉強ばっかりしているんだから。というのも、その勉強というものは与えられた知識や枠組みが決まっていて、その中の知識を吸収するだけで、新しいものを発見しようというのとは違いますから。

鈴木　磯部浅一もそうですけど、非常に純粋であるがゆえに、ある現実に直面してしまったときに、こうするしかないという思い込みがすごく激しいような気がします。国民や一般兵士の貧しい生活状況を知って、昭和維新断行しかないと決心してしまう。根は、情に厚い男なんですよね。

保阪　一面的なんですよね。一面的な思考は人生の器を狭くすると思うけど、しかし確かに、一面的ゆえの美というのはあるからね。直線の美というのは存在する。例えば、十九歳くらいでテロリズムに走った人は、直線の美というものを持っていますよね。行動を貫くという美学なんでしょう。

## 戦前の革命家たち

鈴木　そういった美学を貫く本人は納得できるでしょうが、家族は複雑かも知れないですね。

保阪　ある出版パーティーで、五・一五事件に連座した人の息子さんに会ったことがあります。温厚な方で、事件に対して微妙な心理を語っていました。

鈴木　その人も、あまり親とは関係のない人生を選んだんでしょうね。いろいろな苦労もあれば、親に内心、反発する気持ちもあったんでしょうね。

保阪　昭和の各種事件の関係者という肩書きがあれば、本を書けますよね。大半は書かないわけでしょ。やっぱりそういうものなのかなと思いましたけど。戦前の国家改造をやった人の中で、警察から終生監視というのをやられた人がいるそうですね。終生、その人を公安が監視する処置なのだそうです。その場合、公安はその人物の隣に住むのだそうですね。

鈴木　そのくらい、公安ならやるでしょう。やはり影響力が大きいからでしょう。本人はあんまりしゃべらなくても、存在感があったんですね。

保阪　例えば三上卓などそうですが、彼には詩人の才能があったから、人を惹き付ける感性を持っているんですよ。黙っていても、彼の作った歌は流行しましたからね。

鈴木　「昭和維新（青年日本）の歌[注18]」ですね。

保阪　ああいうタイプのほうが、人は惹き付けられるんでしょうね。

鈴木　そこがまた不思議なんですよね。「昭和維新の歌」なんて作品を作るような才能のある人なのに、三上さんは別に政治的な文章とか書いていないですね。対談もしていないじゃないですか。

保阪　だけど存在感があるし、彼のもとに人が集まったらしい。実は以前、ある人が僕に、三上卓に紹介しようか、話を聞いてみたらと言われたことがあったんですね。でもそのとき僕は断っているんですよ。会うのが、怖いと言ったんですけど。（笑）橘さんと合う部分があると聞かされました。そう言えば、確かに似たところがあるんですよ。二人とも感性的なところがあるから。

鈴木　ああそうか、三上さんはすごい理論家でもありますけど、感性的な人ではありましたよね。昔、選挙に出たときも、NHKで流す政見放送でしゃべらないで、ただ尺八吹いていたとか、すごい個性的なところもありましたし。

保阪　他にも、五・一五事件の頃の人物では黒岩勇とか古賀清志、あるいは中村義雄などは理論家ですよね。昭和の初期の国家改造運動はみんな思想があるんですよ。今の右翼の人は言葉がきついかも知れませんけど、思想を持つ人が少ないわけでしょ。思想があるかないかというのは、やはり分岐点になると思いますね。弾圧されるというのは、思想を持っているから弾圧されるわけで、思想を持たないと、弾圧される理由もないでしょ。しかし、だからこそ三上さんのきちんとした評伝がないのは残念ですよね。

**鈴木**　三上卓のような人は、今もういないですね。僕らの時代で右翼の先輩・先生は、みんな神兵隊事件に関係した人たちでした。白井為雄先生、中村武彦先生、それに影山正治先生もいましたね。みんな優秀で、いろいろな機関誌活動もしていたし、雄弁家でしたね。神兵隊事件そのものが、メンバーが決行事前に逮捕されて、未遂で終わっているので、自分たちがやれなかったという想いから、なおさら戦後の右翼運動で自分たちがやれることをやろうという気持ちがあったんでしょうね。だから僕は、そういう神兵隊の人たちに育てられたという思いがあります。

**保阪**　神兵隊事件は不思議な事件で、昭和八年のあの事件を、その後の時代変遷の中でずっと見ていくと、事件そのものの存在感は薄いんだけど、あの事件の周辺に一番人材が集まっているんですね。いわゆる民間右翼といわれる、さまざまな人たちが関与しているように思いますが。

**鈴木**　血盟団事件、五・一五事件、もしくは二・二六事件のように、決行したものじゃないですからね。だから事件としてはあまり知られていないけれども、人間的には素晴らしい人たちがいっぱいいたんですね。

## 家族から見た国家改造運動

**保阪**　戦前、橘孝三郎さんの愛郷塾でも二十歳とか二十一歳くらいの青年が塾生になりたくて大勢やって来たわけですが、その塾生の人たちの家族関係者には「私の身内は、橘さんは理想主義者のはずだったのに騙された」と言う人もいますからね。

鈴木　そうなんですか？　えーっ、それは情けないな。もう大人なんだから、思想については当然、自分が責任を持って選んでますよね。だから、家族がそんなことを言うべきではないですよね。

保阪　その家族にしても、大人だし、しかもみんなアッパークラスというか、いいポジションについている社会的に功成り名を遂げている人たちが「騙された」と言うんです。まあ、彼等にしてみればやっぱりそれは消したい過去なんだと思います。そうしたら、橘さんを恨むという形になるでしょうけどね。戦前の愛郷塾の塾生の一人にAという男がいて、そのAに何度も会い、橘さんの話もしましたが「先生は立派な人だと思う」と言ってたんですがね。

## 山口二矢の衝撃

鈴木　子どもの頃から家庭の中に政治問題が入り込んでいる状態はちょっと想像しにくいのですが、やはり幼い時期にはつらい環境かも知れないですね。僕が未成年のときに最も衝撃を受けたのは、山口二矢の事件[注18]でした。このことについては、いろんなところで書いたり言ってきたんですが、テロリズムは肯定しませんけど、賛否を別にしてとても大きな衝撃でしたね。まだ十七歳の高校二年生でしたから。当時は右翼思想とか知りませんでしたが、僕は彼と同じ年齢でしたから、「自分の年で、こんなことを考えている人がいるのか」とやっぱりすごいショックでした。刺殺ということをどう考えていいのか分からず動揺していました。

保阪　実は僕も山口二矢と少し縁があるんです。僕と彼は札幌市の同じ中学校らしく、彼は僕より四つ年下なので僕が卒業した翌年に山口二矢はその中学に入学しているんです。当時は真駒内という自衛隊の人たちが住む街も通学範囲でした。おとなしくて真面目な校風でした。山口はお父さんが自衛隊で、途中で東京に引っ越したと聞きました。北教組の勢力が強いとも言われてい中学だったようですが、山口はそういった雰囲気に反発することがあったのかも知れません。当時は「自衛隊なんか税金泥棒だ」なんて言う先生もいましたからね。

**鈴木**　僕は仙台の校則の厳しい高校から早く解放されたくて、そのために東京の大学に入ろうと思って受験勉強を真面目にしていましたけど、山口二矢の事件はその後もずっと心の中に残っていました。共感はできなかったですけど、同じ十七歳で人を殺し、自分の命も絶つということが理解できずに悩んでいました。国を愛することは、最終的には人を殺すことに結びつくのかと考え込んだりもしました。その意味では、僕の最初の政治体験はテロリズムだったんですよね。

## 三島由紀夫と楯の会

**保阪**　水戸市の橘さんのところから帰る道すがら、いつも出会う人たちがいたんです。後で知ったのですが、橘さんの周囲には三島由紀夫の楯の会に入っている青年がいたようです。その、すれ違う集団の中に阿部勉君もいたらしいんです。橘さんが亡くなった後に彼の『土とま心』という本が出たのですが、そのときに僕に協力してほしいと依頼があって、それから阿部君と会うようになったんです。そうして阿部君と話していると、たぶん僕たちはいろんな点で考え方は違うんだけど、橘さんの思想に関しては共通の見解があることが分かり彼と親しくなっていきました。そのうち彼は僕のことを「先輩」と言うようになったんです。「そう言われても、僕は年上なだけで、早稲田卒業でも、秋田県出身でもないよ」と答えるんですが、それでも彼は「いや、いいんです。先輩なんです」と言うんですね。(笑)その意味がだんだん分かってきたのは、さらにいろんな話をしてからです。思えば彼とは他の人とはあまり話していない話もしました。彼は早稲田に入った頃は、別に左でも右でもなかったらしいです。むしろ、教師をしていた父親の話をよくしていましたね。

**鈴木** ええ、彼の親は教師で、しかもバリバリの日教組の活動家みたいですね。

**保阪** 「それになんか腹が立ったんです」なんて彼、言っていましたね。実は僕も高校教師の息子で、父親に反発していた。それで「先輩」というのも変だなと思いました。しかし彼は自ら一直線の生き方をしてしまったようにも思えます。僕は彼には才能を感じていました。「あなたはむしろものを書いたほうがいい、小説を書く才能あるよ」と言ったのですが、「いや、ここまで来たら、このまま進むだけですよ」とか言ってましたけどね。

**鈴木** ええ、楯の会にはいろんな才能を持つ人がいましたね。私も阿部君には文才を感じていました。若い頃から文章うまかったです。

**保阪** そう、だから「二、三年閉じこもって、関係を全部切って、小説を書け」と言ったら、「そういう忠告をしてくれるから先輩なんです」と言ってたんですけど、それでも「そこまでいかんですよ」と言うばかりでしたね。その頃、昭和五〇年代かな。彼、意図的に周囲の人間を刺激するようなことばかり言ってたでしょ。そうするとメディアがまた面白く取り上げる。その頃、阿部君と渋谷の喫茶店なんかで会うと、「保阪さん、すみません。今日、コレがついて来ているんですよ」って言うんです。「これって何?」と聞くと、「マッポですよ」と言う。「何かやったの?」と尋ねると、「やってないけど、たぶん保阪さんも調べられますよ」。僕はかまわないよと言って、そのまま彼と喫茶店の中で話している間中、監視役はずっと入り口にへばりついて、われわれを堂々と見ていましたね。その後、阿部君は一時、高田馬場で古本屋さんをやっていたことがありましたが、そこにも何回か行って話し込んだりしました。お客さんなんかまずいないんですけど(笑)、ときどき橋さんの周辺にいた茨城の青年が来ていたね。今、思い返してもやっぱり阿部君ってすごい才能がある人だと思うんですが、あんなふうに死に急いだりしないで、小説を書けば良かったのにと残念に思いますが……。でもやっぱり、三島事件の衝撃は、相当つらいものがあったんですね。

**鈴木** 楯の会のメンバーは百人くらいいたんですけど三島事件のあとは、みんなそんな感じでした。阿部さんみたいな優秀な人がいっぱいいたんですよ。僕も阿部さんに、文筆活動を強く勧めたんですけど、まるで自分を小さな世界に閉じ込めるようにして「いいや、そのまま生きていくだけだ。酒があればそれでいいんだ」という姿勢を貫いてしまいました。三島事件の後、彼はつらかったんでしょうね。僕なんかは、昔、生長の家で右の学生運動なんかやっていましたけど、その後、そこを追い出されたから逆によかったんです。参加していた学生運動を除名されたからこそ、かえってそれがきっかけになって広い世界に出られたんです。もしあのとき除名されていなかったら、今頃僕は、日本会議みたいなことをやっていたでしょうね。(笑) 最近、菅野完氏の『日本会議の研究』という本が話題になってけっこう売れましたでしょ。実は、あの本の後半に僕のことも出てくるんです。早稲田の右翼、鈴木は学生運動をやっていて、除名されたと書かれていて、まあそうなんですけど、僕はそれでよかったと思っているんです。社会に出たあとも僕は産経新聞に入り、そこもクビになったし、いろんな所で僕はクビになっているけど。（笑）それも結果的にはよかったと思っています。

**保阪**　産経、クビになったんですか？

**鈴木**　まあ、一応辞職ですけど、似たようなものですね。（笑）いろんな所で追い出されているんですけど、かえってそれがよかったと思っています。それで気がついたり、考えたりしたことがたくさんありましたから。でも、政治運動をしている人の中には自分の居心地いい所にずっといる人たちがいるんです。阿部勉君もそうだし、連合赤軍の植垣康博さんもそうじゃないでしょうか。一つの所に留まってしまった。でもみんな、優秀な人たちですよね。

**保阪**　才能を活かし切れないのは、もったいないよね。本多（倉持）清さんなんかもそうだよね、彼の場合はまた変わっていて、日付とか「数字の運命」みたいな運命論的なことに関心を持っていると聞きました。

**鈴木**　そうそう、彼が運命論的になるのは僕には分かるんです。若松孝二監督が撮った「11・25自決の日　三島由紀夫と若者たち」という三島由紀夫の映画があったでしょ。彼と三島さんの関係についてはあの映画にも出てきます。よど号ハイジャック事件があった一九七〇年三月に、三島由紀夫から本多さんにすぐ電話があったんです。三島さんは「先を越された」と言ったそうです。倉持（本多）君はなんのことだか全然分からなかったんですが、もうそのときは三島さんは決起することを決めていたんですね。三島事件はまさに、その年の十一月ですから。実はそのとき、もう一つのドラマがあったんです。倉持君が結婚するとき、三島さんに仲人をお願いしたんですよ。結婚式は七一年の予定だったのですが、その前に三島さんたちは決起しているんです。でも三島さんは倉持君から仲人を頼まれたとき、何の躊躇もなく「ああ、いいよ。やるよ」と快諾したというんです。しかしその前に三島さんは自決してしまっている。で、事件の後に三島さんからの手紙が届いて「申し訳ないが、行けない」とあったというんです。

保阪　三島さんが彼に送った遺書ですね。

鈴木　後に明らかになるように、倉持君の結婚話のずっと前にもう決起に参加するメンバーは決まっていたんだけど、倉持君本人としては、自分が結婚すると言ったので、三島さんが気遣って、自分を決起メンバーから外したのではないかと思って、ずっと悩んでいるんです。自分が生き残ってしまったことに苦しみ続けて、それが数字にこだわる運命論的な発想に繋がってくるんじゃないですか。別に仲間を裏切ったわけではないのですが、結果的に自分だけ生き残ってしまった申し訳なさというか、悔しさというか、そういう運命を背負った人間たちは、左翼だったら小説を書くとか、演劇戯曲にするとか、そういう昇華があったりしますよね。でも右翼ってだいたいそうじゃないんです。才能はあるんだけど器用じゃないっていうか……。

保阪　松浦博氏には、僕は何度か会いました。

鈴木　楯の会の学生長だった持丸（松浦）博ですね。

保阪　僕は何度も会いましたが、『論争ジャーナル』の話を克明に教えてくれた穏やかな人でしたね。

鈴木　彼はあそこの編集部にいましたから。でも三島さんとちょっと疎遠になってしまって、かわいそうだったですね。すごい優秀な人物でした。

**保阪**　彼は資料とかいろいろ見せてくれながら、いろんな話をしてくれました。僕は今でも印象に残っているのは、いつも彼は背広をきちっと着て、ものすごく紳士的だったことです。喫茶店で会うときも、事前にしっかり整理した資料を風呂敷で包んで持って来て、見せてくれたり貸してくれたりしました。

**鈴木**　松浦（持丸）博は、いつもきちっとした人でしたね。最初に会った頃はもちろんお互い若くて青年なのですが、その頃からすでに老成した感じで、当時から、「じいさん」とか言われてました。

**保阪**　楯の会の参加メンバーは、早稲田大学の国防研究会が母体だったのですか？

**鈴木**　そうです。日学同（日本学生同盟）でした。三島さんと一緒に死んだ森田必勝もそうですね。小川正洋もそうです。二人のコガ（小賀正義、古賀浩靖）は神奈川大学で、生学連です。早稲田とか神奈川大学は関東の拠点でした。

**保阪**　早稲田では左派の学生と殴り合いをやったんですか？

**鈴木**　ええ。圧倒的に左翼のほうが多かったですけどね。

**保阪**　鈴木さん、大学に行けていましたか？　とてもじゃないけど、危なくて、行けなかったんじゃないですか？

**鈴木**　いえいえ、頑張って行きました。僕はちゃんと四年間で卒業したし、負けるものかと思ってました。まあ、少し殴られたくらいです。左翼の内ゲバみたいにひどいことはなかったですね。最初から脳天を狙って殴り殺すなんて悪質なことはなかったです。僕らなんて素手で殴り合っていたから、まだ牧歌的な時代です。でも左翼同士は違っていて、当時はけっこう全共闘に剣道の有段者とかいっぱいいました。だからゲバ棒とか使うわけですよね。

**保阪**　学生運動が一番苛烈なときに、僕の先輩の息子が早稲田大学であるセクトに属していたそうですが、怖くて学校に通えなくて早稲田の学生なのに法政大学とか他の大学に通ったと言っていました。見つかったら半殺しにされる時代があったようです。

## 三島事件の謎

**鈴木**　今の若い人には何のことか分からないかも知れないですね。ところで、保阪さんが三島由紀夫さんに関心を持つようになったのは、なぜですか？

**保阪**　実に単純な理由なんです。僕は朝日ソノラマに勤めていたときに、所属していたセクションで作家の自作朗読をやっていたんです。僕はいつもは違う仕事をやっていたんだけど、三島さんの朗読録音を担当した同僚について行ったことがあったんです。三島さんの所に行くと聞いて、一回、三島さんを見たいと思って行ったんです。三島さんとの縁といったら、ただそれだけです。本はだいたい読んでいましたけど、直接見たのは一回だけです。まあ、僕が一方的にある虚像をつくっていただけなんですけど、楯の会事件のときにはものすごい違和感を感じたんです。あの事件のときに彼が書いた檄文を読むと「共に死なう」という文言があったでしょ。それがきっかけになって僕は『死なう団事件』を調べて書くことになるんですが、それとは別に三島の檄文をずっと読んでいくと、彼はあの文を推敲していないと思ったんです。

鈴木　なるほど。それは面白い視点ですね。あまり他の人は気がついていない点でしょうね。かねてから三島たちが主張していたことを書いていますから、書くときはそんなに考え込んだりはしなかったかも知れませんが、いずれにしても時間もなかったでしょうから、書き直しとかしてないかも知れないですよね。

保阪　推敲していない文章というのは、編集者をやっていれば分かる。意図的にやる場合もあるけど、推敲していない文章にはフレーズの繰り返し、同じ言葉が出てくるとか特徴がありますからね。

鈴木　楯の会事件のときの三島は、作家としてではなく楯の会の人間として行動しているので、「作家としてではない三島の文章」という意味でも貴重ですよね。作家としてではなくとも、公表して皆に読んでもらうための文章ですから、編集者の目を通していない三島の公表文ということでは、あれは唯一の文章かもしれませんね。

保阪　推敲していないということは、自分だけで書いて誰にも見せていないし、二度読んでいないということですよね。どんな天才的な作家であっても、推敲なしで文章を書くと、必ずどこかが乱れる。僕は原稿を書くとき、必ず二度読みするけども、読み返すとどうしても修正しなきゃいけない所があるんですよね。あの三島の檄文には、文章としての統一性がない。そのことにすごく興味があったんです。三島は、この事件においてどこまで本気だったんだろうという点に興味がありました。あの檄文というのは、鈴木さんは何回も読んでいるでしょ？　僕は単なる印象で言うんだけど、何かおかしいと思うんです。例えば自衛隊の人に呼び掛けるところですけれど……。

鈴木　自分の訴えが自衛官に受け入れられると本気で考えていたのか、ということですか？　うーん、どうなんでしょうかね。少なくとも自衛官の人には反発されていますよね。自衛隊の人は、「バカ野郎！　降りてこい！」とか怒鳴っていますからね。

**保阪**　罵声を浴びせていましたね。文化放送などが録った三島のバルコニーでの演説をテープでずっと聞きましたが、三島さんは、「諸君はまだ分からないのか？　いくら言っても分からないのか？ならば見せてやる」というふうに、だんだん高揚していって自決していますから、そのときの彼の気持ちは分かりませんけど。

**鈴木**　しかし、三島さんの行為にも関わらず、自衛隊はやっぱり優しかったと思うんですよ。というのは、益田兼利総監が人質に取られていましたけど、あのとき楯の会のメンバーを自衛隊が取り押さえるつもりならば、できたでしょ。総監救出隊を組織して、三島たちが立て籠っていた総監室に突入できたと思うんです。人質だった益田総監だって、ここで仮に命を落とすことになってもいいと覚悟を決めていたでしょうから。でも、自衛隊はそれをやらなかったですよね。最終的に三島が自決するのを予期して、彼等の望む最期を遂げさせましたよね。

**保阪**　確かに自衛隊はあえて三島たちにその場で全部、決着つけさせましたよね。でも、その場で決着したこと自体に意図を感じました。だから三島事件の決着について知ったとき、僕は「国家って怖いな」と思った。

**鈴木**　自衛隊は優しくないですか？

**保阪**　鈴木さんの言うとおり、あの事件のとき、三島たちが籠城する総監室に自衛隊が入って逮捕することはできた。では、国家はなぜそうしなかったのか？　自衛隊側は三島たちにある意味で結末を託し、自己完結させました。あれはとても不思議なことだなと思ったんです。あの事件の結末は、つまり「こんな大事件まで起こしたんだから覚悟はできているんですよね。ならば、そのとおり自決してください」ということかも知れません。変な話、そこには一種の優しさも含まれているのかも知れないですね。三島には世界的な文名もあるし逮捕されたりしたら、法廷に出たりするのは耐えられないだろう。ならば自決させるべき、ということだったのかも知れませんね。しかし、もしそうならば一体、誰がそれを決めたんだろうとも思います。あのときの総理大臣は、佐藤栄作ですね。そして、中曾根康弘が防衛庁長官でしょ。中曾根が決めるレベルではないと思う。けど、あの事件の最中に三島にあえて自己完結させたというのは、すごいというか、やはり恐ろしいですよね。

**鈴木** 確かにもし三島があそこで死なずに逮捕されて法廷に出て、囚人になって服役するのは、ちょっと耐えられないでしょうね。本人もそうでしょうけど、周りの人間もかなりつらいでしょう。

**保阪** ええ、そっちのほうが三島シンパの人にとってすごい事件になりますね。あの三島が法廷に出て、護送車で運ばれるなんてことになったら、鈴木さんたちだって、黙っていなかったでしょう？ 絶対、三島奪還とかを計画しますでしょう。これはそれまでになかった対処かも知れません。実行犯本人に自己完結させるというのは、昭和のテロリズムではなかったでしょう。必ず捕まえて裁判にかけ、全部白状させてから、罰を下しています。

**鈴木** 三島に対する敬意ですかね？ 僕はそういう気がしますね。

**保阪** そうなんです。これは推測なんですが、僕もこの事件には国家が三島を特別扱いしている面があるんじゃないかと思っているんです。

鈴木　保阪さんは、この事件については『三島由紀夫と楯の会事件』で詳しく書かれていますけど、この本を書かれたときには、もうそう思っていましたか？

保阪　いえ、まだそういう考えはありませんでしたが、国家は三島をあえて死なせたんだなと思いました。そして、自己完結させることによって、三島さんは英雄になる。

鈴木　そうです。三島の存在は右翼にとって特別で、その思想だけでなく生き方や行動という面においても、とても強く意識される人物ですよね。やはり、あの死は大きかったですね。今だって、三島を批判する人間は右翼にはいない。そのくらい三島の死は大きくて、「三島は本気だったんだ」と思われているし、三島神社をつくろうという動きもあったくらいですから。

保阪　あの対処の仕方というのは佐藤栄作とか官僚とかの発想じゃないと思う。政党でも官僚でもない、もっと違うレベルの意志だと思う。そうすると、やはり軍事に詳しい人の判断かなという気はします。あの事件の渦中で三島自身によって自己完結をさせるところに、変な表現だけど、「三島よ、日本的美学をお前は貫徹しろ」という意志があったと思います。やはり、あのような対処は軍の論理だと思うんです。政治の論理ではないですね。益田は旧日本軍のエリートです。当時の自衛隊には他にも旧軍出身の幹部がいましたから、上層部の判断レベルではそういった軍の論理もあり得たと思います。

鈴木　なるほど、そうですね。あのときはそういうことを考えていなかったけど、今思うと理屈にかないますね。つまり、あの事件の幕引きは権力の側が仕組んで、長引かせずに一日のうちにすべてを終わらせてしまうということですよね。この可能性については気づいていなかったです。

保阪　これはあくまでも僕の推測ですけどね。でも、仮にそうやって事件を終わらせたとしたら、次に権力の側が怖いのは三島たちが英雄視されたり、神社ができたりすることだけど、そうならないというような十分な読みもあったんじゃないのかなと思います。一方で、当時は左の運動もあったでしょ。三島さんが批判してやまない10・21の新宿騒乱で自衛隊を出さないという判断も同時期に示されている。三島の自決と10・21の自衛隊不出動は実は同じ政治的意図での判断だと思います。つまり、これはあの時代の中での政治的な図式が示されていると思うんです。思想的には戦後史の中に補助線を引いたと思いますよ。つまり戦後の日本では、命を尊いものとして、ムチャなことやバカなことをしないという、ある種の行儀の良さを大前提にするという枠組みがありました。そのためには社会変革のためには暴力やむなしといった情念は決して認めないという態度を取る。その戦後日本の姿勢をもう一回、この事件において提示したんだと思いますよね。

鈴木　そういった体制側の反応も含め、やはり戦後に生きた僕たちにとっては、三島事件の衝撃は大きかったですよね。三島事件は、戦前から戦後に繋がる回路を導いた事件で、右翼の人たちが自分たちを〝革命家〟と言った、最後の世代なのかなという気がします。その意味でも、今、振り返って思うのは、三島事件は日本の一つの原点になっていると実感します。あの日に自衛隊は誰も動かなかった。今、やっと憲法改正が現実になろうとしている。三島の叫びから半世紀を迎え、やっと世論が変わってきたと思っている右翼も多いんですよ。ただ、どのように変わるべきかという議論はもう一度、徹底的に考え直さなければいけませんが。

保阪　三島さんの精神というか思想は、誰が引き継いでいるんですか？

鈴木　うーん、それはもういないんじゃないですか？　最近、「鈴木さんが若い頃から追い求めてきた憲法改正が現実味を帯びてきましたけど、どう思いますか？」という質問をよく受けるんですが、それは違うんですよね。今のあり方ではいけない。何でもかんでも、全部、憲法に罪を着せて、今の憲法をとにかく大きく変えればいいと思って、変える内容も変え方も十分考えられていない。家族制度を憲法に書くとか、あるいは核を持てとか、徴兵制をやれとか、どんどんエスカレートするでしょう。自民党は、我々は三分の二の議員数で国会で改憲発議するだけで、決めるのは国民ですよと言うでしょう。でも、そんな状況になったらすでに十分に危ないですよね。改憲を公言する政党が国会で三分の二の議席を取って国会で発議して国民投票したら、もう熱狂で一気に改憲やりますよ。憲法改正だと言って勢いで進んでしまい、議論を疎かにすると、イギリスのEU離脱の国民投票みたいに後で反省することになってしまいますよ。

保阪　EU離脱については、僕もイギリスはだらしないなと思いました。アメリカ国民とトランプ大統領の関係もそうですよ。

鈴木　そうですよね。イギリスもだらしがないし、アメリカもだらしがない。

## 鼻をつまんで生きてきた時代とは

鈴木　二・二六事件は、最大にして最後の国家改造運動だったという見方もできますね。失敗したクーデターでしたが、やっぱり影響力は大きかったと思います。戦後の右翼にとっても二・二六事件は重要な出来事ですし、中でも三島由紀夫さんは将校たちを高く評価していました。この事件に関与していた末松太平さんの『私の昭和史』に三島さんはかなり影響を受けていますね。僕は、三島さんは三島さんで〝自分の二・二六事件〟をやろうとしたんじゃないかと思います。

**保阪**　楯の会事件について取材したとき、三島さんの思想の骨格に何があるのか？　と考えましたね。僕は三島さんのことをよく知りませんが、いろんな資料を読んでいると、三島さんの持っている体質の中に、割に純粋にものを受け入れるところがあると思います。あの人は橘さんのような農本主義者とはまったく違うタイプですが、最終的には農本主義思想がまっとうじゃないかと考えていたのじゃないかと思うんです。というのも彼は実は、そういう読み方のできる小説を書いていると思うんですね。『憂国』などで彼は、北一輝的な思想を意識して書いているのかなと思って読んでみましたら、そうではなくて、もっと情念的かつ、農本主義的に国家というものを捉えている。三島さんの思想というのは今まで多くの人が解剖してきましたけど、いまだ解剖は終わっていないと思いますね。この解剖の要点の一つは、三島さんという人を小説家からちょっと切り離して、大正十四年生れで、上流家庭に育ち、学習院に通い戦争を迎えたけど兵隊にはならず、戦後、東大に入って大蔵省に入り……といった経歴の人物として見てみるということではないでしょうか。そのとき、彼の精神史、自分史の中で、何が注入されているか？　何が欠けているか？　あるいは、何を隠そうとしていたのか？　そして彼は何を渇望していたのかと見ていけば、必ず見えてくるものがあるはずです。例えば、彼は国家改造運動に関心を持っていましたが、しかし彼はその思想を実現するために行動に移ったというよりも、むしろ行動自体に大きな価値を見出し、そのために逆に思想はある段階まででいいというふうに切り離した人だったのではないか？

三島さんの本当の怖さというのは、戦後社会について発した、たった一言に現れていると僕は思っているんです。その一言というのは、「戦後の空間を私は鼻をつまんで生きてきた」という言葉です。これは、僕はすごい表現だと思います。「鼻をつまんで生きてきた」という表現はどれほど強いアピールする力を持っているか。例えば夫婦関係で、夫が妻に「俺はお前と一緒の間、ずっと鼻をつまんで生きてきた」と言ったら「お前との結婚生活は何の意味もなかった。今まで嫌で嫌でしょうがなかった」ということでしょ。殺されるだろうけど。(笑) そのぐらい徹底した言葉です。

三島が、「鼻をつまんで生きてきた」と言うのは、自分の思想と相容れない時代空間の中で生き抜くときの、最大のつらさを語る的確な言葉だったと思います。三島さんなんか、例えば占領期なんかについては、すごく不快だったんでしょうね。

**鈴木**　戦前、国家改造運動をしていた人たちが、もし「私は戦争の時代を、鼻をつまんで生きていました」と言ったら、それは彼等による戦争に対する徹底的な批判になるでしょう。それと同じで、三島さんにとって戦後というものは虚構に満ちた、空っぽの時代ということなのでしょう。

# 第6章

# 国家改造運動の残したもの

## 戦後の思想的バックボーンとは？

保阪　今、俗に右翼と言われる人の政治的バックボーン、思想的バックボーンというのは、どこにあるんですか？　例えば、橘孝三郎の流れを汲む農本主義なんて、今は右翼思想としては……。

鈴木　ええ、ないですね。ＴＰＰ反対なんて視点はありますけど、アメリカ流グローバリズムに対する日本農業防衛ですから、反体制運動としての右翼の思想としては主流ではないでしょう。

保阪　むしろ環境運動なんかのほうに、かつての農本主義的な流れがあるらしいですけどね。

鈴木　そうかも知れませんね。でも、やはり右翼思想のバックボーンにまではなっていないという感じはします。

保阪　北一輝の思想継承なんんか、もちろんないわけですね？

鈴木　研究している人はいっぱいいるでしょうけども、行動の中で北一輝の思想実践をやっているというのはいないですね。北の思想が難解という面もありますが、今日の世界を理解・批判するためにそれを武器にするということ自体、難しいです。大川周明の思想も同じです。

保阪　そうすると右翼運動の原点としては今、何があるのでしょうね？　昔は左翼と右翼との対立軸は単純には、天皇制に対する姿勢でしたね。それと容共・反共という争点はずっとあったけど。基本的にはその相違は今もあるのかも知れませんが、昔ほど鮮明な線引きができるほどの決定的な要素ということでもなくなってきていますよね。例えば、僕は天皇制擁護だし、共産党に対しての批判派ですけど、だからと言ってじゃあ僕は右翼と公認されているかというと、そうでもない。今、右と左の分け方はどうなっているのだろうと思いますけれど。

鈴木　天皇制や共産主義に対する考え方の違いが、右と左を分けるというのは、今でもやはり基本的には基準になっていると思うんですけど、そういう分かりやすい対立構図を持つ人たちはどんどん少なくなってきていて、むしろ「保守派」とか、「草の根保守」とか、そういう人たちのほうがどんどん力を持つようになってきていますね。そういう人たちは、「自分たちは右翼じゃない」と言っているんですよ。ヘイトスピーチをやる人にしても、産経新聞や『Will』を読んでいる人たちにしても自分を、いわゆる「右」とはどうやら思っていないですね。そういう人が総称として「保守」と呼ばれたりしていますが、最近すごく力を持っていますよね。

保阪　今、右派系のメディアを読む人っていうのは、ある種の一定層は確保されているみたいですね。

## 「保守」を自認する危険、つくられる事件

鈴木　そうです。「自分たちは右翼じゃない、保守だ」という考え方はいくつかの理由があるんだと思います。「決して極端なナショナリズムに熱中しているのではなく当たり前の愛国心と自衛意識を持っているだけだ」「常識的に自分の国を大切に思っているだけだ」「おかしな自虐史観を否定しているだけだ」と思っているのかも知れません。そういった考え方はまったく自由に持つ権利はあるんですが、「保守」を自認することで〝思想を持つリスク〟を回避しているという面にも注意しないといけないと思います。「保守」ならば「右翼」と違って警察官にマークされないということ

もあるじゃないですか。

**保阪**　警察はどこで線を引いているんですかね？　思想に線引きするのはそもそも変だとは思うけど、取り締まりとか監視というときはやっぱりどこかで保守と右翼を区別しているのでしょうね。

**鈴木**　人の思想を他人が判断するんですから、やっぱり警察の判断も最終的には恣意的なものだと思います。考えだけでなく、それを〝行動に移す人〟を「右翼」と言って公安は監視している。でも僕は、むしろ公安がいるために起きている事件がずいぶんあると思うんです。例えば殺人事件や強盗や、そういう犯罪を捜査する刑事警察、あるいは交通警察は絶対必要だと思います。しかし、それと公安警察はまったく違います。公安というのは政治警察のことですからね。あれだけトラブルを起こしているヘイトスピーチなんかでも今でも堂々と好き勝手やっているのは、公安がわざとやらせているからじゃないですか。他にもいろんな事件で、わざと見逃しているのがずいぶんあると思うんですよ。左翼の内ゲバもそうだろうけど、かなりやらせているところがあるんですね。そしていざというときに一挙に叩いて注目を浴びる形で犯人逮捕で、お手柄という図式を演出しているんじゃないですか。そうすることによって公安の存在意義を警察内外に誇示しているんじゃないですか。昔のことですけど、右翼が三木武夫首相を殴ったことがありましたね。現職の内閣総理大臣が公の場で殴られるなんて、どう考えてもあり得ない不自然な事件ですよね。三木首相側には最高水準のガードが付いているし、一方で危険視されているはずの右翼にも厳重なマークが付いているはずだし、国家の常識として絶対に起こり得ないはずです。もちろん、そこには公安なんかの狙いがあって、あれ、わざと接触させているんですよ。首相が右翼に殴られてしまうというのは公安の読み違いで、まさか右翼もそこまでやるとは思っていなかったんでしょう。いいように右翼を利用したつもりが失敗し、攻撃行動に自己陶酔するという、右翼の古典的な心理を甘く見て、未然に防いでお手柄にしたかったところで失敗したんでしょう。「策士、策に溺れる」ですね。僕は赤報隊事件[注19]のときに容疑者にされたんです。警察にマークされるだけでなく、鈴木に罰を下してやると思った人にアパートを焼かれたことがあったんですよ。その犯行のときも、警察は張っているんですよね。なのに家宅侵入と放火をまったく防げずに、犯人は堂々とアパートに入って来て放火している。ということは、そのくらいやっていいだろうと公安が明らかに見て見ぬふりをしているんです。つまり、僕と放火犯にアパートで殴り合いかなんかをさせて、そこで一挙にどちらも捕まえてやれ、という筋書きを思っていたんでしょうね。ところが、公安の見込みなんかよりずっと素早く事態が進んでしまい、いきなり火をつけたということで警察は慌てたんじゃないですかね。公安による意図的な犯罪の放置とか、犯罪の後押しって、けっこうあるんですよ。他にも、右翼でも左翼でも対立しているグループに、「お前らの敵対グループは、あそこに潜伏しているぞ」とかを一方のグループに警察が教えていたりもしているんですよね。わざと対立を煽っているんです。何も事件がないと、公安の存在理由がなくなってしまいますから。二〇一五年、鳩山友紀夫さんがクリミア訪問して問題になっているときも、「一水会代表の木村三浩と一緒に行ったんだぞ。許せないよな」と、他の右翼団体に焚き付けて、「一水会なんかやっつけちゃえ」という右同士がもめごとを起こすように情報を流していたんです。それで実際、一水会に街宣車が回ってきたんですよ。しかも、ご丁寧にもその街宣車を、警察の車が先導してくれるんですよ。(笑) そういう例は多いんですよ。他の事件なんかも似た手口で公安が、かなりやらせてますよね。

## 戦後の相克

### ゼロ戦墜落に拍手する感性

**鈴木** 保阪さんの自叙伝『風来記』を読みました。これは保阪さんの「私の昭和史」だなと思いました。昭和史とご自身がぴったり重なっていますよね。自分の生活の中から時代を考えられるというのは、すごいなと思いますね。それにしても、子どものときから違いますね。昭和史を考える素質がありますね。父親と社会的な問題について会話を交わすなんて、僕にはまったくないですよ。

**保阪** 僕らの世代では、僕の友達なんかも、みんなオヤジとケンカしていますね。僕の青年期のときの友達なんか、オヤジが戦前、憲兵だったんです。それで反発して家出して、左翼になったりした者もいましたね。「俺たちのオヤジたちがちゃんと反対しなかったから戦争なんかになったんだ」なんていう反抗心は、そのうち落ち着いてくるものですけどね。僕は札幌出身で、教育現場では北教組が強かったので、親世代との確執が強いのはその影響かと思っていたけど、東京でも大阪でも僕の同世代の者は戦争とか歴史観について親子ゲンカやっているみたいですね。

**鈴木** 保阪さんの世代は一般的に社会問題に目覚めるのが早いですよね。僕らの世代ではそういった親子の世代対立はなかったです。ちょっと年代が違うだけでもう家庭内の雰囲気が大きく違いますよね。やっぱり、敗戦を知っているのが大きいんですかね?

保阪　学校の雰囲気も違うと思います。例えば、僕の体験なんですけど、小学校一年から三年くらいのときに教わっていた教師が戦争をした上の世代のことを、とても恨みに思って、僕らに徹底的に親の世代の否定を教えるんです。例えば小学校で映画鑑賞なんてやるわけですね。当時は占領期なので、アメリカの映画を見せられるんだけど、その中でニュース映画を上映するでしょ。戦争中のものもあって、特攻隊員の自爆機が撃たれて落ちるところが上映されるんですね。日本のフィルムにはまったくないけど、アメリカのニュースではそんな場面があるんですね。そのときに全校生徒が見ている中で、拍手する人がいるんです。

鈴木　えーっ？　日本人が日本の特攻機が落とされるのを見て喜ぶんですか？

保阪　おかしいですよね。僕も小学生ながら子ども心に強い違和感を感じてね。さすがに「なんだそれ？」と思ってね。昭和二十年代初めの頃でしたけど、先生が拍手するので、子どもも分からないままに拍手するんですが、そのとき僕は不思議な感じがしましたね。戦争反対という気持ちは分かるにしてもなんで日本人が拍手するんだろうという違和感は残りました。当時はあちこちで似たような雰囲気だったんじゃないでしょうか。僕の母親は政治意識は高かったと思いますが、戦後になって女性も参政権を得たというんで、大いに政治に興味を持っていました。それでオヤジとよくケンカしていましたよ。今考えれば、親といっても実は三十五～六歳の男と三十二～三歳の女で、とても若いんですけどね。僕が七つ、八つのときに夫婦ゲンカなんかしょっちゅう。いや、夫婦ゲンカというより議論ですね。（笑）

鈴木　いや、それはすごいですね、家庭内で理論闘争するんだから。でも、それもやっぱり戦後になって生まれた傾向なんでしょうね。今じゃ、逆に家庭内で政治の議論なんてしないでしょうし……。

保阪　オヤジは典型的な保守派というか、共産党嫌い。逆にお袋は共産党なんかに目覚めちゃって、オヤジがひどく怒って「共産党を支援するなら別れる」と言ったらしいんです。そうしたら、お袋は隠れて共産党を応援するんですね。選挙運動のときなどは、オヤジがいないときに共産党の人が当選したと喜んで、事情を知らない僕がそれをオヤジに言うとまた夫婦ゲンカが始まるんです。僕らの世代はだいたい似たようなものですよ。僕と同じ年のちょっと保守的な知人がある新聞にいたんですが、やはり彼もオヤジと取っ組み合いのケンカをしたと言ってました。親は高校の先生だったそうですが、「オヤジは戦争中、なんで政府に反対しなかったんだ！」とケンカしたらしい。どこも同じですね。（笑）

鈴木　僕は昭和十八年生れですけれど、全然、そういう世代間対立はなかったですよ。オヤジが田舎の税務署勤めだったから、福島県、秋田県と転々として回って育ちました。僕は中学を卒業するまで、日本に天皇陛下がいるってことも知らなかったし、自分が日本人だという自覚もなかった。戦争があったということも知らなかったし、ホントにもうただのバカな子どもでした。だから保阪さんの世代はすごいなと思って、驚いています。

保阪　僕らは勉強を通じてではなく、みんなそうやって政治化したんですね。例えば企業経営者になっている同世代の人と話していると、彼等は当然、保守派のはずなんですけど、根っこのところには小中学生の頃の教育が残っていて、戦後民主主義の枠組みに対するシンパシーが芯にありますね。経営者なので、いつもは経常利益がどうだこうだとか、ウチは組合が強くて困るよなんて言ってても、よく話を聞くと原形には戦後民主主義への共感が残っていますね。逆から見ると、そういった心理は戦時下に、「お国のため、陛下のために死ね」と言われたことの裏返しなんです。つまり、僕たちが意識している政治的状況というものは、大人の世代に誘導されたもので、いわゆる僕らの政治意識も上の世代に利用されていたんだと気づいてから、すごい腹が立ってきましたけどね。

**鈴木**　敗戦とその後の日本の変化は、やはり戦前と戦後の世代のある意味の断絶を意味しますよね。その両方の世代の意見と体験を見てきたということはすごいですよね。保阪さんの体験は重要ですよ。僕らは分からなかったんです、それが。

**保阪**　敗戦のように時代が大きく変化したときに軋轢が現れるのは、差し当たり、まずは親との衝突なんですよ。有名な軍人の息子、憲兵の息子は戦後、だいたい共産党のシンパや党員になっていますね。それは、少し日本的な現象でもあって、親の罪を子が負うみたいな意識もそこで働いているようですね。僕の女房は北陸の六百年くらい続いた古い神社の娘で、考え方は保守的なんだけど、若いときには共産党系の書籍をよく読んでいましたね。僕は結婚するときに、「そんな本読むなら結婚しない、やめろ」と言ったんです。僕は共産党に批判を持っていると言ったら、「じゃあ、あなたと結婚しなくてもいい」と言われて仕方なく僕が折れて「じゃあ、読むのを減らせ」とか言って。（笑）彼女の社会主義への関心も実家が神社であることが関係していますね。神社なので戦時中は当然、戦勝祈願をやっているんです。だから戦後になると、そのことで父親が責められたわけです。「祈ってもらいましたけど結局、息子はこんなになって帰ってきました」と戦死公報なんかを氏子の人たちから見せられるんですね。そういうことを言われて、つらかったと義父は言ってました。戦前、神社の神官は、国のために祈るのが仕事ではあったんだけど、敗戦を経た世代の人は気持ちが、やはり屈折していますよね。妻の実家の神社だけでなく、戦争の時代に戦勝祈願をやった神官の人は、ほとんど地域社会でつらい思いをしたはずですよ。お宮さんに行って戦勝祈願してもらったのに、結局、夫や息子は生きて帰って来なかった、お宮さんの力が足りないとか責められています。まあ無理難題ですよね。でも、その罪の意識は子どもの世代にまで伝わっている。日本社会は、そういうところも深く見ていかないと、分析し得ないところがあるのじゃないですか。

## 日本国憲法は平和憲法ではない

**鈴木**　仏教界もそうですね。僧侶たちもやはり戦時中は国策に協力したり檀家のために安全を祈ったりしていますから、敗戦後、その苦《にが》い体験を基に反省した人も多かったですよね。例えば、今だって少数派かも知れませんが、いろんなのやっていますよね。念仏者九条の会とか。

**保阪**　そうですね。実は九条の会について、僕は批判的に見ているんです。というのは彼等は今の憲法のことを、「平和憲法」と言うでしょ。でもそれは違う。今の憲法は平和憲法ではなく、〝非軍事憲法〟です。それを「平和憲法」と言いたいのならば、本当に憲法によって平和が創り出せるよう努力をしなきゃいけないですよね。そのためにはむしろ憲法改正だって考えなければいけない。もし九条の二項が誤解されたり、骨抜きにされていると不満に思っているのならば、そうさせないために新たに、三項をつくりましょうとか新しいアイデアをつくることも考えなければいけない。そういったことを一切せず、新たな努力もしない。いわば天から降ってきたものを抱え込んで離さないといった態度だと思いますよ。これじゃあ、疲弊しか生まないですよ。護憲運動にはいろいろあるし、最近では憲法第九条にノーベル平和賞を与えようという運動もありますけど、今言った意味で僕はいずれにも批判的に見ています。日本の代わりとは言わないけど、朝鮮戦争などではアメリカ兵が死んだりしているでしょう。そういうアメリカに対して何も恩義を感じる必要はないけど、しかし、戦後、第九条ができた後でも日本と無関係ではない国際状況で人が死んだりしていますね。その現実と葛藤することから始めないと。その意味でも、九条にノーベル賞を与えようという考え方は僕はちょっとついていけませんね。

こういう議論をしていると、すぐアイツは右翼だの保守だのという話になってしまうでしょ。その左右の分け方を聞いていると、今でも政治学者の木下半治の頃の発想ですよ。木下半治の『日本の右翼』等によく現れていますよね。ものすごく単純な二元論でしか考えようとしない。

**鈴木**　まぁそうでしょうね。でも、木下半治は今ではもう読んでいる人もいないと思いますが、人の見方については今でも全然変わっていませんし、逆に前よりひどくなっている部分もある。政治や歴史についてちゃんと向き合って自分で考えようとしない。だから他人の意見についてもすぐに右か左かどっちかに区別してみたいんじゃないんですか。それで安心したいのでしょう。

**保阪**　それは分かる。そのほうが安心するという気持ちも分かります。先ほど敗戦前後の世代間の歴史意識の違いについて話がありましたが僕にはもう少し変な体験があるんです。後藤田正晴について取材しているとき、天皇制に関して後藤田と議論したら、僕のほうがずっと右翼的だった。(笑)「君の意見をずっと進めると天皇は神になる」「いや、僕は神にはならないけどやはり、別な存在だと思う」といろいろ議論しましたけど、彼は確かに戦前の教育を受けてはいるけど、テクノクラートだから神とかそんな存在とは感じないんですね。

鈴木さんも、ずっと右翼のレッテルを貼られてきたんでしょ？

**鈴木**　ええ。でも、最近は左翼と言われています。（笑）もう僕もそういった区分は意味ないと思うし、自分のことも勝手に言ってくださいと思っているんです。

**保阪**　しかし、日本ではもう右翼とか左翼という言葉も、考え直さないといけないですね。戦後、長らく左翼と言うと、何となく良心的とか人間的というイメージを伴って語られてきた。逆に右翼というと暴力団のようなイメージ一辺倒でした。この単純さの中に、戦後日本の大きなトリックがあったのではないかと思います。

**鈴木**　でもその言葉の作用は強力で、左右当事者の人たちもお互いに簡単にその言葉を使って相手のことや自分のことを見ていますからね。確かに右翼は誤解されてきたところもたくさんありますけど、実際に反省しなければいけない点もありますよね。社会性がなくて常識がない人たちをいっぱい、右翼の中で僕は見てきましたから。

**保阪**　僕は小学校入学が昭和二十一年で、まさに戦後教育のスタートの年なんですが、「日本は悪い国です、アメリカは正義の国です」と教えられた。僕らは、教えられたとおりに日本はとんでもない国なんだ、アメリカは正義なんだと思ったもの。僕の妹は昭和十九年生れで、朝鮮戦争がある頃に入学したので、もうそんな考え方はさすがに変わっていたみたいです。でも、やっぱり僕らのときは戦前の価値観が裏返ったばかりの頃だから、それはもうとんでもないわけ。「東條は悪人です」とか言うんだから。日本人ってそういう風の吹き方で変わりますからね。

**鈴木**　敗戦後に大きく価値観が変わったというのは、僕たちの世代でもいろいろあったかも知れません。特攻が撃ち落とされて拍手はしないけど、ただ、アメリカのいろんなテレビドラマとかやりましたよね、ああいう番組からは、やはり影響は受けていますよね。あれはもう世代的な体験って言ってもいいほど広範なもので、右も左も全部、影響受けていますよ。

## 二つの「コンバット」

**保阪**　「コンバット」というアメリカのテレビドラマがあるでしょ。高校か大学の頃、一所懸命見ましたよ。第二次大戦時のアメリカ陸軍の小隊のドラマで、ヨーロッパ戦線が舞台だから、当然、敵はドイツ兵でしょ。ナチスなんて殺したっていいんだという勢いのドラマですよね。かなり有名なテレビドラマで見ていた人も多いと思います。でも実はあの番組は二とおり作っていて、私たちが日本で見ていたのは、片方のストーリーなんだそうです。「コンバット」には実はもう一つ別のヨーロッパ向けのストーリーがあって、舞台は太平洋戦線で、この番組でやっつけられるのは日本兵なんだそうです。つまり、「コンバット」は実は二つある。ヨーロッパで子ども時代を過ごした人からそれを聞いて、僕もびっくりしました。ドイツ兵があれだけ悪者になっていたら、放映権はドイツで売れない。だから日本向けとヨーロッパ向けの二本立てで作ったんですよ。アメリカ人は、そういうことをするんですね。

**鈴木**　そういう点でもアメリカは日本とはずいぶんと違うお国柄ですよね。テレビドラマの売り方一つをとっても政治的にいろんな手を打ちますよね。でもドイツ人は戦争中のドラマとかドキュメンタリーとかどのように思っているんでしょうかね？　やっぱり日本みたいに自国に対する反動的な憎悪が高まって、ナチスがやられるシーンを見て拍手するドイツ人とか、いないんですかね？

**保阪**　ドイツ人だって、なんだかんだ言いながら、内心は複雑でしょう。

**鈴木**　ヒトラーのことを徹底的に反省している感じはしますけど、違うんですかね？

**保阪**　反省はしていると思いますよ。でもドイツ人と日本人では反省の仕方とか、仕組みが違うと思います。ドイツ人の反省の仕方というのは、ある意味、西欧教養主義・西欧市民社会を戦後に改めて問い直して、なぜヒトラーが生まれたか、という基本方針をもって、それをアメリカやイギリスから見て分かりやすいように戦後処理で示してきたと思います。我々の国はそういう市民社会的発想とはまったく違った戦後処理でした。日本では、アメリカが「とにかく、あいつらに教えてやれ。はっきり言えば、あいつらはまだ子どもだ。だから俺たちが知恵をつけてやろう。しかし、知恵をつける前にまず謝らせろ」というのが基本的な日本での戦後処理だと思います。

**鈴木**　そう考えると、敗戦後の世代間対立でオヤジとケンカするとか、親の戦中の行為に罪の意識を持つという心理もけっこう複雑な流れで入って来たのかも知れませんね。親の世代が反省したからというよりも、さっきの「コンバット」の例みたいに、テレビとかの影響で意識が変わったという部分もあるんじゃないでしょうか？　例えば、アメリカの民主主義の影響がホームドラマでいっぱい入ってきましたね。あれには、僕ら右翼学生でも、子どもの頃はものすごく影響を受けているんです。戦前はもちろん戦後だって日本ではオヤジとかがまだ威張り散らしていた、でもアメリカは子どもの意見もきちんと聞くんだと。こういう民主主義的な家庭があるんだから、戦争でも向こうの国が勝ったんだと論理的じゃないんだけど、感覚的にアメリカはすごいと思ってしまった。（笑）

## ララ物資とパンパン

**保阪**　最近、日本の大学生でちょっと右派系かなという若者と話したことがあるんです。「どうして保阪さんはそんなにアメリカになびくというか、アメリカに好意的なんですか」と言うから、僕は「アメリカが正しいとは思わないけど、あなたの世代と決定的に違うのは、ララ物資[注20]があったからなんだ」と言いましたね。（笑）　ララ物資といって、敗戦後、食糧不足の日本にアメリカが食糧を援助していた取り組みがあった。その一つが、我々の学校給食で出されていた脱脂粉乳なんです。まぁ今、考えますとどうでもいいミルクというか動物の飼料か何かだったのか知れませんが。（笑）戦後、北海道でも、物質不足で長靴なんか一つもなかったんです。それがアメリカからの援助の物資で来るんです。小学校に割当てで送られて来ると、五〇人くらいのクラスに長靴が五足くらい来る、誰も長靴なんてはいていないから、みんなでくじ引きをしました。

だから私たちの世代は、子どものときララ物資で、食えないときに一宿一飯の恩義になっているという意識がアメリカにあるんですね。その援助してくれたという恩義を忘れるわけにいかないという気持ちがあるんだけど、それは若い人は分からないね。鈴木さんはある程度分かりますか？

**鈴木**　いやあ、全然分からないです。（笑）　保阪さんの自叙伝にあった、お父さんが米軍からもらったチョコレートを、怒って川に投げ捨てたという、ああいう体験も全然ないです。

保阪　あのときは恨んだけど、今にして思えばあれが庶民のプライドだと思うんです。

鈴木　戦後、進駐軍がチョコレートやガムをくれるシーンは、よく映画でも見ますよね。そのイメージもあって、日本人はみんなもらったのかと思っていました。

保阪　いえ、実は子どもはお菓子をもらっても、家に帰ると案外、親が捨てたりするんですね。同世代の友達に聞くと、見栄もあるのかもしれないけど、みんな、「もらって帰ったら俺のオヤジも捨ててたよ」と言うんですね。僕は子どものときは北海道の八雲という所に住んでいたんですが、そこではGIを乗せた函館—札幌の列車が走っているんです。ある踏切を三時二〇分頃に通過する、アメリカ兵ばかり乗せた列車が行くんですが、三時二〇分頃にあの踏切に行くと、ガムとかチョコレートとかを投げるというんです。それを目当てにその時間にみんな踏切に集まるんです。そこでGIが列車から投げたお菓子を拾うんですが。それを親に見つかったら大変だから、みんなその場で食べるとか、ポケットに隠すとかしていましたね。

考えてみれば、投げたものを拾うんだから悲惨な情景ですよね。そのせいで、僕には三時二〇分という時刻の刷り込みがあって、三時二〇分になるといまだになんか嫌な思い出があるね。人間には、いくつになってもそういう刷り込みが残ることがあるじゃないですか。

鈴木　そうでしたか。でも、そういう劇的な時代というか出来事を覚えているというのはすごい体験ですよね。保阪さんが経験したような世代的な出来事は僕にはなかったから驚くし、体験者の話として説得力がありますよね。ジョン・ダワーの『敗北を抱きしめて』の中で、子どもたちがお菓子をもらうという場面の記述があるんですが、その中で「パンパンごっこ」をしている子どもたちもいたとあるけど、そんなのいたんですか、日本人で？

**保阪**　「パンパンごっこ」というのは知らないですね。いわゆるお医者さんごっこのことかも知れません。でも米兵と日本人の女性が一緒に歩いているのを見て、子どもたちが「パンパン、パンパン」とはやし立てるのはよく見ましたね。アメリカ兵と歩いている女の人をパンパンと手を叩いて嘲笑するんですね。それは確かに子どもがやるんだけど、親とか当時の大人たちの見方みたいなものを子ども心に感じて、あたかも代弁するかのように冷やかすわけです。彼女たちは怒って子どもたちを追いかけて来るので、子どもたちは、わーっと逃げる。そんな光景はよくありました。考えてみれば、彼女たちも気の毒な人たちだったんですけど。

## 「右翼」のイメージ

**保阪**　例えば僕らは「右翼」という言葉になんで病的に反応するのかといえば、やっぱり子どもの頃の原体験があったんですね。例えば、「東條は極悪人だ」「すべて軍部が悪い」「右翼が戦争を起こして国民を不幸にした」とか、不勉強な、あるいは特定の思想を持った人たちが一定の構図をつくりあげ、「軍国主義」「ファシズム」「右翼」という言葉を束ねて、「この連中を憎みなさい」という図式をまとめて提示していました。本当は、「右翼」と一言で言って分かったような気にならないで、きちんと内容を見ないといけないんですが。

**鈴木**　戦前の悪いところを裏返しにしただけで、結局、繰り返していますよね。二元論的に理念を仕切って、「良い」「悪い」を決める。まるで戦前、軍が暴走したときの「大善」と「小善」みたいですよね。それでは反戦の理念にもならないですよね。

**保阪**　戦後の日本がおかしいことの一つは、「物量で圧倒的に差があるアメリカとなんでこんな戦争をやったのか?」という一見、戦争反対のような理論がずっとはびこっていることですね。これは結構、根強くて今もそういう意見があるけど、本当はそれはあのアメリカとの戦争への反対論理にはならないんです。つまり、その反対には思想的根拠がないんです。思想を懸けた戦いだったら、物量の差なんてはじめから承知の上での開戦のはずですよね。そのときは「われわれが戦いの是非を決めるのは物量の問題ではないんだ」と言えるけど、物量差を理由にしてアメリカとの戦争を不可とする人にはその反対論において思想的根拠になるものが入っていない。だから僕は、国力格差を根拠とした対米戦批判論に腹が立つんですよね。

**鈴木**　なるほどね。そもそも一般論として、思想の有無を批判したり、注目して考えるという習慣が稀薄ですよね。僕が幸運だったのは、若い頃に素晴らしい先生、思想家がいたんですね。福田恆存とか三島由紀夫、村松剛とか、そういう志を持った人たちの指導を受けて勉強していましたから、幸せだったと思いますね。荒原牧水という人の『大右翼史』というぶ厚い本にも影響を受けました。これはすごい本で、千ページぐらいありますし、刊行当初、皆と言っては失礼だけどほとんどの人が評価しなかったですよね。あのボリュームじゃ、そもそも買う人いないから。いくらなんでも千ページですからね。書いた本人は、売れると思ったのかな?　なんかゴリゴリの右翼の主張というか思い込み満載本かなと思って嫌だったんですけど、とんでもない誤解で、後で読んでみたら右翼史を詳細に考察したものすごい本でした。

保阪　僕の場合、『大右翼史』を入手したのは橋孝三郎さんが薦めてくれたからで、ずいぶん前に入手したものですけど、今でもあの本はとても便利な事典でもありますよ。

鈴木　その本で紹介されている事件では例えば、今上天皇が皇太子殿下だったときの結婚を問題にして、右翼がメチャクチャ反対したんですね。そんな歴史は僕はまったく知らなかったですから。それで正田家にも右翼なんかが押しかけて……。

保阪「皇太子殿下との結婚を辞退しろ」と大騒ぎしているんですね。

鈴木　そんなエピソードなど知らなかったですからね。そういう右翼の間でも議論が分かれるようなエピソードについても出ていたから、これはなかなかすごい本だなと思いました。一般的には知られていないけど、重要な本ですよ。残念なことに荒原さんご自身は、もうずっと前に亡くなりましたが。あの人はキリスト教の牧師さんだったんです。僕は高校は仙台のミッションスクールを出ているから、それでいろいろ可愛がってもらいました。「俺は耶蘇だ」と言っていましたよ。（笑）牧師で右翼だったんです。なんか、面白いですね。

保阪　そういった本業を持ちながらの研究と執筆でしょ。あの本、よく書いたと思っています。右翼に関連するさまざまな事件や、その裁判記録まで記録しているし。

鈴木　山口二矢のことも書いていますね。それまでは山口二矢は、浅沼稲次郎刺殺のときまだ十七歳だったから、自分で政治思想なんて持てるわけない、きっと赤尾敏とか、そういう右翼の大人たちに言われてやったんだろうと、一般的にみんなそう思っていたんです。でも荒原が山口のこともしっかり記述しており、彼が自分の思想を持っていたことを明らかにしています。他にもあまり知られてない、大小さまざまな右翼事件についても書いているんです。先ほどの話に出た今上天皇が皇太子だったときの結婚問題でも、全国の右翼が抗議して、でも最終的には天皇陛下が認め「聖断が下ったんだ」という理解で右翼が全部納得したということもきちんと書いています。戦後の問題でも「聖断が下った」という考え方が力を持っていたことがよく分かる事件でしたね。

保阪　僕は鈴木さんに教わるまで、荒原牧水という人がクリスチャンだったとは全然知らなかった。それまで『大右翼史』なんて本を書いて、変なオヤジだなと思っていた。（笑）でも、裁判記録から陸軍の資料まで、全部入っているすごい本です。博覧強記の人とは思いましたけど、クリスチャンという点も興味深いですね。キリスト教と右翼というのは、どういう関係というか位置付けになるんでしょうか？　天皇に関しては、キリスト教の教義とではかなり矛盾してしまいますでしょ？

鈴木　矛盾しますね。だから、日本の右翼でキリスト教徒の人はほとんどいないでしょう。荒原さんは例外的な人ですよね。生前は周りの人たちも、あまり荒原さんのことを評価している人はいなかったんですよ。

## 公文書を燃やしてしまう国

保阪　かつて日本には北一輝等の思想があり、一方で、国家主義運動があったけど、今は思想も運動もなくて場当たり的に、ただ感情的になし崩しに動くだけと批判する人もいるけど、でもそれは若い世代だけのせいではなく実は上の世代も悪いということですよね。プログラムや理論書を上の世代も出していない。かつては「マルクスの本を読め」とか、「レーニンを読め」とか言って済ませていたんだろうけど、日本人が独自につくる思想にはなかなか出会えないですよね。そういう意味では、考え方の基本的なところでは差異があるにしても思想家の柄谷行人などは『世界史の構造』とか、世界史の枠で考えようとしていますよね。それがいいと思いますよ。

鈴木　北一輝にしろ権藤成卿や大川周明は、当時の学者としては一流ですよね。当時の国際事情にも通じていたし、単純に右とか左とかに分けられない、深い問題意識で日本を語っていますよね。その意味でも彼等は、単なる右翼の理論家だけではありませんね。

保阪　大川周明だって、すごいエリートですからね。周辺の人はみんな、それを認めて議論しているから、彼の周りにも面白い人物が集まっています。今、あれほどの理論家、一人もいないでしょ。

鈴木　戦前の国家改造運動やクーデター計画の中で、民間の人たち、軍部の人たちは、朝日平吾のように一所懸命言葉を残すんですよね。自分はなぜ国家改造運動をするのか、言葉に託して見事な文章を書く。その一方で、残念なのは、陸軍や海軍が戦争が終わったときに自分たちが管理していた公文書を燃やしてしまったことですね。戦争を進めた人たちには彼等なりの考えがあったはずです。戦争では負けたが、私たちの大義はこうであったんだと、なんで政府や軍は文章を残してくれなかったのか。戦勝国による処罰を恐れたのかも知れませんが、自国の歴史に対して責任を持ちたいと思うときには史料がなくなってしまっているのは、大変残念に感じざるを得ません。

保阪　歴史の中に生きるという姿勢がなくて、自分のことしか考えていないからそうなるんでしょうね。戦争に勝つ、負けるという結果責任も確かにあるでしょうが、それ以前の問題として、なんで戦ったのかという国としての主張・思想を歴史の中できちんと語るというのは、国や国民に対する最低限の礼儀でしょ。それをやっていない、やっていたとしても、それを戦後に残さないんですから、こんな不誠実な態度はないと思う。

**鈴木** それを残したら全部、アメリカなどに持っていかれて、軍事裁判に利用されるからというので燃やしちゃったんでしょ。でもそれでは、政府や軍が唱えた大義を信じて戦って命を落とした兵士や国民は浮かばれないですよ。それに後世の日本人たちが日本の歴史について知ることができなくなります。

**保阪** そうなんです。軍なんかが公文書を燃やすというのは、結局、我が身かわいさだけですもんね。それが許せないんです。

**鈴木** その点、自分の思想を伝えるとか、主張を訴えるというところは軍や政府よりも民間の思想家たちのほうが真剣だし、必死ですよね。権藤成卿さんの著作などを読みますと、難しいですよね。当時の愛国を志す人たちも、それを一所懸命読んで、その思想を我がものにしようとしていますよね。その勉強っぷりはすごいものだと思います。

**保阪** 基本的素養を積んでいる。右翼活動と言ったって、理解力が抜け出ているくらいの知識を持っているから。血盟団の古内栄司だって小学校の先生だったんでしょう。小沼正は、『一殺多生』なんて本を書いているくらいですから。

**鈴木** 今は自分の思想を必死で言葉にして伝えようとする人は、少ないですよね。あるいは逆に、昔の日本人が想いを言葉にすることに異常にこだわっていたということもあるかも知れませんが。犬養毅の「話せば分かる」も有名ですし。

**保阪**　それで不思議に思っていることがあるんですが、血盟団事件も五・一五事件もそうだったけど、戦前は、テロ事件決行者に自分たちの思想を〝供述〟と称して延々としゃべらせていますよね。今だったら、ないことでしょう。裁判自体が権力への不満の代弁をさせる場にしていたんでしょうね。だから、被告たちに長々と自分の政治的意見を意図的にしゃべらせているんじゃないですかね？

**鈴木**　それにしてもヘンですよね。法曹界の人間にしてみれば自分たちが守っている首相とか重臣を殺されているんですよね？　そのテロリストに長々と主張をしゃべらせているというのは、今だったらあり得ないですよね。

**保阪**　今はそんなことやったら、検察なり裁判所といった彼等の組織内で完全に蹴散らされちゃうんじゃないですか？

## 歴史を残す仕事

**鈴木**　それでも一方には、やはりどうしても人には言いにくいことや、記録に残したくないことを抱えて悩んでいる人もいますよね。そういう、あまりしゃべれないことを聞き出す、取材のやり方とかについては保阪さんはどこかで書いているんですか？

**保阪**　あまり書いていないですけど、取材に関して言えば、かなり自信はつきました。結局、人はみんな、やっぱり最後には語りたいんです。一生口をつぐんで黙って死んで行くということは決してできることではないと思う。以前、知人から妙なことを言われましてね。僕が多くの人に取材して話を聞いているのを知って「それじゃ、保阪さんは女の人を口説くのうまいだろう」と言われて、「バカ言え、それとこれとは全然違う」と答えましたけどね。（笑）僕が取材で聞いている話は、戦争とか社会問題などについてでプライベートなことではないですから。もちろん、だからこそなかなか聞き出せないことも多いですね。例えば、戦前、非合法だった共産党活動についてでも、「実は私は秘密党員でした」とか言う人もいるんですよね。それが嘘かどうかということも、見極めることはある程度できるようになりました。具体的に言いますと「秘密党員だった」とか言う人に限って、聞いていると関係者はみんな死んでいる。関係者はみんな死んでいると言ってしまえば、何だって言いたい放題です。そういうときはまず嘘だと用心してかかったほうがいいです。それから、嘘というわけではないのですが、人間誰しも思い込みがあるから、無意識に事実を変えて話してしまう。ときどき思い込みのすごい人がいるから、そこも気をつけなければならないですね。

**鈴木**　いますね。僕もそういう人を知っていますが、戦前の運動家にもたぶん自分の都合のいいようについ回想してしまう人は少なくないんでしょうね。

**保阪**　運動家はどちらかというと思い込みの激しい人のほうが向いているというのもあるかも知れませんね。

**鈴木**　そうですね。都合のいいところだけ覚えているのか、都合のいいように解釈しているのか？いずれにしても、そういった傾向はありますね。

**保阪**　例えば、これはよくあることなんですが、「このことは君にだけ言うんだよ」なんて言う人がいるわけね。本当にその証言は今まで誰にも言っていないかといえば、それはそうじゃなくて、実

はそれまでもいろんな人に言ったんだと思うけどね。(笑)

取材ではいろいろありますが、やはり橋孝三郎さんとの出会いは大きかったと思います。僕は橋さんと一年半くらいの期間、取材だけでなく、さまざまなことについて話を聞いたから、受けた影響も大きかったと思います。そのとき、僕は三十四〜三十五歳頃ですが、一番勉強になりましたね。

**鈴木**　保阪さんはそういう取材のやり方をどこで覚えたんですか？

**保阪**　自然に覚えていったんだと思います。僕は初め、三十代に入って、昭和史の聞き書きをやろうと思ったんです。でも最初は何のコネもないでしょ。だから、手紙を出すところから始めたんです。軍人は偕行社に名簿があるんだけど、それを見て、「私は野にあって昭和史に興味をもって調べています。どこに属しているわけでもないし、思想的にもどちらかといえば中立を守りたいと思っている人間ですが、戦史に興味をもって云々」と書いて「できれば、この件についてお話を伺いたい」と書くんです。そうすると、多少の紆余曲折はあっても、最終的には八割の人は会ってくれます。会って下さいとお願いしているのはこっちなんですが、相手からすれば僕はまったく知らない若者でしょ。なのに彼等は結局、会って話をしてくれるんです。当時、僕はそれが不思議だった。例えば、朝日新聞の記者が「私は朝日の記者です。記事にしたいので、どうしても話を聞きたいんです。明日か明後日はどうですか？」と言えば、取材はその場で決まるでしょ。でも僕はそういう大きな組織の人間ではない。どこのマスコミの記者でもなく、保阪という個人で行っているから、最初会ったときには「君はどんな人間なんだ？」とみんな聞きますよね。そのときは取材内容に直接関係していないことも、個人的なことも含めてすべて話します。オヤジはこんな仕事をしていて、自分はどこで育ったとか、もう全部言います。（笑）そうして、改めてこういうことをあなたに聞きたいんだと言って聞いていくと、必ず、本気になって多くのことを熱心に話してくれます。その日のインタビューだけでは時間が足りなくなったとしても「それじゃあ、次は〇〇日においで」と言ってくれて、取材が進んでいきます。二・二六事件の取材の折りに知り合った将校の一人に森田利八という人がいます。安藤輝三の仲間で、森田と安藤はとても親しかったのですが、結局、決起には参加しなかった。彼は歩三にいて、同じ将校仲間として秩父宮とも親しかったので秩父宮から言われて安藤輝三のところに手紙やメッセージを届けていたのです。「お前はどうしてこういうことをやったのか？　最後は腹を切れよ」というようなメッセージだったようです。それを森田さんが伝えたところ、安藤は「殿下には申し訳ないことをした。国に対しては責任をとる」というようなことを言って涙を流したという話をしてくれるんです。森田さんは本当に二・二六事件の裏側とか、秩父宮のこととか、全部教えてくれたんです。当時、彼は東京の八王子市に住んでいたので、そこへ何度も通い詰めているうちに、大変親しくなって「君、知り合いの娘と結婚しないか？」と言われたこともあります。もうその頃、僕は結婚していたのですが、親しくなるとそういう話にもなるんですね。そんな具合にさまざまな人に会い場数を踏んで、高齢の人たちの話を聞いているうちに、だんだん分かってきたんです。人は基本的に語りたいものなのだと。僕は東條英機の奥さん、カツ夫人にも三十回くらい会っているんです。どうしても東條の伝記を書きたいと思い、でも何のツテもないですから、カツ夫人宛てに手紙を出したんです。もちろん、返事なんか来ないですよね。それでも何度も手紙を送り続けましたら、娘さんから返事が来たんです。あなたは熱心に手紙をくれますが、母も高齢です。なので、母のことを知りたければ、あの本を読んで下さい、といくつかの資料を示していました。そこで、すぐにその本を読んで、どうしてもそれ以上知りたいと、さらに都合十回くらい手紙を出したら、ついに会いますと言ってくれました。

**鈴木** すごい粘りですよね。東條は開戦内閣の首相ですし、日本の運命を託されていた人物ですけど、右翼にもあまり人気のなかった人ですから、知られていないことがすごく多い人物でしたよね。昭和史の懐に飛び込むような、重要な取材ですよね。

**保阪** 取材が進むうちに、逆にカツ夫人のほうから、三日に一回くらいのペースで会談を指定してくれるようになりまして、会う度に三時間くらい話をしました。奥さんは東條の役割について世間は誤解していると言うわけなんです。そして、次世代である僕にそのことについて語りたいと言ってくれたんです。僕はカツ夫人の話してくれることを全部、聞いてから本にしたのですが、その本で僕はやっぱり東條を批判しているんです。娘たちは当然カーッと怒りますよね。でも、奥さんは大変人間ができている方で、批判するのは当然だと言うんです。東條の奥さんは、東條英機を「宅」と言うんだけど、「批判されるのはしょうがない。でも宅の人間的なところを保阪さんは書いてくれたからそれでいい」と言っていたということを後で聞きました。

ちょっと余談になりますが、昭和十六年十二月六日、つまり開戦の二日前、首相官邸で東條は皇居のほうを向いて泣いているんです。陛下に申し訳ない、戦争という選択になってしまったと言って深夜の執務室でひとり号泣しています。隣の部屋で泣き声が聞こえるのでカツ夫人が覗いてみたら、東條が泣いていたという。僕はそのことを本に書いたのですが、ある関係者はそれを自分が見たかのように人に言っていたとも聞きました。でも、それは違いますよね。その方は当時、まだ子どもですから。

**鈴木**　そうか、彼女は思い込みが強いのかな？　ちょうどカツ夫人と反対の性格なのかも知れないですね。でも、そういう思い込みの強い人って、少なくないような気もしますね。

**保阪**　彼女も思い込みが強い。取材では人の話を聞くので、そういう点も注意しないといけない。そうしてたくさんの人に何回も話を聞いているうちに、人間というのは首相だとか大臣だとかの肩書や経歴を持っていたとしても、所詮は〝個人〟だなと思うようになりました。昭和史の聞き取りを始めた頃、僕は当時、七十代の元将官とかに会う機会を多く持ったんですが、そうすると、三十代だった僕とその人とは当然、全然違い、共通点はまったくないのですが、そういう僕の取材に応じて熱心に語ってくれる。それはなぜかと考えました。そして、「もし、彼等にないものを僕が持っているとすれば、それは若さと時間だ。だから彼等は僕に会うんだ」と気がつきました。やはり、人は自分の体験や想いを語りたいんですね。それを若い世代に伝えることで後世に残そうとしている。その役割を担えるというのが僕の〝武器〟なんだと思いました。今は、その逆です。今、僕は当時の元将官たちの立場のはずです。僕の残り時間も少なくなっているから、もし僕のもとに若い取材者が来たら、その若者はこれから先に繋がる多くの時間を持っているから、僕も何か話してその若者に託そうという気があるはずなんだけど、でもしだいにそんな気持ちもなくなったようにも感じますね。と言いますのも、若い世代に託そうと思っても、ものごとをきちんと考える姿勢をあまり感じないからです。僕らが若いときは、とにかくひたすら相手の話を一所懸命聞いて、自分でも勉強して考えて、重ねて何度も相手に「それからどうしたんですか?」とさらに聞いたものです。しかし、今の若い人は、「ああそうですか。インターネットで見れば、そのへんのことは分かりますよね」と平気で言うからね。（笑）

## 言葉が軽んじられる時代

**鈴木** 一般的に、今、言葉に重みを感じられない時代というか、言葉を重視しない時代になっているのかも知れないですね。

**保阪** 我々が子どもの頃には、親から食事の行儀とか徹底的に教えられましたよね。親に敬語を使わないと、ほっぺたをつねられたとか、そういうのが当たり前ですよね。今、そういうのはないんでしょ? 鈴木さんのところに来る若者は、そういう礼節を知っている?

**鈴木** いや、あんまりいないんじゃないですかね。橘先生のところにいた人だけじゃないですか、そういうのを守っているのは。

**保阪** 橘先生自身がとても礼儀正しい人で、そもそも話をするときに彼は正座して話していました。だからこちらも橘さんから「君、膝をくずしなさい」と言われるまで、膝くずさないですよね。タメ口なんて、きけないですよね。

**鈴木** そうでしたね。橘先生はすごいインテリで、そのうえとても礼儀正しい人でした。

**保阪** 今は、若い編集者なんかで平気でタメ口をきく人いますよね。それが親しさだと勘違いしているんでしょうね。

鈴木　昔の人の礼儀正しさとか厳しさというのは、情熱の強さと関係していると思うんですよね。これは何も国家改造運動だけでなく、自分の思想を言葉にして、きちんと伝えるということにも関係していますよね。もちろん、思想を言葉にするということは、ヘイトスピーチなんかではまったくないんですけど。

保阪　右翼とか左翼という言葉であまり考えないけど、今の世界の構図でよく分からないのは、ヘイトスピーチですね。あれは何なんでしょうかね？

鈴木　そういうことでしか自分の憂さ晴らしができない人たちが、〝言論の自由〟と称して、ひどい暴言を言っていますね。

保阪　こういうこと言うとなんだけど、知性のなさを感じます。

鈴木　ヘイトスピーチに知性なんかないですよ、まったく。

保阪　暴言を言うこと自体への反省とか、歴史を勉強しなければいけないとかの反省はないんだ。

鈴木　ないですね。昔だったら、例えば解放同盟に文句言いに行くとか、朝鮮学校に文句言いに行くとか、できなかったでしょ。大問題になっていたはずですよ。でも、今は彼等がすごく自制していて、ヘイトデモなどに対しても絶対、挑発に乗るなと言っているんですよ。だから、それをいいことに、ヘイトデモも思い切ってやっているし、また警察もそんなデモを事実上一〇〇パーセント守っているんですね。ああいった不穏な運動がまったくないと困るんですよ、公安警察も。

保阪　ヘイトデモを受けている朝鮮学校や解放同盟が黙っているというのは、相当自制しているというのと、もう一つは、こんな連中を相手にしていると損をするという考えもあるんでしょうかね？

**鈴木**　それはあるでしょう。それと、こんな奴らやっつけちゃえと思っても、それを口実にガサ入れされたりするのが嫌なんでしょ。どんなに面と向かって罵倒されても、絶対に挑発に乗るなと我慢しているんでしょうね。

**保阪**　よく我慢していますね。しかし、ヘイトスピーチは海外のメディアでもずいぶん報道されていますね。それは日本の国家的なイメージの損失になっていると思うけど。

**鈴木**　そうですよ。僕もまったく同感ですね。

**保阪**　本当に乱暴な言葉を使っているんだってね。「殺せ」なんて平気で言うなんて、信じられないですね。このあいだ、編集者に聞いて、びっくりしたけど。

**鈴木**　言ってるんですよ。大阪では鶴橋で「大虐殺やります。嫌なら日本から出て行け」というとんでもないスピーチがあったそうです。それに対して文句言った人は、罵倒されたり殴られたりですから。それでも、愛国無罪ですからね。警察は、わざと事件をつくらせていることがいっぱいあるんですよ。

**保阪**　ある種の騒乱状態をつくっておくことによって、自分たちがそれを抑えるという構図にもっていきたいということですか？　それにしても、「殺せ」と高校生が言ったと聞きましたけど。

**鈴木**　そうです。周りの大人たちが面白がって、もっとやれと焚き付けて。昔だったら、かなり暴力的な集会であっても「そこまでは言うなよ」とある一定の歯止めをする大人がいましたよね。今は止める人がいない。情けないですよね。それをまた、言論の自由だと思って、「勇気がある」とか、

「覚悟を持った発言だ」とか褒める人がいるんですよ。しみじみ情けないですね。

**保阪**　鈴木さんはヘイトスピーチ規制の法制化についてはどう思いますか?

**鈴木**　反対ですけど、法制化によってある程度収まっているというか、抑えられているところがあるなら、それはいいことかも知れないですね。でも基本的には法律で禁止するのは反対です。法律でもって、「殺すぞ」と言うのをやめさせると言うのは、日本の恥ですよ。

**保阪**　そういうとき、こういう話を思い出してほしいですね。日本が真珠湾攻撃したとき、ワシントンの日本大使館にアメリカの市民が大挙して押しかけて来た事件がありました。「ジャップは汚い」と激昂した何千人もの群衆が大使館の鉄柵を壊してなだれ込もうとするわけです。でもそこではアメリカの騎馬警官が踏み止まって群衆から大使館をがっちり守っているんですね。「みんな、大使館には手を出すな。ここでかっとしてなだれ込んで日本の大使をぶん殴ったりしたら、同じことが東京のアメリカ大使館でも行われるんだぞ。我々の外交官がやられてしまうんだ。だから絶対手を出すな」と必死になって説得して、騎馬警官が民衆を止めていたというんです。それを僕は、実松譲という海外駐在武官から聞いたんです。彼はそのとき見たこともない数の群衆に恐怖を感じたそうですが、それでも駐在武官の役目を全うしようと大使館から出て様子を見ていたそうです。そして、そこで実松は騎馬警官が懸命に人びとを制止している姿を目撃したんですね。たとえ交戦相手といえども戦争にもルールがあって、私刑などもってのほかで、そんなことをすれば自分の安全をも脅かすことになるとアメリカは分かっていた。実松は「これはすごい知恵だ」と感心したそうです。それを日本の駐米武官が僕に教えてくれた。

ヘイトスピーチで、「どこの国の人を殺せ」なんて言ったら、逆にその国の都市で「日本人を皆殺しにしろ」と言われるようになりますよ。もしそうなったら、どうするんでしょうね？　想像力をちょっと働かせればいいだけの問題なんですけど。

**鈴木**　前にもお話ししましたが、末松太平さんの「日本はどんどん思いやりがなくなっている」という嘆息は印象的でしたね。八甲田山での兵隊の遭難や琵琶湖で四高の学生が遭難したときに全国的な同情が集まって歌までできたけど、戦後はそういうことがなくなったと嘆いていました。ヘイトスピーチもそういうことと関係があるような気がします。

## 残酷な世界を生きる

**鈴木**　それは、戦前の国家改造運動をやった人たちの経験を理解することを困難にしている一因にもなっていると思います。戦前は今よりもっとひどい貧困問題があって餓死したり、娘を身売りしたりするほど貧しい人たちがいる。その一方で、当時日本はもうアジアに植民地を持っていて、問題が地球規模に大きくなっていた。国内の貧しい人たちを助けるべきなのか、あるいはロシアへの防波堤となるのか、軍人も青年たちも悩んでいたんだと思います。昭和史の中には一所懸命、国家改造運動をやっていた人たちがいて、その中にはとても優秀な人もたくさんいましたよね。しかし、その結果、彼等が一所懸命やっていた行いの一部が殺人だったりもしたんですが、そんな彼等の悩みについてどう考えるべきか？　彼等が見つめていた問題の中身を考えると、今の日本と同じじゃないかという気がします。果たして彼等を乗り越えているのか？　貧困・格差問題だけ考えてみても、今は戦前より希望に満ちた時代になっているのか？

保阪　今進んでいる日本社会の変化は、基本的にはグローバリゼーションという名の下のアメリカ化ですよね。そして、そのグローバリゼーションは原則的には市場に何でも任せ、小さな政府をつくり、金融万能主義で国境の枠を取り払って、労働力を移行させるというものですね。しかし、その内実は結局は何のことはない、全部アメリカが良いとこ取りで、世界各地で矛盾をきたしているのが現状です。労働力移行は難民問題に連動し、市場に任せるということは、弱者が等比級数的に増える社会構造になります。見えてくる一つ一つの社会の動向は、全部、資本主義そのものの基本的矛盾に起因しているんです。かつては社会主義があることによって資本主義に対するチェック機能が働いたけど、今世紀に入りそれが働かなくなった。だから今、資本主義そのものが生身の形で降りかかってくるようになった。

いわゆるシカゴ学派の新自由主義のハイエクやフリードマン等の理論というのは、基本的には市場に任せろということですが、国家というのは何をやるのか分からないという不信感が強い。例えば、「ヒトラーを見ろ。国家というのは何をやるのか分からない。国家はおかしなことをやるんだ。それなら民間に任せて、小さな政府のほうがいい。政府はあらゆることに干渉してくるな」という形の国家像を持ってきていると僕は捉えています。でも、そうしたところで、やはり社会的矛盾は残りますよね。結果、残酷な世界になっていると、僕は思います。だから改革とか改造とか革命とかいうのは、かつてのように理想論や論争で考えていくというのではなくて、本質的に命を懸ける政治活動になっているんだろうと思います。そんな現状だから、一種の「ミーイズム」というか、自国に閉じこもった、ある種のユートピア思想みたいなものをつくるということも同時に考えたほうがいいと思う。これは僕の考えだけど、国際社会は今後さらに優勝劣敗の格差が明らかになり、その下で日本の富だってアメリカに収奪されるだろうし、かなり危険な国際社会になっていくんじゃないかと思っています。トランプ大統領はその方向に一気に進むでしょうね。

**鈴木**　確かに国際社会は今、緊張感が増してピリピリしていて、世知辛い雰囲気です。問題はたくさんあるけれど、それに応じようとする思想は何もないという感じで、その点は国家改造運動があった時代とは違っていると思います。最近、中島岳志さんの『アジア主義』という本を読みました。アジア主義というのは、今だったら単なる侵略主義と思われているけど、明治頃にはアジア解放のために真剣に行動した人もいたんですね。宮崎滔天だって頭山満だってそうですけど、戦前には右にも左にも、ああいう人たちがいっぱいいいたんだなあと改めて思いますね。ただ、今それができるかといったら、なかなか難しいですよね。そういう意味で日本はどんどん劣化しているし、思想の幅が狭くなっていますよね。今、我々がアジア主義・アジア振興でまとまろうなんて言ったら、侵略主義じゃないかと誤解されるでしょうね。それは国家改造運動についても、似たことが言えると思うんです。昭和維新運動については僕もずっと書いてきたけど、若い読者には「彼等のやったことは、結局は暴力じゃないか」と断定されて、なかなか彼等の理想については伝わらないので、それはもどかしいですね。僕は暴力とか殺人には反対します。政治テロとか、そういう実力行使ものは、もうたぶん日本では受け入れられないだろうし、理想のためなら他人の血を流してもいいなんて考えはもう許されないと思います。そのことを前提として、僕は彼等の思想的なものや叫びは酌んでいきたいと思うんです。その点、保阪さんには本を通じていろいろ教えていただいています。保阪さんは史料を読んできただけではなく、橘孝三郎さんや瀬島龍三さんや後藤田正晴さんにまで会っていますね。その中で歴史を考えてきた人は、なかなかいないじゃないですか？

**保阪**　先ほどグローバリズムの問題について少しお話ししましたけど、日本人が国際社会の中で、どう生き残っていくのかを考えたとき、最初にいきなり国際人としてやっていくなんて目標を立てないで、まず自分たちの足場を、そして共同体をきちんと確立するのが先決だと思うんです。そのためにも先達の話を聞いて現代史を知っておくことはどうしても必要ですね。

## “自虐的”だと力を発揮する国

**鈴木**　思いやりも知識も必要ですが、日本が世界的に輝く瞬間って、日本が謙虚なときですね。だから「自虐史観」と簡単に言ってはいけない。例えば明治維新はその典型ですよね。「日本は遅れているんだ、もっと世界に学ぶんだ」と自分に厳しくなったとき、日本は一番輝いている。

**保阪**　僕も本当にそう思う。日本は耐えて、防備に入ったときはものすごくきれいなふるまいをする国です。それを壊してしまった昭和の軍隊の罪は重いですよ。だからこそ軍部はどうしてこうも退廃したのかということを勉強しなければいけないですよね。昭和だけでなく、そういった目で明治・大正を見るべきです。そうすると東條英機なんかは、昭和という時代だけでなく明治から続いた日本の矛盾の清算人であり、その実像をしっかり知っておくべきですね。

## 昭和史知らずの常態化

**保阪** 鈴木さん、今、その指南役やらなきゃいけないでしょ?

**鈴木** いやあ、それはないですよ。僕なんかむしろ、左翼と一緒になってダメだと、若者から突き上げられていますよ。堕落したと叱られています。(笑)

**保阪** 最近『皇軍史』を読み、これは昭和八年の神兵隊事件から押さえていかないと分からないと思い、影山さんとか鈴木善一のことにも改めて興味を持っています。僕は札幌で講演することがあるのですが、札幌の友人が草莽志塾という集まりをやっていて、そこで講演すると聞きに来てくれるのは北海道新聞の記者とか北大の学生、高校の先生、市役所の職員なんですよ。以前、国家改造運動のテーマで橘孝三郎のことを話したのですが、講演後、水戸出身の大学教授から話しかけられました。「これまでの日本社会は全体としてなんとなく左っぽいけど、あなたもそういうふりをしなくちゃいけないんじゃないの?」と言ったんですけど。(笑)主宰者に、「右翼の人は来ているの?」と逆に質問したら苦笑していたね。でも、その講演でも改めて思ったのですが、歴史に興味があって昭和史のことを勉強している人たちでも今、ほとんどの人が橘孝三郎のことを知らないね。

**鈴木** それは、知らないでしょう。五・一五事件についても詳しい人はそんなに多くないんじゃないですか?

**保阪** 右翼は勉強しないと札幌の友人は愚痴るけど、勉強しないというより、勉強する意味をあまり分かっていないのかも知れない。講演等ではときどき「保阪さんは左翼じゃないですか?」と質問する人もいますね。「どういう意味で左翼だと言うんですか? 僕が安倍内閣を批判するから左翼だと言うなら、左翼ですよ」とか言うけど。(笑) でも、こんなふうに簡単にものごとを決める人がいることは、歴史について勉強する人が少ないことと関係があるかも知れないですね。本当は軍事のことは徹底的に勉強して批判しなければいけないんですけどね。

**鈴木** それも一般的にはそんな感じかと思います。今は政府にちょっと文句を言ったら、即、左翼だと決めつけられる時代ですから。

**保阪** ちょっと余談になってしまうんですけど、友人と札幌の街を一緒に歩いていると、その友人に丁寧に挨拶する人もいる。街宣車に乗っているようなタイプもいる。

**鈴木** 実は街宣車は誰でも作れるんです。普通免許で乗れるのも、大型免許で乗るのも多種多様にあります。右翼団体をつくったら、まず最初に街宣車を持つというパターンも一時期多かったですね。街宣車は作っても車の上で演説できるヤツがいないから、しょうがなくて軍歌だけ流している車も多かったですね。だから、ただお騒がせしているだけじゃないかという批判もあったんですが、「それでも自分たちはそのことによって、悪徳企業や政治家に睨みをきかせているんだ」と、そういうふうに正当化というか、根拠づけているんですよ。

**保阪** 友人は以前は会社を経営していて、彼の会社では社員に毎朝、教育勅語を斉唱させたそうです。「いや、何かのケジメは必要だと思って」と言うんです。「毎日やっていると自然に覚えられる。教育勅語って、それはいいことを言ってんだよ」とか言ってました。彼は夏になると北方領土絡みと、涼みがてらに全国から右翼がいっぱい北海道に来ると言うんです。以前は北海道に来た右翼たちがカンパしてくれと会社に来ていたそうです。そうすると彼は、「カンパしてほしかったら、神武天皇からの歴代天皇の名を全部言え」と要求したんです。そうしたら、みんな言えなかった。

**鈴木**　今は少ないけど、昔は、夏に右翼が何十台と大挙して、街宣車で北海道に行きましたね。歴代天皇は一二五代なので、暗誦できるようになるのは大変ですよね。僕も言えないです。昔、それで井上ひさしさんにやり込められたことがありました。

**保阪**　その友人にカンパを求めた右翼が歴代天皇を言えないと、「それで天皇陛下万歳と言うのか！じゃあ、教育勅語を言え」と迫ると、それも言えない。そういうのはカンパは一切せずに追い返したと言っていました。それでも、中には歴代天皇の名前を言える右翼もいたそうで、「どうして言えるんだ？」と聞いたら、「親から教わりました」と答えたそうです。

**鈴木**　戦前・戦中は小学生でもすっかり暗誦できる子とかいたんでしょうね。

**保阪**　戦後になっても、僕が小学校三年くらいのときに歴代天皇の名前をずっと言う友人がいましたよ。たぶん兄貴から教わったんでしょうね。そいつは、「そんな時代じゃない」と教師に怒られ、ぶん殴られたものね。大人の変わり身の早さに、いい加減だなと思ったことを覚えています。

## 正史に記述されてない日本人

**鈴木**　敗戦を区切りに急に大人の言うことが変わって、当時の子どもが大人不信になったという話は、確かによく聞きますね。でも、それだけ素早く考え方を変えたのならば、きっとその〝見切り発車〟に乗り遅れた、あるいは乗ろうとしなかった人や、発車自体を知らなかった人も多いんじゃないでしょうか?

保阪　そうなんです。先日、孫文の生誕一五〇周年を記念したシンポジウムがあったんです。僕は『孫文の辛亥革命を助けた日本人』という本を書いているので、シンポジウムに呼ばれました。その場に中国の政治顧問とかの立場の人も来ていたんですが、彼のスピーチを聞いていると唯物主義なんだね。例えば、我が国のメーカーは現在、自動車何台を生産していますとか、国民に何台、このような車が行き渡っていますとか熱心に話すんです。彼等の見解は典型的な唯物主義だなと思いながら聞いていると、「孫文先生の掲げた三民主義の、その幸せの形はこのように実現されている」と言うんですね。しかし、僕には違和感が残ったんです。違うと思ったんです。そのシンポジウムには、仙石由人氏も出ていましたが、彼も今の中国は唯物主義過ぎる、それから法的な体系をきちんと守る姿勢に欠けていると言った。僕もそう思いますね。

## 辛亥革命に協力した日本人たち

保阪　辛亥革命に協力した日本人には六つのタイプがあると僕は思うんです。一つは宮崎滔天のグループで、彼等は民権派です。中国で革命を起こした勢いを日本に持ち込もうとした。二つ目は山田良政・純三郎兄弟に代表されるように、孫文に人間的に惚れた人のグループ。三つ目は頭山満や内田良平などの、国家主義者たちです。玄洋社グループ、黒龍会[注21]といった〝右翼〟と分類される人たちも孫文にすごく協力しているんです。四つ目が政治家。犬養毅、尾崎行雄、秋山定輔とか、そういう人たちのグループ。五つ目は金持ち、実業家。平岡浩太郎、それから梅屋庄吉などです。六つ目が軍人。田中義一とか本庄繁とかいった人たちで、彼等も孫文の支援をしていました。彼等は明治の終わりから大正にかけての辛亥革命が二回・三回と続けて行われるときに協力した人たちで、昭和に入っての国家主義運動に傾斜していく中で、孫文との関係が希薄になっていく。残ったのは一つ目の宮崎滔天のグループと、孫文に人間的に惚れている二番目のグループ。あとはみんな満州事変などで、やはり日本の国益の側についていってしまう。そうすると結局、中国と対立することになってしまう。

**鈴木**　しかし、どんな思惑があろうとも、途中で支援グループを抜けるにしても、これだけ多くの日本人が辛亥革命を応援していた事実は重大ですよね。辛亥革命に中国だけでなくアジアの革新を託していた日本人がいたんですから。

**保阪**　中国が言う歴史意識では、彼等日本人協力者はやはり脇役扱いでしょう。しかし、ほとんど知られていない歴史があったことも事実ですね。僕が『孫文の辛亥革命を助けた日本人』を書いたら、「納屋を掃除していたら、亡くなったおじいさんの若い頃の日記が出てきて、辛亥革命に協力して、中国で亡くなっていたことが分かった」という日本人が出てきました。それが五百人くらいいる。現在、孫文を国父とする中国の側では一四六人の日本人協力者が命を落としたと記録しているといいます。それらの手記を読むと、一九一一年から一五年くらいまでの辛亥革命、その後に袁世凱と戦う第二革命の時期で、その戦いの中に、日本の普通の庶民が参戦して中国で死んでいるんです。彼等は中国のために身を捧げ犠牲になっているわけです。いろんなエピソードが残っていますが、この日本人たちの志をどのように歴史に残すかというテーマについて、日本も中国もまだほとんど何もやっていない。名もない日本人が、辛亥革命のために約五百人も中国各地で死んでいったわけです。これについて礼節をもって追悼するというのは、僕らは日本人はもちろんのこと、中国もこのことを考えてくれなければ困る、とそのシンポジウムでは言いました。当日の聴衆の中に歴史学専攻の中国人教師がいて、シンポジウムの後、僕のところに来て、「あなたの言うとおりです、私たちは孫文と日本人の関係を無視している」と認めていました。頭山満は確かに革命初期は孫文に協力したけど、一九三〇年代の日本の侵略以降、結局、彼も国家主義者となってしまっていると批判されている。それは確かにそのとおりかも知れない。しかし、一九一一年から一五年〜一六年の辛亥革命の頃に、中国各地で死んでいった名もなき日本人たちの日記を読むと、日本人の部隊である「日人部隊」という部隊が戦っていたのが分かった。その部隊が革命のために戦い、死んでいるのが分かる。玄洋社の『東亜先覚者列伝』にも一部出ているけど、実際、玄洋社系の普通の庶民からの参加が多かったんです。問題は、そういう人たちをどういうふうに追悼していくかという意識が、日中ともに欠けていることです。さっき述べた六つのグループの分類で考えれば、昭和の国家主義運動というのは頭山さんたちも含めて、ほとんどのグループが戦争中で徐々に改革者としての側面を捨てて、国策・国益の追認者になっていったというのは確かだと思います。そういう意味では中国が批判するのは分かる。しかし、彼等の門弟たち、名もなき十九、二十歳くらいの日本人たちが中国で革命のために戦い、死んでいる、この人たちの志というのをどういうふうに日中の歴史に、そして私たちの記憶に刻むのか。それは今、生きている我々の課題だと思います。彼等の存在は、その後の日中の政治の中で全部、意図的に忘却されてきたんですよ。

中国に侵略した日本人は敵だが、辛亥革命に協力していた日本人も最後は転向して、侵略国・日本の国益の側に与してしまったという簡単な決めつけで済ましてしまって来た。つまり、志をもって中国のために死んでいった日本の国家主義運動の若者たち、また左翼運動から、やはり辛亥革命に参加した日本人たちという、戦後になってずっと見過ごされてしまった人たちをどういうふうに拾い上げていくかという課題には、実は日本では右翼も左翼もきちんと取り組んでいないんですね。

**鈴木**　とても重要な問題ですね。彼等には総称すら付けられない。アジア主義者であり、近代主義者であり、国家改造運動家であり、革命家であり、愛国者であったわけですよね。もしかしたら、彼等を大陸浪人とかテロリストと呼ぶ人もいるかも知れない。いずれも確かな思想を持って中国で戦った人たちですから、彼等のことを簡単に「右翼」「左翼」と振り分けることは絶対にダメですよね。一人ひとりの思想を見つめる作業が絶対に必要です。

**保阪**　その意味では、例えば松本健一氏が北一輝を単なる右翼の側から引きはがしたということは、僕は意味があったとは思うけどね。実際、北一輝を単なる「右翼」という言葉で言っていいのかというところで、すでに問題があるわけですから。

**鈴木**　右も左も超越して人気のある人物ってときどきいますけど、北一輝も左翼の人たちに人気がある人物ですよね。昭和の国家改造運動した人はそういうタイプが多いですよね。

**保阪**　北一輝に対するシンパシーを持つ人は右にも左にもかなりいますよ。そういう意味では、僕は橋孝三郎さんを右翼だと思っていないし、やっぱり在野の研究者だと思っています。

**鈴木** 本人は自分のことをどう考えていたんでしょうかね？　二・二六事件の末松太平さんは「自分で自分にレッテルを貼って、わざわざ自分を局限する必要はない」と言っていました。国家改造運動をしていた人たちの間でも、自分についての考え方はいろいろあったんじゃないですか？　橘さんは、自分のことを「右翼」とは言っていませんでしたか？

**保阪** こういう言い方をしていました。「僕は今、〝右翼の大物〟になっている」と。それについては嘲っていました。本人がそう思っているかどうかは全然別だと思います。橘さんは世間の評判を嗤っていたわけですから。

僕の実感としてはこれまで昭和史をずっと取材してきて、「自分は右翼だ」と言う人は小者でしたね。自分で「私は右翼の何とかの組織のリーダーですけど」とか、「右翼の誰それを知っている」だの、「オレは実は井上日召とあのときどうしたこうした」とか言うのは、みんな小者ですね。

**鈴木** なるほど、確かに。「俺は愛国者だ」という人にも、それを感じましたね。自分で愛国者だと言うのは、どこか偽物だなと思いますね。

**保阪** 自分で愛国者だと言ったり、社会主義者だと言うのは多くの場合、まだ自分で思い込んでいるだけの場合も多いですよね。五・一五事件に加わった橘孝三郎の娘婿、塙さんは僕に「僕をテロリストだと思うか？　僕はテロリストと言われるのを恥ずかしいと思わない」と言うんです。「でも五・一五事件で犬養を殺したわけじゃないし、金槌で変電所叩いただけじゃないですか」と言ったのですが、彼は毅然と「それを含めて、五・一五事件全体がテロリズムだ。自分はそういう自覚を持って行動したのだから、テロリストと言われても仕方ない」と言っていました。

## 涙のテロリズム

保阪　ロシア革命の本などを読むと、政府高官とかに爆弾を投げようとするテロリストが、標的の馬車に子どもが同乗していたと言って投げないでしょ。それはテロリストになれない人間的な感情だということになるんでしょうね。

鈴木　カミュの小説なんかに出ていますね。そういうところは、僕たちなんかは逆に評価してしまうんですよね。革命というのは暴力行為ですけど、やみくもに人を殺めるのではなく、革命家こそ人間的に考え行動するべきなんだと感動してしまったりしますよね。

保阪　そう。だけど本当言うと、すでに政治的決断をしているのならば、チャンスを逃さず革命を断行するということなのでしょうね。革命をすると決めたら子どもがいても、もはや関係ない。しかし、時代がテロリズムやテロリストの原理を変えていくということはあり得ます。テロリストであっても、子どもが馬車に乗っていたら標的に爆弾は投げられず殺せない。そこに僕たちは、むしろ革命の人間的な側面を感じて希望や感動を覚えていたのかも知れないけど、革命のためにはそんなことは、何の意味もないという思考を持つ人もいるんでしょうね。怖いけれど。

鈴木　通常の感覚とか、関係ない人を犠牲にしたくない、なんていう発想は甘いということになるんですか？

保阪　というのがＩＳ（イスラム国）でしょう。ＩＳに限らず、どこの革命も最終的にはそれをやるんでしょうけどね。だけど日本の場合は、そこまで冷徹な自問自答というのはないんじゃないのかなと思いますけど、どうでしょうか？

鈴木　血盟団の公判記録の全四巻の部厚い本がありますね。その他の国家改造運動の資料も読んでいると、日本の場合は「涙のテロリズム」ですよね。ロシア革命前夜のテロリストと似ているんだと思います。だからＩＳにはなれないですね。それは国家改造と革命をする論理としては未熟というのか、甘いのかも知れない。本当のテロリストになれないですよね。国家改造を目指しても、テロをためらう人のほうが多いと思いますが、きっとそれでいいんだと思います。日本人はＩＳみたいになれなくていいと思います。

保阪　そうですね。塙さんは、自分が人を殺めてもいないのにテロリストと言われても甘んじて受けるというのは、五・一五事件を何ら悪いことだと思っていないからです。あれは義挙だし、自分たちのやったことは正しいんだと確信していました。世間から「おまえはテロリストだ」と言われても何も恥じることはないと言っていましたが、そう思う人はやはり限られていますね。

僕は昭和四十四年、10・21の新宿騒乱があった年に都内各所のデモを取材したとき、四月か五月かの春に新宿でセクトのデモで一五〇人くらいが機動隊に囲まれて連行されるのを見たんです。セクトの学生が一網打尽になったらしいという情報で見てみると、捕まった学生の約半分くらいは泣いていたんですね。それを見ながら、これは警察に行ったら、「親が泣くぞ」とか、「こんなことをやるために故郷から上京したんじゃないだろ」とか泣き落しを言われて、すっかり説得されてしまって「すみません。もうしません」とか言うんだろうなと思いましたね。機動隊に挟まれて連行される中で、もう泣いているんですから。結局セクトは右も左も分からない新入生を連れて来てデモをさせる。そうすると、ときには警察に捕まることもあるんだけど、それはそれでいいんだろうと思う。つまり、警察に捕まることによって新入生のうち何パーセントかは確信犯になっていくヤツがいる、一方で何パーセントかは脱落していく。そういう選り分けなんでしょう。

**鈴木** 映画監督の高橋伴明さんに聞いたんですけど、彼は学生のとき初めてデモに行ったらいきなり最前列に行かされて、機動隊に殴られたと言っていました。デモの新人をわざと最前線に出して機動隊にぶつけることによって、権力に憎しみを持たせて、それで反体制の感情が高まるというんですね。多分、それは機動隊のほうもやっているんですよね。機動隊のほうだって、学生に同情するような人もいるじゃないですか。でも同情したらダメだ。それで最前線同士をぶつけて鍛えるんですよね。実際に衝突しない場合でも、デモの睨み合いでは学生が野次るじゃないですか。そこで「税金泥棒!」なんて罵倒されたら、やっぱり腹立つでしょう。

**保阪** 明治以降の、国家権力と反体制の勢力がぶつかる形を見ると、日本はデモはほとんどない。日比谷の焼き打ち事件とか少数の例はあるにしても、数えるほどしか大衆運動は起こっていない。その代わりが日本ではテロだと思います。大隈重信に爆弾を投げた玄洋社の来島恒喜とか、安田善次郎を刺殺した朝日平吾とか、そういう人たちの行為というのは、やっぱり社会改革の一つの思想を身を以ておこなった意志表示と受け止められていくんですね。

**鈴木** おそらくそういったテロリストと呼ばれた人たちは明治以降も大勢いたと思いますが、特定の人の行為が特に記憶されているのは、テロの衝撃の度合だけじゃなく、テロをした実行者本人の言葉が残っているからじゃないですか。朝日平吾が残した「死ノ叫声」なんて、名文ですよね。

## 今も惹かれる昭和史の残影

### 徳田球一のウインク

**鈴木**　保阪さんは、左翼の人で興味を持っている人っていますか？

**保阪**　会ったわけではいないけど、本を読んだ中では、徳田球一は面白いと思いますね。吉田茂は徳田球一のことを好きと言っちゃヘンだけど、やはり一目置くというか、気になっていたようで、こんなことを書いているんです。国会で徳田球一が吉田を批判するんですね。壇上で批判演説をし終えて議員席に戻って来るとき、徳田は自由党の席に座っている吉田を見て、そのときにお互いにウインクし合ったりしたそうです。

**鈴木**　いいですね。そういう場面は、もう今の国会では絶対ないですよね。

**保阪**　吉田茂は徳田みたいなタイプが好きなんですね。革新派で沖縄出身で、努力して弁護士になったでしょ。歯に衣着せずに自分の意見をはっきり言ってくるし、そういった人間が好きなんですよ。でも共産党官僚から、徳田球一は追われてしまいますよね。しかしやはり、吉田茂は徳田球一を認めていて、徳田もまた逆に日本の国益のために頑張ったことは理解していたと思うんです。吉田は共産党の存在をうまく利用した政治家で、あれこれ無理難題を言うＧＨＱに対して「あなたたちはいろいろ要求してくるけど、わが国には共産党やその支持者がいて、国会で叩かれているんだ。私だって国政の舵取りで苦労してつらいんだ」ということを言って、ＧＨＱから妥協や譲歩を引き出したと思う。

**鈴木**　吉田は共産党勢力をダシに、政治交渉の材料としてずいぶん使いましたね。再軍備を迫るアメリカに対しても、共産党の連中がいてまだ無理だとか、のらりくらりかわしていますし。

**保阪**　総理大臣は、やはりそのくらいの政治力がないと駄目ですよね。

**鈴木**　今の沖縄の基地問題だって、アメリカがあんまりきつい要求ばかり言っていたら、沖縄の人心を失って、もう中国へ目が向いて、親中国になっちゃいますよとか言って、脅しをかければいいんですよね。日本の保守政治家もかつてはアメリカに対してだってそういう面従腹背的な、したたかな交渉術を使っていましたよね。

## あらゆる運動は蛇行するべきである

**保阪**　今は政治も社会思想も歴史を語る言葉も何でも本当に単純・直線型なんです。もっと蛇行しなければいけないと思うんです。とりわけ社会運動は本来もっと蛇行していなくてはいけない。なのに今、ひたすら直線的でしょ。それを正義だとか純粋だとか、節操だとか思い込んでいる。でも、それが修正される気配はあまりないかも知れないですね。結論風に言えば、左の人たちというのは、群れていないと不安だという心理をずっと持っているというのが僕の印象です。

**鈴木**　それは今の保守派もそうですよ。

保阪　右翼もそうですか？　個人のほうが気楽だけど。

鈴木　右翼の人に、そういう人はいないですよ。みんな少しでも集団でいないと、不安になってしまうような人ばかりですから。

保阪　でも鈴木さんは、一人でも頑張っているじゃないですか？

鈴木　いいえ、僕はみんなから嫌われていますから。（笑）

保阪　いえいえ。鈴木さんは左翼の人で印象に残っている人はいますか？

## 唐牛健太郎——虚像を背負って

鈴木　左翼と言っていいのか少しためらいますが、唐牛健太郎ですね。最近、佐野眞一さんの書いた評伝が出ましたが、いい本でした。

保阪　今はもう唐牛は伝説の人になっちゃったのかも知れませんね。僕は高校時代に、将来映画監督になりたいと思っていたのでシナリオを勉強しようと勉強会はないかと探したところ、北大シナリオ研究会というのがあったので僕はひょこっとそこに訪ねて行ったら、そこに北大の二年生になったばかりの唐牛さんがいたんです。彼も映画監督になろうとしていたんですね。雪投げしたときの彼の顔なんかよく覚えています。その後、僕が同志社大学に行ったら、何と同志社の構内でばったり会ったんです。彼はブントの委員長になっていて、その関係で同志社にも来る機会があったんですね。その後、彼についてマイナスの話もずいぶん聞いているけど、彼も運動の中で振り回されたところもあるし、自分から駒みたいに回ったところもありますね。本当に邪気のない青年だったと思います。唐牛さんは繊細なタイプで、六〇年代とかああいう時代に学生運動をやるのは分かりますけど、委員長とか上に立ってリーダーをするような人ではなかったと思います。むしろ、もっと内向的なところがあった男だと思いますよ。それが東京に連れて来られて、島成郎とか香山健一とか、あのへんの東大の〝左翼官僚〟が唐牛さんをおかしくしたんだと僕は思っています。もちろんそれは僕の想いであって、それぞれの人生の中で決断した生き方だから、誰の責任とは言えないけど。唐牛さんは北海道の純粋な男だったのが、あれよあれよという間に指導者になりましたね。演説も最初は下手だったのがうまくなっていきました。でも、彼の本質は左翼じゃないですね。彼はただ、不器用に時代に振り回されて、一所懸命に生きた男だったと思います。

**鈴木**　そうですか。そういう面は知らなかったな。僕は世間一般で思われているような、北大初の全学連委員長として活躍したというイメージもあるし、一水会でもお世話になったので彼の内向的な部分を知らなかったし、知らない人のほうが多いんじゃないでしょうか？　唐牛さんには僕は、ずいぶんお世話になりました。一水会にも講演で来てくれたりして話す機会もあって、いい人だなという思い出が残っています。でもそれ以上に彼は僕らにとっては六〇年代の、なんというかな、左右に関係なくヒーローと言っても良い存在ですよね。

**保阪**　東大の〝左翼官僚〟が、彼を便利に使ったということは言えると思いますね。唐牛は人を惹きつけるし選挙で言えば、集票能力がある男だから。東大の連中に利用された面があります。

**鈴木**　昭和史を振り返って会いたい人を考えると、つい亡くなった方のお名前がたくさん挙がってきますね。今、平成時代で頑張っている存命中の人で会いたい人はいますか？

保阪　あんまり若い人を知らないから、特にこの人に会いたいという人はいないですね。こんなことを言ったらあれだけど、嫌いとか好きとかじゃなくて、テレビとかに出演して誰かと話すとか興味ないですね。それと直接関係ないのですけど、僕は「朝まで生テレビ」などには出ないです。

鈴木　他の番組にも出ていないんですか？

保阪　基本的には出ませんね。鈴木さんは出る？

鈴木　声がかかれば。「朝まで生テレビ」もネット配信の番組にも、何度か出ています。

保阪　言論のリベラル派というのは、僕の性質にはあんまり合わない。

鈴木　求めるものが高すぎるんじゃないですか？　僕は声がかかったらテレビには出るようにしているんです。それによって自分の考えや知り合いの輪に広がりができるから。以前は、会いたい人がいても、僕みたいな右翼が「会いたい」と言うと、「右翼が抗議に来るのか」とか、最初から警戒されちゃうんですよ。でもテレビでの共演なら話ができるので、そういう意味ではありがたいと思っています。

保阪　いろんな人と話をするのはいいですよね。でも、僕は単純に右とか左に意見を分けたうえでテレビで討論するという形には全然、興味が持てないですね。

鈴木　以前、テレビに出たときに印象に残ったことがあったんです。「朝まで生テレビ」に出たときなのですが、その放送で自衛隊の陸幕長を歴任したという方に何人か会ったんです。番組前に挨拶して名刺をもらったら、みんな天下りしているんです。三菱だとかＩＴ関係だとか、すごい会社ばかりなんですけど、そういうのっていいのかな？　と考えちゃいますよ。だって、そういう自衛隊の取引きがある企業に天下りして、元幕僚長とか偉い人たちは辞めたら悠々自適でしょ。

保阪　今、公務員の退職金が安いというけれど、実際はどうなんだろう。僕は自衛隊に別の問題を感じているんです。自衛隊の偉い人を僕はそんなに知らないけど、中堅幹部とか防衛庁の人などに取材で話を聞きに行ったときに思ったのは、彼等はシビリアン・コントロールができているというようなことに自信を持っているんですが、その根拠を聞いてみると、予算と人事を握っているというだけなんですよね。でも、それは全然、違いますよね。本当は戦略とかを、シビリアンは知らなければいけないわけです。予算請求をチェックするにしても額だけ見て査定した気になっていてはダメです。きちんと戦略を理解したうえで、なんで飛行機をこんなに買う必要があるのかという戦略的意図が全然分からないのではないか。それではシビリアン・コントロールができているとは言えませんよね。勉強しているシビリアンももちろんいますが、そこにはまた別の問題もあるみたいです。実はかなり前ですが、自衛隊の内局の人が、旧軍の話を聞きたい、五～六人の勉強会なんだけど来てくれるかと言うので、いいですよと言って話をしたことがありました。勉強熱心なのは良いのですが、でも旧日本軍について詳しい人ならば自衛隊制服組の人にいっぱいいるじゃないですか？　と言ったんです。そうしたら、「制服組と我々はあまりそういったことで一緒にやらないんだ」と言うんです。

鈴木　制服組と背広組の協力関係がスムーズじゃないんですかね？　戦前の軍隊と切り離された自衛隊だという意識が今の防衛省の人には強いのかなと思ったんですけど、そうでもないんですか？戦前の旧軍の陸海軍の不仲とか、陸軍中の統制派と皇道派の対立ほどではないにしても、隊内でギクシャクしている感じがあるんですかね？

**保阪**　結局、文官の人たちは、人事と予算を握っているのでシビリアン・コントロールが実現しているという考えなんだろうけど、それだけではなく文官だって戦略も知っているんだよというふりも制服組にしたいわけだけど、親しく話し合ったりしたら、たいして戦史・戦略について詳しくないってバレちゃうわけでしょ。だから制服組に、例えば旧軍のインパール作戦というのはどういうものだったかということを聞きたくないのでしょう。

**鈴木**　うーん、そこは素直に聞いてもらわないと。それは派閥対立というより体裁の問題じゃないですか？「沽券に関わる」とか「バカにされる」とか気にしているんですかね？　それで昔の軍人が戦争に前のめりになったんですから、防衛関係者は一時の恥に立ち向かう勇気が必要ですよね。

**保阪**　僕は若いときに橘孝三郎氏と話していて、「君、都市は最大の汚辱の塊で、そんな所にいるのはとんでもない。都会人には考えを変えてもらわなければ」と言っていたのが印象的です。

**鈴木**　えー、そうなんですか⁉　橘さんは学者で思想家でしたけど、戦後もやはり志は運動家であり続けたんですね。

**保阪**　もちろん、だからといって何か具体的にやるという話ではないですけど、もし、何か実際に行動してこいと言われたら、たぶん僕は「母親に相談する」と答えたと思います。若い頃、何か言わなければならないときに、「母親に相談する」という言葉を使っていたんです。便利な言葉でね。「お前は自分で結論を出せないのか！」と言われたら、「ええ、マザコンなんです」と言えば、すごく楽だよ。（笑）鈴木さんには、返答に困ったときにその場をしのぐ、そういう言葉はないの？

鈴木　ないですね。いつもその場で、全部自分で決めていました。だから暴走もしました。

保阪　僕は学生時代に、政治も社会も何が何だか分かんなかった頃に、先輩が署名しろと言ったのが共産党の入党申込書だった。僕は共産党は嫌いだけど、その人は先輩で、その場ではっきり「イヤだ！」とは言えなかったので、「母親に相談します」と答えました。（笑）

鈴木　「ああ、こいつは駄目だ」と思われちゃうでしょ。まぁ、そう思われるのが狙いでもあるんでしょうけど。（笑）

保阪　「お前はマザコンか！」とか言われたら、「はい、そうです」と言えばいいんですけど、多くの日本人はそう言うのもまた難しいでしょうね。国家改造運動等を決行するときの最後のバネというのは、政治的判断と行動の必然性を結論づけて、一切の逡巡を捨てることだから、決行者には家族も故郷も捨てるような強い意志というのは、やっぱりあるんでしょうね。そこのところが、僕は分からないんだけど。

## 希望ではなく絶望の名の下に

鈴木　決行者の胸には、希望よりも、やっぱり絶望があるんじゃないでしょうか。右翼の人たちがよく歌うのは、軍歌だけじゃなくて、「蒙古放浪歌」とか「狼の歌」とか絶望的な歌ですよね。「俺ひとりの命なんて、どうなってもいいや」というような境地が彼等にはあったんじゃないですか。どこかデスペラードというかアウトロー的な心境なんじゃないかと思うんです。それがあったからこそ決起できたんじゃないかなと、最近思っているんです。希望をもって、決起する人はあまりいないんじゃないですか。

**保阪**　そう思います。国家改造運動にしろ、昭和維新運動にしろ、行動に入るときには希望からじゃなくて、絶望から起つんでしょうね。

**鈴木**　そうですよね。「狼の歌」だって、「俺が死んだら裸のままで　ゴビの砂漠にうっちゃっておくれ　どうせ俺らにゃ狼の血が　親の代から流れているさ」ですからね。成功を夢見てというよりも、捨て鉢な感じの歌詞ですよね。

**保阪**　あえて、そうやって歌うことで自分を励ますという感じなんでしょうか?

**鈴木**　そうなんですよ。それが右翼の人たちは多かったです。展望なんか、まったくないですよ。国のために死んでやる。国のために死ねるか。それだけですよ。似たような例で、戦前にも「大善」とか「小善」とかいうことを主張した軍人たちがいましたね。そういう自分勝手な天皇像を掲げてしまうと、天皇を信仰すると言いながら、それがもっと過大になって、現実の天皇はないがしろにしてもいいんだと独善的に暴走してしまう。こういった危険性は、今だってありますよね。

**保阪**　まさに今、その危険性があります。現実に存在している天皇は、大善とか小善という理屈で考える人にすれば不満を持つだろうし、その理屈とは全然別の存在でしょ。その天皇観を突き詰めていけば、現実の天皇とはもはや何の関係もない別の次元の幻想の天皇像しか残らないと思います。

**鈴木**　総合雑誌でも、皇太子のこととか女系天皇はどうだこうだとか、いろいろな記事が出ていますよね。中にはひどい暴論もあるし。

保阪　ゴシップ的な報道はいつもありますが、やはり私たちには最低限度の国民的了解の基盤というものがありますよね。それは尊重していかないといけないでしょう。天皇制に対する国民の一般的認識は私たちの国の、ある意味で言えば英知の所産だと言えると思います。それは、どの国にもない、まったくオリジナルなものであり、その半面である意味で言えば、日本人のずるさでもあると思います。しかし、そのずるさも含めて基本的には英知の所産だと思います。

鈴木　僕もそう思いますね。今の象徴天皇も含めて、それは歴史の中でいつも機能していました。だからこそ今、自民党の改憲案の一部に見られるような、天皇を元首にするという改変は危ないですよね。天皇自身も、政治的に利用されるのは嫌でしょう。

保阪　昭和天皇は平和主義者・好戦主義者、いずれでもなく、皇統を守ることを第一の責務と自覚していたのであって、そのためには戦争しかないと一部の軍人が脅迫したんですね。俗な言葉で言えば、軍人には戦争しかないんです。「今、戦争しなければこの国は潰れますよ。それでいいんですか？」と脅かしたと僕は思っています。天皇は、やむなしとして戦争に同意したわけですが、実際に始まるとやはりこの決断はよくなかったと気づくわけですよね。そこで、天皇ひとりで考えて、考え抜いて、神経衰弱気味にすらなられた。軍人も大臣も臣下の者は嘘を言う。このまま、為す術もなく敗れ皇統が絶えるようなことになったら、皇祖皇宗に申し訳ない。どうすればいいのかと、天皇は相当悩んだと思います。そして、最後には勇気をふるって、鈴木貫太郎と打ち合わせ、身を賭して戦争をやめさせた経緯はご存じのとおりです。

そのときの天皇の心理を占めていたのは、このままいったら日本と皇統は大変なことになるという、恐怖でしょう。天皇は内心では軍人たちに騙されたと思っていたんじゃないでしょうか。

**鈴木**　言い方は変ですけど、天皇にご迷惑をかけた日本軍は本当にとんでもない間違いをしていましたよね。軍は、政治家や官僚の批判や介入を一切、許さなかったんですよね。情報公開も拒否して、「統帥権干犯」を振り回して誰の言うことも聞かなかった。でも、統帥権干犯しているのは誰よりも軍人だったんですよね。国力の違うアメリカと戦ったのが悪いと言うけど、それよりも、そもそも戦略も軍事学も確立できていなかった日本には戦争する資格がなかったんじゃないですか？

**保阪**　ないですよ。理念も見識も、勝算すらないで戦争を始めたのですから。戦争という選択が得策なのかという、考えて当たり前の問い直しもしていない。よしんば戦うにしても、二行か三行でいいから、開戦詔書に、何のために戦うのかという日本なりの正義を書いて、その理念を歴史に刻むんだと書いてあれば、我々が何も言わなくても、世界は日本を歴史観を持った国として認めざるを得なかったと思いますね。その意味では、対米英戦の決意はある意味でチャンスだったんですよね。そのチャンスを逃したのは、やっぱり軍官僚や、他の省庁の官僚等、成績至上主義でしかものを考えない連中の限界だったということじゃないかと思います。人類史的視座を以って哲学的・思想的に歴史を語れるような人がいたら、少なくとも開戦詔書については別の形になっていたと思います。

**鈴木**　今は、そういう未来に対する展望や夢もないうえに、過去の歴史を検討しようとする空気もないですよね。ちょっとでも批判するとすぐ、「それは自虐だ！」と言われてしまう風潮が蔓延《はびこ》っていますよね。保阪さんなんか大変だろうなと思います。何でも短絡的に「右だ」「左だ」と言って、耳触りのいい歴史話だけを言っている人が多い。

保阪　「左だ」「右だ」と言われているらしいけど、インターネット見ないから平気です。ただ、そういった勝手な歴史認識は本当に国益に合致しているかという冷静な検討は必要だと思います。国益に合致するということは、加害の歴史も不愉快な史実も認めたうえで、日本の見解をしっかり主張していくことではないかと思うんです。つまり国益に合致するというのは、ある種の歴史的客観性を一応押さえておいて、それを他国と議論するときの共通基盤にしていくということですよね。

鈴木　国防を考えるなら、まず近隣諸国と最低限の対話のチャンネルを保持することですよね。例えば国境で互いの守備隊がもめて、ちょっとケガ人も出た、だけど戦争になったら困るから政治的に手を打ちましょうという、最低限の了解方法や機会をつくることはできると思うんです。それをしないで、わざと挑発して事を大きくしようとする。そして「憲法改正が必要だ」「だから自民党を選びなさい」と煽る。国家の運命を決めるやり方としてはあまりにもひどいと思うんです。騙されている国民が、また戦争をしなければと思い込んでしまうような状況を見せられて、ここで決然と起つのが男らしさだなんて思っちゃうのが情けない。第二次世界大戦のときも同じですよね。なのに何度も失敗して、何度も同じ惨禍を繰り返してきて、今もまたそんな雰囲気になっていますよね。

保阪　今後、日本がユートピア国家になろうとするならば、過去のことをどう清算するのかというのは、今の問題ではなくて、五十年先、百年先の児孫への一つの意思表示だと思うんです。僕らの国はいっぱい、いいものを持っているのに、それを変にごねたような自己流の断片的な正当論を言うことによって全部崩しているわけです。もったいないと思うんです。

何年か前に『ワシントン・ポスト』が従軍慰安婦のことで、日本には証拠となる資料がないとの日本側の意見広告を載せたことがあるんです。それでアメリカのメディアから、この意見広告についてどう思うかと取材されたことがありました。「従軍慰安婦についての公的文書が、日本にないということは認めます。しかし、なぜないのかと言えば、それは日本国の指導者が、敗戦時に全部燃やせと命令したからでしょう?」とその記者が言うので、「そうですね」と答えました。しかし「それを我々はアメリカのメディアとして報じなければならない」と言うんです。それを報じるなとは言えないですよね。日本が大量の資料を焼却してしまったことは、悲しいけど事実です。歴史を残さないということは、僕は、結局は天に唾することになるんだと思います。いつも僕は思うんだけど、日本では、事実と真実の区別がついていないんです。事実というのは、例えば、小学校の生徒が夏休みにつける絵日記のようなものです。「朝六時に起きて、神社に走っていって、ラジオ体操をして、何何君もいました。帰ってお母さんがつくってくれた朝ご飯を食べて、セミを捕りに行きました」という類の記述です。それは確かに事実ではあります。しかし、真実じゃない。

真実とは、永井荷風の『断腸亭日乗』の中にある、例えば「今日も特記すべきことなし」というような記述のことです。その一行の中には「今日も昨日、一昨日と同じだ」という感慨が込められている。それが真実だと思うんです。真実というのは、わりに短い言葉で本質的なことを含んでいる。つまり、事実を超えたところにあるものが真実だと思うんです。

その真実を一番摑む能力があるのは、日本では官僚であると言わざるを得ない。このことについては、後藤田さんや江田五月氏からも話を聞いたことがあるんです。日本の官僚というのは優秀で、一〇センチ厚の束の資料を一晩で読んで報告書を出せと言うと、きちっと一枚の紙にまとめて、資料の中の要点を遺漏なく書いてくる。そこで「この資料には事実がいっぱい書いてありますが、真実はこれです」という本質を抽出するわけです。

真実というのは、何世紀にもわたって通用するものだと僕は思います。その視点で考えると、日本が侵略したか否かという論争は、今の時代に限った問題なんです。百年経って、日本が侵略したかどうか誰も議論していないでしょう。そうではなく、一九三〇年代の日本と中国との戦争の本質は何だったのかという点が語られると思います。例えば、後発の資本主義国家として出発した日本が、中国を市場化するために戦争をしたとか、あるいは、中国情勢が乱れ国家統一できていない間隙を縫って、日本の軍事政権が権益を確保ようとした等の分析がされると思います。さらに中には、中国がまったく国家の体を成していない十九世紀中葉から、急速に近代化した日本が「お前たちしっかりしろ」とばかりに鞭を加えた、などと書く論者も出てくるかも知れない。

**鈴木**　そうですね。歴史を要約するのは難しいですよね。さまざまな個人の想いや願いも歴史には込められていますから、それを整理して一つにまとめて真実を取り出すためには、どうしても百年くらいの時間が必要かも知れませんね。

**保阪**　正直言って、僕はそういう考えの人も出ると思います。真実というのは、実に単純に書かれるわけです。その単純な一言で歴史を記述できる力を持つかどうかというのは、それを書く人の歴史観とか能力にかかってくる。でも今、そういう力を持っている人はとても少ないと思います。

**鈴木**　歴史の真実を単純に書くためには、ものすごい勉強が必要ですからね。保阪さんみたいに何千人も取材したり、山のように史料を読むことが必要ですし、それは思い込みや感情論で書き殴る行為とは正反対のことですよね。今、本屋に行っても、そういうのは……。

**保阪**　アジテートなものばかりですね。私はまだまだ足りないところがあるけれど、あまりアジテートなものより伝承の力を持つ本を書きたいんですがね。

**鈴木**　今はなんで中国はダメなのか、韓国のどこがダメなのか、とかそういう本ばかりですよね。

**保阪**　この本はそうじゃないと言われたいですね。

# 注

**注1** **玄洋社**…平岡浩太郎、箱田六輔、頭山満等、旧福岡藩士を中心に明治前期に創設された政治結社。当初は民権運動、国会開設運動を展開。アジア主義的志向も兼ね備え、孫文やインド独立の支援も行っていた。メンバーには来島恒喜、福本日南、広田弘毅、中野正剛、中村天風、緒方竹虎等がいた。

**注2** **猶存社**…大正八年（一九一九年）に満川亀太郎、北一輝、大川周明等によって結成された国家主義運動の団体。日本改造とアジア民族解放を標榜。北、大川等のメンバー間の対立で大正十二年（二三年）に分裂・解散した。

**注3** **宇垣軍縮**…大正十四年（一九二五年）、加藤高明内閣の宇垣一成陸軍大臣による常設師団削減。四個師団削減を断行。大量の軍人を予備役とし、浮いた人件費で軍備の近代化を図り戦力強化の意図も持っていた。ポストを失った将校たちを中学校以上の男子校の配属将校にする発令を出すなどの手も打ったが、「大量解雇」という形は軍の権威の低下とともに組織変革を迫ることになり、軍内の派閥抗争も招来した。

**注4** **愛国社**…明治八年（一八七五年）、板垣退助が中心となり結成された自由民権運動的団体。国会開設実現を訴えた。

**注5** **行地社**…猶存社解散後、大川周明が中心となって成立した政治団体。満川亀太郎、安岡正篤、西田税等、猶存社の元メンバーが参加。青年層、少壮軍人に影響を及ぼした。

**注6** **チャプレン**…本書では従軍聖職者の意味。従軍牧師・神父等のキリスト教聖職者以外にも、仏教、イスラム教のチャプレンが存在する。日本軍では軍属として従軍僧がいたことがあった。

**注7**　**「八甲田山で兵隊が死んだ」**…八甲田山雪中行軍遭難事件。明治三十五年（一九〇二年）一月、陸軍第八師団歩兵第五連隊が青森県八甲田山での雪中行軍で遭難、一九九名が死亡した。日本陸軍軍事訓練史上、最多の犠牲者を出した遭難事故。

**注8**　**「琵琶湖で学生が死んで」**…昭和十六年（一九四一年）四月、旧制第四高等学校の漕艇部が琵琶湖で練習中、転覆し、十一人が水死した琵琶湖遭難事故。犠牲者を悼んで「琵琶湖哀歌」が作られた。

**注9**　**ザイン**…Sein。ドイツ語で「存在」「生存」「あり方」「ありよう」の意味。

**注10**　**ゾルレン**…Sollen。「ゾレン」とも表記する。ドイツ語で「なすべきこと」「義務」「あるべき姿」の意味。哲学用語としても「当為」の意味で用いられる。

**注11**　**ブント**…戦後学生運動から生まれた左翼政治団体。共産主義者同盟の略称。ドイツ語の「同盟」（Bund）に由来する。

**注12**　**「自分は立法府の長」発言**…二〇一六年五月十六日、十七日の衆参予算委員会で、安倍晋三首相が自身のことを「私は立法府の長」と繰り返し発言。後日、「もしかしたら言い間違えていたかもしれない」と釈明。

**注13**　**『世界最終戦論』**…石原莞爾の著書。日米間で「東洋の王道と西洋の覇道」をかけた最終戦争が起き人類の歴史が決するという歴史観等を解説している。

注14　**あ号作戦**…太平洋戦争下の昭和十九年六月、大本営によって立案された対米防衛作戦。絶対国防圏を守る戦いだったが、サイパン、グアム、テニアン、ペリュリュー等を失い、東條内閣は総辞職した。

注15　**ポツダム体制打破**…第二次世界大戦後の世界秩序について米英ソが協議したポツダム会議（一九四五）後の国際関係を「ポツダム体制」として、その打倒を目標としたスローガン。これに同じく四五年に協議されたヤルタ会議も加え、「ヤルタ・ポツダム体制＝ＹＰ体制打倒」と評することもある。

注16　**「マッカーサー三原則」**…戦後、大日本帝国憲法改正に際し、マッカーサーが示した方針。日本側からの改正案（松本案）をきわめて不十分としたＧＨＱ自らが改憲草案をつくることとし、その際にマッカーサーが提示した「天皇を元首としない」「戦争放棄」「封建制度廃止」の三つの柱のこと。

注17　**「昭和維新（青年日本）の歌」**…海軍中尉三上卓が作詞作曲したとされる歌。五・一五事件、二・二六事件等、昭和維新運動に関わった青年将校などによって歌い継がれた。

注18　**山口二矢事件**…一九六〇年十月十二日に、東京都の日比谷公会堂で演説中だった日本社会党委員長浅沼稲次郎を山口二矢が刺殺した事件。当時、山口は十七歳であった。その後、鑑別所内で自殺。

注19　**赤報隊事件**…昭和六十二年（一九八七年）から平成二年（一九九〇年）にかけて「赤報隊」を名乗る組織が起こした一連のテロ事件。朝日新聞への襲撃を軸にした行動で、朝日新聞阪神支局への襲撃では朝日新聞社員に死傷者が出た。中曾根・竹下両元首相への脅迫状送付、リクルート社の江副浩正元会長宅への発砲などが連続したが、犯人逮捕に至らず時効が成立。

**注20**　**ララ物資**…米国の「アジア救援公認団体」が提供していた戦後日本向けの援助物資。一九四六年十一月から五二年六月まで実施。食糧品、衣料、医薬品、雑貨などが送られた。

**注21**　**黒龍会**…明治三十四年（一九〇一年）に設立された。日清戦争後の三国干渉への抗議の意図を持って結成。玄洋社との関連を保ちながら内田良平、葛生修吉らが活動。

## 関連年表（★は海外の出来事）

| 年号 | 出来事 |
| --- | --- |
| 慶応三（一八六七）年～ | 大政奉還～明治維新 |
| 明治元年（一八六八） | |
| 明治六（一八七三）年 | 徴兵令公布 |
| 明治七（一八七四）年 | 板垣退助、民選議院設立建白書を政府に提出 |
| 明治八年（一八七五）年 | 愛国社設立 |
| 明治十（一八七七）年 | 西南戦争 |
| 明治十四（一八八一）年 | 国会開設の詔発布 |
| 明治十五（一八八九）年 | 軍人勅諭 |
| 明治二十二（一八八九）年 | 大日本帝国憲法発布 |
| 明治二十七（一八九四）年～ | 日清戦争 |
| 明治二十八（一八九五）年 | |
| 明治三十四（一九〇一）年 | 黒龍会設立 |
| 明治三十七（一九〇四）年～ | 日露戦争 |
| 明治三十八（一九〇五）年 | |
| 明治四十三（一九一〇）年 | 大逆事件（幸徳秋水事件） |
| 大正三（一九一四）年 | 第一次世界大戦起こる（～一九一七） |
| 大正六（一九一七）年 | ★ロシア革命 |

| | |
|---|---|
| 大正九（一九二〇）年 | ★国際連盟発足 |
| 大正十（一九二一）年 | 宮中某重大事件／ワシントン会議／朝日平吾、安田善次郎暗殺／原敬暗殺 |
| 大正十一（一九二二）年 | 山梨軍縮（第一次）／日本共産党結成 |
| 大正十二（一九二三）年 | 北一輝『日本改造法案大綱』発表／山梨軍縮（第二次）／関東大震災／甘粕事件／虎ノ門事件（十二月二十七日） |
| 大正十四（一九二五）年 | 治安維持法公布／宇垣軍縮 |
| 大正一五（一九二六）年 | 大正天皇崩御 |
| 昭和二（一九二七）年 | 第一次山東出兵 |
| 昭和三（一九二八）年 | 張作霖爆殺事件（満州某重大事件）／三・一五事件／全国に特別高等警察設置 |
| 昭和四（一九二九）年 | ★ウォール街株式市場大暴落（世界恐慌）／四・一六事件 |
| 昭和五（一九三〇）年 | ロンドン海軍軍縮条約／統帥権干犯問題／浜口雄幸襲撃事件 |
| 昭和六（一九三一）年 | 三月事件（クーデター未遂事件）／満州事変／十月事件（クーデター未遂事件）／昭和農業恐慌／愛郷塾設立 |
| 昭和七（一九三二）年 | 上海事件／井上準之助、団琢磨暗殺（血盟団事件）／リットン調査団報告／満州国建国／五・一五事件 |
| 昭和八（一九三三）年 | ★ヒトラー内閣成立／小林多喜二の死／日本、国際連盟を脱退／国定教科書改訂／滝川（京大）事件／神兵隊事件／関東地方防空大演習 |
| 昭和九（一九三四）年 | 陸軍パンフレット（国防の本義と其強化の提唱）頒布／ワシントン条約廃棄通告／陸軍士官学校事件 |
| 昭和十（一九三五）年 | 天皇機関説事件、国体明徴声明／高橋是清蔵相、軍部の予算復活要求を退ける |

| | |
|---|---|
| 昭和十一（一九三六）年 | 二・二六事件 |
| 昭和十二（一九三七）年 | 盧溝橋事件（日中戦争開始）／政友会・浜田国松代議士と寺内寿一陸相の「腹切り問答」／死なう団事件 |
| 昭和十五（一九四〇）年 | 石原莞爾『世界最終戦論』出版 |
| 昭和十六（一九四一）年 | 東條内閣成立／太平洋戦争（真珠湾攻撃）／治安維持法全面改正 |
| 昭和十七（一九四二）年 | ミッドウェー海戦 |
| 昭和二十（一九四五）年 | 敗戦（ポツダム宣言受諾） |
| 昭和二十一（一九四六）年 | ララ物資開始（昭和二十七年まで継続） |
| 昭和二十二（一九四七）年 | 日本国憲法施行 |
| 昭和二十七（一九五二）年 | サンフランシスコ平和（講和）条約発効（独立回復） |
| 昭和三十四（一九五九）年〜<br>昭和三十五（一九六〇）年 | 六〇年安保闘争 |
| 昭和三十五（一九六〇）年 | 浅沼稲次郎暗殺事件（山口二矢事件） |
| 昭和三十六（一九六一）年 | 三無事件* |
| 昭和四十五（一九七〇）年 | 七〇年安保闘争／三島由紀夫事件（楯の会事件） |

**注**——**三無事件**…昭和三十六年（一九六一年）十二月十二日に発覚した旧軍人を中心としたクーデター未遂事件。「無戦争・無税・無失業」のを唱えていた。

# あとがき

保阪正康

この対談の前まで、私は鈴木邦男氏と面識はあるものの深い会話を交わしたことはなかった。ただし著作にふれるたびに真摯で、禁欲的な人生観に納得する感情をもった。

その鈴木氏と、昭和前期の国家改造運動について対談してみないかと、現代書館の菊地泰博氏と吉田秀登氏から申し出を受けたときに、私はすぐに応じた。いわゆる「右翼」といわれる鈴木氏の思想の骨格や昭和前期の国家改造運動観を確かめ、そのうえで私もこの運動の理解の位置づけを確認したいとの思いがあった。私自身、昭和史への関心は農本主義者・橘孝三郎の思想や生き方をきっかけに広めていった経緯もあり、国家改造運動についての対話を楽しみたいとの期待もあった。

二〇一六年の夏、暑い日が続く中、鈴木氏と何度か会い、時間を忘れてこの時代の社会様相を話し合った。昭和前期のある時代を語るといっても、つまりはそれぞれが昭和の後期をどのように生きてきたかの確認にもなった。私は鈴木氏との対話を通じて、改めて二つの重要な視点を理解したと語っておきたい。

一つは、昭和初期の国家改造運動の先達たちの中で、思想を体系化しようと試みた人たち（本書で挙げているが、北一輝や大川周明、それに橘孝三郎など）のその思想は確かに近代日本史の中で徹底的に検証しておく必要があること、そしてもう一つはその役はアカデミズムの側にあるのではなく、むしろジャーナリズムや鈴木氏のように運動に関わった側の責務であること、その二点である。なぜこのような理解をしたかということになるのだが、北や大川・橘をみても分かるとおり、国家改造運動陣営の中にいて思想をもつと、必ず国家権力によって弾圧されるといった宿命をもつことに気づいたからだ。

その例は北を始め大川・橘の三人に見事に当てはまる。橘は門弟たちを五・一五事件に参加させたとはいえ、変電所を襲わせたにすぎず、官邸に侵入した軍人や士官学校候補生と比べるとその罪は微少といっていいだろう。にもかかわらず橘は無期懲役であり、二・二六事件に至っては具体的になんら事件に関与していない北は死刑に処せられている。

ファシズム体制下で軍事政権（及びそれに同調する勢力）は、国家改造運動の思想家たちは邪魔な存在だったことになる。この事実を踏まえたうえで、昭和前期を見つめてみたいというのが、私の考えであった。鈴木氏とは多くの点で、共鳴・納得できる点があったことを付記しておきたい。

さらに本書で国家改造運動の実相をより詳しくとの思いもあった。私は昭和前期に国家改造運動に加わった人たちから、多くの証言を聞いてきた。さらに五・一五事件や二・二六事件に加わった人たちだけでなく、青年期のエネルギーを社会改革に向けようとした人たちの感情の源に何があるか、それを知りたかったのである。なぜこんな貧しさの中に庶民は追いこまれるのかと怒った青年たちの目の前に、大きくいうと二つの抵抗の道があった。ひとつは天皇の臣民としての範囲の中で、許される道を選ぼうとした一団。そしてもうひとつは天皇の臣民の道を放棄して革命の道を歩む一団。前者は右翼と呼ばれ、後者は左翼と呼ばれた。しかしその根元にある感情は驚くほど共通していた。

本書ではそのような群像のすべてを語り合う時間はなかったのだが、しかし鈴木氏の話にはそのような群像に連なる視点や論点が提示されていたように思う。それが私には興味深かった。と同時に私は、昭和の初年代に生きていたならどのような道を歩んだだろうかと想像してみたりした。鈴木氏の話はそれほどまでに示唆に富む。そして目くばりが広かったように思う。多くの知的な刺激を受けたことを感謝したい。

私の考えていたとおり、真摯で禁欲的な鈴木氏の生き方に改めて敬意を表したい。

歴史は今、どのような時代と向き合っているのだろうか。私は簡単に結論をだすつもりはないが、まちがいなく「民族」とか「宗教」といったきわめて人間的な次元での対立に根ざしている方向にむかっている。「思想」の終焉から「人間存在」の衝突へという意味では、歴史はまるで中世に回帰しかねない状況である。最後に問われるのは、「人間の資質」である。文化や伝統に根ざした良質の品性を守り抜く社会に進んでほしいと願うのみである。

その思いを共有している鈴木氏、そして現代書館の諸氏に改めて感謝したい。

平成二十九年（二〇一七年）一月

保阪正康（ほさかまさやす）
1939（昭和14）年、札幌市生まれ。同志社大学文学部社会学科卒業。「昭和史を語り継ぐ会」主宰。昭和史の実証的研究のために、これまでに延べ四千人に聞き書き調査を行い、独自の執筆活動を続けている。2004年、個人誌『昭和史講座』刊行などの功績で第52回菊池寛賞受賞。著書に『東條英機と天皇の時代』『後藤田正晴』（ともにちくま文庫）、『瀬島龍三』（文春文庫）、『昭和史　七つの謎』（講談社文庫）、『昭和陸軍の研究』（上下、朝日文庫）、『あの戦争は何だったのか』（新潮新書）、『昭和天皇実録 その表と裏①〜③』（毎日新聞社）、『五・一五事件』『吉田茂という逆説』『秩父宮』（いずれも中公文庫）、『風来記――わが昭和史 (1) (2)』（平凡社）、『昭和史のかたち』（岩波書店）、『日本人の「戦争観」を問う』（山川出版社）、『安倍首相の「歴史観」を問う』（講談社）、『ナショナリズムの昭和』（幻戯書房）他多数。

鈴木邦男（すずきくにお）
1943（昭和18）年、福島県生まれ。早稲田大学政治経済学部卒業。同大学大学院政治学専攻中退。サンケイ新聞を経て元一水会代表。「ヘイトスピーチとレイシズムを乗り越える国際ネットワーク」共同代表。著書に『公安警察の手口』『右翼は言論の敵か』（ともにちくま新書）、『愛国と米国』（平凡社新書）、『愛国と憂国と売国』（集英社新書）、『愛国者は信用できるか』（講談社現代新書）、『〈愛国心〉に気をつけろ！』（岩波ブックレット）、『失敗の愛国心』（イースト・プレス）、『ヤマトタケル』（現代書館）他多数。対談書に『いま語らねばならない戦前史の真相』（孫崎享氏と、現代書館）、『愛国者の憂鬱』（坂本龍一氏と、金曜日）、『慨世の遠吠え』（1 〜 2、内田樹氏と、鹿砦社）他多数。
ブログ・鈴木邦男をぶっとばせ！ http://kunyon.com/
ツイッター https://twitter.com/suzukikunyon

昭和維新史《しょうわいしんし》との対話《たいわ》――検証《けんしょう》　五《ご》・一五事件《いちごじけん》から三島事件《みしまじけん》まで

2017年３月30日　第１版第１刷発行

著　者　保阪正康
　　　　鈴木邦男
発行者　菊地泰博
組　版　デザイン・編集室エディット
印　刷　平河工業社（本文）
　　　　東光印刷所（カバー）
製　本　越後堂製本
装　幀　伊藤滋章

発行所　株式会社　現代書館
〒102-0072　東京都千代田区飯田橋３-２-５
電　話　03(3221)1321　振替00120-3-83725
ＦＡＸ　03(3262)5906

校正協力・迎田睦子
 ISBN978-4-7684-5794-8
定価はカバーに表示してあります。乱丁・落丁本はおとりかえいたします。
http://www.gendaishokan.co.jp/